GESTÃO E AVALIAÇÃO DA QUALIDADE

O GEN | Grupo Editorial Nacional – maior plataforma editorial brasileira no segmento científico, técnico e profissional – publica conteúdos nas áreas de ciências sociais aplicadas, exatas, humanas, jurídicas e da saúde, além de prover serviços direcionados à educação continuada e à preparação para concursos.

As editoras que integram o GEN, das mais respeitadas no mercado editorial, construíram catálogos inigualáveis, com obras decisivas para a formação acadêmica e o aperfeiçoamento de várias gerações de profissionais e estudantes, tendo se tornado sinônimo de qualidade e seriedade.

A missão do GEN e dos núcleos de conteúdo que o compõem é prover a melhor informação científica e distribuí-la de maneira flexível e conveniente, a preços justos, gerando benefícios e servindo a autores, docentes, livreiros, funcionários, colaboradores e acionistas.

Nosso comportamento ético incondicional e nossa responsabilidade social e ambiental são reforçados pela natureza educacional de nossa atividade e dão sustentabilidade ao crescimento contínuo e à rentabilidade do grupo.

EDSON
PACHECO
PALADINI

GESTÃO E AVALIAÇÃO DA QUALIDADE

UMA ABORDAGEM ESTRATÉGICA

O autor e a editora empenharam-se para citar adequadamente e dar o devido crédito a todos os detentores dos direitos autorais de qualquer material utilizado neste livro, dispondo-se a possíveis acertos caso, inadvertidamente, a identificação de algum deles tenha sido omitida.

Não é responsabilidade da editora nem do autor a ocorrência de eventuais perdas ou danos a pessoas ou bens que tenham origem no uso desta publicação.

Apesar dos melhores esforços do autor, do editor e dos revisores, é inevitável que surjam erros no texto. Assim, são bem-vindas as comunicações de usuários sobre correções ou sugestões referentes ao conteúdo ou ao nível pedagógico que auxiliem o aprimoramento de edições futuras. Os comentários dos leitores podem ser encaminhados à **Editora Atlas Ltda.** pelo e-mail faleconosco@grupogen.com.br.

Direitos exclusivos para a língua portuguesa
Copyright © 2019 by
Editora Atlas Ltda.
Uma editora integrante do GEN | Grupo Editorial Nacional

Reservados todos os direitos. É proibida a duplicação ou reprodução deste volume, no todo ou em parte, sob quaisquer formas ou por quaisquer meios (eletrônico, mecânico, gravação, fotocópia, distribuição na internet ou outros), sem permissão expressa da editora.

Rua Conselheiro Nébias, 1384
Campos Elísios, São Paulo, SP — CEP 01203-904
Tels.: 21-3543-0770/11-5080-0770
faleconosco@grupogen.com.br
www.grupogen.com.br

Designer de capa: Caio Cardoso

Editoração Eletrônica: IO Design

CIP-BRASIL. CATALOGAÇÃO NA PUBLICAÇÃO
SINDICATO NACIONAL DOS EDITORES DE LIVROS, RJ

P177g

Paladini, Edson Pacheco
Gestão e avaliação da qualidade : uma abordagem estratégica / Edson Pacheco Paladini. – São Paulo : Atlas, 2019.

ISBN 978-85-97-02230-8

1. Gestão da qualidade total. 2. Controle de qualidade. I. Título.

19-57691 CDD: 658.562
  CDU: 005.6

Vanessa Mafra Xavier Salgado - Bibliotecária - CRB-7/6644

Para meus filhos,
Emanuele Regina e Paulo Henrique.

PREFÁCIO

O presente texto traz uma proposta simples e direta: reunir em um único volume conceitos e métodos da Gestão da Qualidade e, ao mesmo tempo, apresentar alguns conjuntos básicos de ferramentas da Avaliação da Qualidade.

Em ambos os casos, a dimensão estratégica foi levada em conta. Considera-se, neste livro, que a visão estratégica depende da seleção de conceitos e de métodos.

Conceito, aqui, tem a conotação da representação física, visível e concreta de uma ideia. O exemplo mais típico do que se quer dizer com "conceito" é a seleção do modelo de negócio no qual uma empresa pretende atuar. Observe que se trata de uma decisão complexa, que envolve múltiplos fatores, muitos deles sob controle do empreendedor, como a seleção do portfólio de produtos; a faixa de mercado a atender; as características do processo produtivo; ou o local onde instalar a empresa.

Mas há, também, aspectos que não dependem de quem planeja investir em uma organização produtiva, como a concorrência; características macroeconômicas; contexto cultural, social ou geopolítico; ou, ainda, tendências de mercado. Por isso, o conceito estratégico de uma organização depende de muitos elementos, cuja seleção requer análise, reflexão, amplo conhecimento de cenários externos, experiência e tantas outras aptidões e habilidades.

Definidos os conceitos, a Gestão e Avaliação da Qualidade exige a escolha correta dos métodos que vão viabilizá-los. Há muitas formas de gerenciar a qualidade, com base nos mais diversos referenciais; e, há, também, muitas ferramentas para possibilitar a Avaliação da Qualidade. Esta diversidade, tanto na Gestão da Qualidade quanto na Avaliação da Qualidade, por um lado pode ser vista como uma componente positiva do processo, já que ambos – conceitos e métodos – decorrem não apenas da construção cuidadosa de fundamentos teóricos, mas, principalmente, da experiência prática. Mas, de outro, torna a seleção mais difícil e complexa, dada a quantidade de opções disponíveis.

O que se propõe, aqui, é exatamente discutir tanto os conceitos quanto os métodos que consolidaram, tecnicamente, a Gestão e a Avaliação da Qualidade, como também possibilitaram a geração de resultados práticos que as tornaram imprescindíveis na construção do potencial estratégico das organizações produtivas.

Assim, o presente livro trata de três elementos básicos, expressos em seu próprio título: Gestão e Avaliação da Qualidade. Tem-se, desta forma:

1. Qualidade

Para entender qualidade é preciso, primeiro, compreender como este conceito transformou-se ao longo do tempo, a ponto de caracterizar uma evolução. Particularmente importante entender que esse processo ocorreu de fora para dentro – foram as mudanças no contexto dos mercados e da sociedade que alteraram o conceito da qualidade nas organizações (e não o contrário). Por isso, torna-se crucial estruturar os conceitos da qualidade que mais bem se ajustam ao momento e ao cenário atuais. Isto implica discutir características locais, regionais ou até mundiais que identificam o ambiente contemporâneo em que atuam as organizações. Interessante notar que, em função desses aspectos, a qualidade possui múltiplas visões e diferentes perspectivas.

Estas dimensões são coerentes com três elementos essenciais para se compreender o que seja qualidade:

1. A compreensão de que a qualidade é dinâmica.
2. A (difícil) aceitação de que são muitas as formas como as pessoas entendem qualidade.
3. A constatação de que qualidade é um conceito relativo, ou seja, não há uma definição absoluta de qualidade, já que ela depende do enquadramento (espacial e temporal) em que esteja contida.

2. Gestão

Gestão é a ciência ou a arte de tomar decisões. Neste caso específico, trata-se do conjunto de decisões para a produção da qualidade, ou seja, a escolha de processos, de métodos, de ferramentas e de estratégias que tornam possível a ação efetiva de agregar qualidade a bens tangíveis ou serviços.

3. Avaliação

A Avaliação da Qualidade trata da análise das decisões que compõem a Gestão da Qualidade. Conceitualmente, a Avaliação da Qualidade é constituída de mecanismos que investigam criticamente o valor da qualidade em relação a padrões de processo, de mercado ou de alcance social positivo para definir formas adequadas de sobrevivência das organizações.

Agora, vamos juntar as três coisas.

4. Gestão e Avaliação da Qualidade

A Gestão e a Avaliação da Qualidade envolvem a definição de conceitos, métodos e processos de produção da qualidade e a avaliação dos resultados que tais ações produzem, com ênfase na aplicação dessas atividades nos novos ambientes de negócios.

Trabalhar com tais dimensões é o objetivo maior deste livro. Dedica-se especial atenção, neste contexto, às relações do ambiente macroeconômico com a Gestão da Qualidade, sobretudo mostrando como a qualidade, com sua dependência conceitual das características de mercado, é fortemente influenciada pelos mecanismos econômicos em vigor a cada momento do desenvolvimento histórico por que passam países e organizações.

Em termos de formatação do livro, as duas primeiras partes tratam, respectivamente, da Gestão da Qualidade e da Avaliação da Qualidade.

Na presente edição, foi agregada uma terceira parte, que discute fatores críticos de sucesso da qualidade atualmente: (a) A Gestão da Qualidade estruturada em tempos de crise, que moldaram novos modelos de gestão; (b) a Gestão da Qualidade no âmbito dos panoramas da Economia Compartilhada, um movimento em constante ascensão nos últimos anos; (c) a Gestão da Qualidade e os novos cenários definidos pela Indústria 4.0 e pela recém-nascida Indústria 5.0; e, por fim, (d) uma análise da prioridade da qualidade hoje, que contempla uma nova visão do modelo de negócio.

Note que estruturar um modelo estratégico de Gestão e Avaliação da Qualidade em tempos de tão profundas crises e de tão rápidas e intensas transformações, como os que estamos atravessando, é sempre um desafio que requer disposição, preparo e, de certa forma, doses bem calculadas de arrojo, além da busca incessante por soluções inovadoras.

Na realidade, essas ações são típicas do domínio da Gestão e da Avaliação da Qualidade, já que se trata, talvez, de uma das áreas mais sensíveis às alterações de cenários externos, como os mercados consumidores; os mercadores fornecedores; a concorrência ou os segmentos sociais, culturais, geopolíticos ou econômicos específicos onde atua a organização.

De forma geral, este livro pretende alcançar quem busca estruturar modelos que tornem a Gestão e Avaliação da Qualidade um conjunto de ações estratégicas nas organizações para as quais aspira-se obter os melhores resultados. Ou seja, para pessoas que se dispuseram a assumir o desafio de conferir, ao conjunto de suas ações nas áreas de Gestão e Avaliação da Qualidade, um perfil essencialmente estratégico. Tanto as que já alcançaram esta meta quanto aquelas que estão em vias de conseguir. Por isso, o livro foi formatado a partir de conceitos e métodos consistentes, atuais, relevantes, fundamentados na experiência prática e validados pelo ajuste a valores consolidados.

Como se trata de ações típicas da qualidade, procurou-se aqui enfatizar noções, métodos e princípios próprios para o momento e o ambiente em que se encontram as organizações que pretendem gerar diferenciais competitivos, já que estes são elementos essenciais à sua própria sobrevivência.

Interessante notar que profissionais que atuam em Gestão e Avaliação da Qualidade estão, de certa forma, habituados às decisões de risco; ao empenho na busca de melhores resultados produtivos; ao esforço pelas formas mais inovadoras de atrair, manter e ampliar mercados consumidores; ou aos desafios de lidar com ambientes externos em contínua, rápida e vigorosa transformação.

É para esses destemidos artífices da qualidade que este livro se dirige.

O Autor

RECURSOS DIDÁTICOS

PONTO A DESTACAR

Apresenta informações importantes para a compreensão do que está sendo detalhado.

O QUE A PRÁTICA TEM ENSINADO

Traz experiências bem-sucedidas, que consolidaram preceitos ou posturas de inegável valia e utilidade.

ATENÇÃO A ESTE PONTO

Apresenta análises que requerem ponderação mais efetiva e cuidadosa.

PENSE NISTO

Convida o leitor a refletir sobre o tema.

Material Suplementar

Este livro conta com o seguinte material suplementar:

- *Respostas das Questões práticas* (restrito a docentes).

O acesso ao material suplementar é gratuito. Basta que o leitor se cadastre em nosso *site* (www.grupogen.com.br), faça seu *login* e clique em GEN-IO, no menu superior do lado direito.

É rápido e fácil. Caso haja dificuldade de acesso, entre em contato conosco (gendigital@grupogen.com.br).

GEN-IO (GEN | Informação Online) é o ambiente virtual de aprendizagem do GEN | Grupo Editorial Nacional, maior conglomerado brasileiro de editoras do ramo científico-técnico-profissional, composto por Guanabara Koogan, Santos, Roca, AC Farmacêutica, Forense, Método, Atlas, LTC, E.P.U. e Forense Universitária. Os materiais suplementares ficam disponíveis para acesso durante a vigência das edições atuais dos livros a que eles correspondem.

SUMÁRIO

PARTE 1 GESTÃO DA QUALIDADE, 1

1. QUALIDADE: OS CONCEITOS ESSENCIAIS E SUAS DECORRÊNCIAS, 3
    - 1.1 A componente dinâmica do conceito da qualidade, 4
    - 1.2 A qualidade segundo o domínio público, 6
    - 1.3 As concepções usuais da qualidade e suas decorrências, 7
    - 1.4 Implicações gerenciais das múltiplas concepções da qualidade: as falhas, 12
    - 1.5 Implicações gerenciais das múltiplas concepções da qualidade: as oportunidades, 13
    - 1.6 Dimensão estratégica da qualidade, 17
    - 1.7 Visão crítica da qualidade: o consumidor, 19
    - *Questões práticas*, 25

2. GESTÃO ESTRATÉGICA DA QUALIDADE, 26
    - 2.1 Os conceitos e a Gestão da Qualidade, 26
    - 2.2 A noção de melhoria contínua, 28
    - 2.3 A qualidade e a relação das organizações produtivas com a sociedade, 33
    - 2.4 A contribuição social da qualidade, 39
    - 2.5 Uma nova visão para o controle da qualidade, 43
    - 2.6 Planejamento estratégico da qualidade, 48
    - 2.7 Estruturação dos sistemas da qualidade, 53
    - *Questões práticas*, 60

3. AÇÃO GERENCIAL DA QUALIDADE, 62
    - 3.1 O modelo gerencial da qualidade, 63
    - 3.2 Migração dos modelos tradicionais para os novos modelos da Gestão da Qualidade, 75
    - 3.3 O agente de decisão na Gestão da Qualidade, 80
    - 3.4 Envolvimento dos recursos humanos no esforço pela qualidade, 88
    - 3.5 Cultura da Qualidade, 112
    - *Questões práticas*, 118

PARTE 2 AVALIAÇÃO DA QUALIDADE, 121

4. O PROCESSO DE AVALIAÇÃO DA QUALIDADE, 123
    4.1 As características estratégicas da Avaliação da Qualidade, 123
    4.2 O que justifica a Avaliação da Qualidade?, 125
    4.3 Referenciais básicos da Avaliação da Qualidade, 128
    4.4 Elementos estratégicos da Avaliação da Qualidade, 131
    4.5 Elementos operacionais da Avaliação da Qualidade, 133
    4.6 Elementos táticos da Avaliação da Qualidade, 138
    4.7 Posturas a adotar e a evitar na Avaliação da Qualidade, 140
    Questões práticas, 142

5. INDICADORES DA QUALIDADE E DA PRODUTIVIDADE, 143
    5.1 Os indicadores como ferramenta básica da Avaliação da Qualidade, 143
    5.2 Conceitos de indicadores da qualidade e da produtividade, 144
    5.3 Caracterização dos indicadores da qualidade e da produtividade, 145
    5.4 Ambientes para a Avaliação da Qualidade com o uso de indicadores, 148
    5.5 A dimensão operacional dos indicadores, 151
    5.6 A dimensão tática dos indicadores, 152
    5.7 A dimensão estratégica dos indicadores, 153
    5.8 Relação do indicador com o contexto de avaliação, 155
    5.9 Estrutura de um indicador, 163
    5.10 Alguns exemplos práticos de indicadores, 165
    Questões práticas, 168

6. PLANEJAMENTO E CONTROLE DE PROCESSOS, 169
    6.1 As bases históricas do PCEP, 169
    6.2 Os processos e suas variações, 171
    6.3 O conceito de capabilidade do processo, 173
    6.4 O modelo básico dos gráficos de controle, 175
    6.5 O modelo básico do PCEP para a avaliação por variáveis, 176
    6.6 O modelo básico do PCEP para a avaliação por atributos, 184
    6.7 Aplicação prática dos modelos do PCEP, 187
    6.8 Interpretação dos modelos de PCEP, 192
    6.9 Seleção do modelo gráfico a utilizar, 196
    6.10 Os limites naturais do processo e os indicadores C_P e C_{PK}, 200
    6.11 Projetos de experimentos com o uso das ferramentas do PCEP, 207
    6.12 Roteiro de estruturação do PCEP, 211
    6.13 Os erros mais comuns quando se utiliza o PCEP, 212
    Questões práticas, 217

PARTE 3 A GESTÃO DA QUALIDADE NO SÉCULO XXI, 221

7. A GESTÃO DA QUALIDADE NOS NOVOS AMBIENTES DE NEGÓCIOS, 223
   7.1 A Gestão da Qualidade em tempos de crise, 223
   7.2 A Gestão da Qualidade e os modelos de Economia Compartilhada, 228
   7.3 A Gestão da Qualidade e a Indústria 4.0, 234
   7.4 A Gestão da Qualidade e a Indústria 5.0, 237
   7.5 Qual a prioridade da qualidade hoje?, 238
   Questões práticas, 239

BIBLIOGRAFIA, 241

PARTE 1

GESTÃO DA QUALIDADE

QUALIDADE: OS CONCEITOS ESSENCIAIS E SUAS DECORRÊNCIAS

1

OBJETIVOS DO CAPÍTULO

- Apresentar as características dinâmicas da qualidade.
- Analisar a qualidade em termos do uso comum do termo.
- Evidenciar como as concepções usuais da qualidade impactam sobre seu desenvolvimento nas organizações produtivas.
- Mostrar que as diferentes concepções da qualidade geram oportunidades e determinam desvios nas ações das empresas.
- Reforçar o impacto do consumidor no conceito estratégico da qualidade.

Selecionar quais conceitos serão usados para definir qualidade é a primeira grande decisão da Gestão da Qualidade. Isso porque, definidos os conceitos, começa-se a decidir quais serão os princípios que determinarão as características gerais e as formas de atuação da Gestão da Qualidade. Como se sabe, princípios são regras, formais ou não, que regem o desenvolvimento de um processo.

▶ *No caso da Gestão da Qualidade, o que essas regras determinam?*

No âmbito da Gestão da Qualidade, tais princípios envolvem tanto as diretrizes gerais que direcionam as ações da organização, quanto as normas de funcionamento de cada uma de suas partes.

PONTO A DESTACAR

- Por se tratar de preceitos de grande abrangência, os princípios da Gestão da Qualidade devem ter estrutura consistente, solidamente embasada, já que serão adotados por todas as áreas e todos os setores, definirão todos os procedimentos e, enfim, terão impacto sobre todas as pessoas que atuam na organização. Por isso, a determinação de princípios é feita com base em referenciais cuidadosamente selecionados, que se constituem, em última análise, no conjunto de elementos utilizados para definir cada diretriz.

▶ *Quais os referenciais da Gestão da Qualidade?*

No caso da Gestão da Qualidade, esses referenciais são os conceitos adotados para qualidade, ou seja, a forma que a organização escolheu para viabilizar a qualidade em processos e em produtos. Note:

Da seleção de conceitos	*Decorre*	A determinação dos princípios
VIÉS TEÓRICO OU CULTURAL	→	**COMPONENTE PRÁTICA DA GESTÃO DA QUALIDADE**

Neste capítulo, assim, para se estruturarem os princípios que regerão as operações da Gestão da Qualidade, são listados e analisados os vários conceitos da qualidade que dão suporte a esses princípios e definem, com clareza, a diretriz de ação da organização em termos da qualidade.

À medida que os conceitos da qualidade vão sendo apresentados, podem ser observados os indícios que caracterizam cada definição como sendo uma ampliação, uma generalização ou um processo de minimização de restrições associadas ao conceito precedente.

1.1 A COMPONENTE DINÂMICA DO CONCEITO DA QUALIDADE

Uma constatação simples, derivada da prática: pouca coisa muda tanto, e tão rapidamente, quanto o conceito da qualidade.

Daí se compreende por que organizações e pessoas costumam investir, constantemente, em conceitos da qualidade que chamam de modernos, novos, atuais ou contemporâneos.

Mais em geral, são definidos, por organizações e pessoas, conceitos da qualidade que elas consideram como inovadores, ou seja, diferenciados pela sua aderência ao momento presente ou até por estarem "à frente de seu tempo". Simultaneamente, organizações e pessoas vão descartando conceitos da qualidade que consideram velhos, obsoletos, ultrapassados, inadequados ao instante que elas vivem ou ao contexto em que se localizam.

> **PENSE NISTO**
>
> ▪ A dependência do conceito da qualidade em relação ao momento presente aflige quem atua em setores produtivos (sobretudo os mais competitivos). E gera uma importante prioridade em suas ações: o empenho pelas inovações em produtos, processos ou métodos de ação. Como a inovação não decorre da intuição, do improviso ou de tentativas a esmo, a dinamicidade do conceito da qualidade exige, de todos aqueles que a priorizam em suas ações e em seus resultados, extrema competência, tenaz persistência, movimentação constante, certa dose de agressividade e a busca incessante pela originalidade.

Se a forma de definir qualidade muda com o passar do tempo, alteram-se, também, os princípios de operação das estruturas e a natureza das ações destinadas a viabilizar a opção pela qualidade. Assim, a Gestão da Qualidade deve criar, permanentemente, um ambiente compatível com os conceitos da qualidade hoje em vigor ou aqueles selecionados pela organização para nortear sua atuação.

O QUE A PRÁTICA TEM ENSINADO

- Atentas às mudanças da realidade do mercado em que atuam, as organizações vão selecionando e adotando variados referenciais para estruturar suas políticas de operação. Mudando o momento, alteram-se esses referenciais. É um comportamento permanentemente dinâmico.

Desse modo, compreende-se por que a Gestão da Qualidade se guia por princípios que têm forte impacto no processo gerencial das organizações e por que tais diretrizes nem sempre são tidas como permanentes ou, pelo menos, válidas por períodos longos de tempo. Como se sabe, nos dias de hoje, mesmo (o que se poderia chamar de) políticas de longo alcance sofrem alterações face às mudanças do mercado, algumas das quais ocorridas de forma brusca e inesperada.

Existem duas situações nas quais se observa com maior intensidade a mudança de conceitos da qualidade:

1. Natureza do conceito	■ Pode-se considerar, por exemplo, que a variedade de cores já foi considerada como qualidade do produto "tinta". ■ Hoje, tonalidades específicas, diferenciadas, ainda que em menor número, podem ser mais adequadas ao gosto do mercado.
2. Alcance do conceito	■ Tempos atrás, bom preço e boa qualidade eram características mutuamente exclusivas de um produto. Algo do tipo: o que é barato não presta; o que é bom é caro. ■ Hoje, o preço é um item que diferencia o produto perante seus concorrentes. E ele é fixado, em boa medida, como decorrência dos esforços de gerar qualidade no processo produtivo, em ações que minimizem custos, por exemplo.

O esforço pela qualidade, como consequência, passou a incorporar ações que têm reflexos em preços. Além disso, há outro viés, mais abrangente, no conceito atual da qualidade, vista hoje como aumento de conveniência; maior bem-estar e conforto; atendimento a expectativas, ou aos gostos, ou aos desejos dos consumidores.

Faz tempo que qualidade deixou de ser a distância entre "o que serve" e "o que não serve".

1.2 A QUALIDADE SEGUNDO O DOMÍNIO PÚBLICO

Definitivamente, o conceito da qualidade ganhou as ruas e difundiu-se a ponto de gerar novas acepções e novas formas de entendimento. Assim, além de extremamente dinâmico, tanto em termos de natureza quanto de alcance, o termo *qualidade* apresenta características que implicam dificuldades decorrentes do fato de não ser um termo técnico exclusivo, usado só por "entendidos" no assunto.

Trata-se de um termo de domínio público, perfeitamente incluído no senso comum das pessoas.

> **PENSE NISTO**
>
> - Tal constatação implica dizer que não se pode definir qualidade de qualquer modo, na certeza de que as pessoas acreditarão ser este seu significado, porque o termo é conhecido no dia a dia delas. E até como decorrência do uso comum, fica claro que qualidade não é um termo empregado em contextos bem definidos, situações bem particularizadas ou momentos próprios. Ao contrário, qualidade faz parte do cotidiano das pessoas e, por isso, é empregada nas mais variadas situações.

▶ *O que se pode afirmar sobre esta constatação?*

- Não há como considerar como ruim ou prejudicial (ao suporte teórico da qualidade, por exemplo) o fato de que qualidade hoje seja um termo de uso comum.
- Numa posição inversa a esta postura purista, a popularização do termo *qualidade* decorre de um longo, intenso e contínuo esforço que tem sido desenvolvido, em todas as áreas, para difundir a noção e, por consequência, gerar ações que caracterizem a prioridade dada à qualidade entre os fatores determinantes da aquisição de um produto, por exemplo.
- A dificuldade, aqui, centra-se no fato de os conceitos usados para definir qualidade nem sempre serem corretos do ponto de vista técnico; ou melhor, com frequência são incorretos...

Esta questão tem implicações mais sérias:
1. Não se podem criar, por exemplo, de uma hora para outra, novas acepções de um termo que todo mundo já conhece. Isto significa dizer que as diferentes definições da qualidade adquirem o princípio físico da inércia, resistindo a mudanças, sejam elas induzidas ou não.
2. De outra parte, não há como circunscrever o uso do conceito a situações perfeitamente delimitadas. Tratando-se de um termo de domínio público, não há como impor condições de contorno para definir qualidade.

Por isso, é compreensível que haja tanta imprecisão e ocorram tantos desvios na definição usual da qualidade.

1.3 AS CONCEPÇÕES USUAIS DA QUALIDADE E SUAS DECORRÊNCIAS

Definições sem rigor geram equívocos. Pelo menos, quando se compara com o teor técnico que os conceitos costumam comportar. E equívocos costumam trazer decorrências que merecem cuidadoso monitoramento.

No caso dos equívocos ao definir qualidade, dois reflexos parecem mais críticos para a própria Gestão da Qualidade:

- **Reflexo 1**: se são formas que as pessoas empregam para definir qualidade, estes conceitos são referenciais a considerarmos se quisermos atingir nossos consumidores. Precisamos estar atentos a eles. Esta atenção reflete o componente externo da questão.
- **Reflexo 2**: no âmbito da organização, é necessário ter em conta que equívocos cometidos, ao definir qualidade, determinam consequências que envolvem cristalizar erros no entendimento da qualidade e dos meios para viabilizá-la. Por isso, estes equívocos geram reflexos decisivos no processo de gestão.

EXEMPLO

- Um velho e conhecido exemplo: se alguém pensa que Roma é a capital da França, comete um equívoco que pode lhe deixar em situações embaraçosas em diferentes ambientes. Mas não vai além disso. Se, porém, decide passar um ano em Roma e para isso, tendo em vista sua associação entre Roma e França, investe um longo período aprendendo francês, terá problemas sérios ao desembarcar na cidade. O impacto do equívoco, como se percebe, transcende o erro em si, provocando reflexos mais amplos.

Adotar conceitos equivocados da qualidade conduz o processo gerencial associado à sua produção para situações que podem comprometer ações e resultados, com prejuízos cruciais em termos de competitividade. Alguns exemplos:

	Há quem pense que qualidade seja o mesmo que perfeição.
1	**Efeito deste entendimento:** a qualidade atingiu um estágio que não comporta mais mudanças.
	Implicações nas diretrizes e ações da Gestão da Qualidade: o que é perfeito não pode melhorar mais. O valor máximo foi atingido, não podendo mais ser alterado. O produto, nessas condições, dispõe de tudo o que é possível, aceitável, viável ou admissível em termos de atributos de funcionamento. Qualidade, nessas condições, adquire contornos estáticos, limitantes, restritivos.

2

Há quem pense que qualidade é uma questão intrínseca de cada pessoa.

Deste modo, qualidade é um aspecto subjetivo das pessoas.

Efeito desse entendimento: não há como estruturar com clareza o conceito da qualidade, já que faltam informações que permitam identificar, entender e classificar as diversas visões de cada consumidor diante de cada bem ou serviço.

Implicações nas diretrizes e ações da Gestão da Qualidade: nestas condições, é praticamente impossível avaliar a qualidade. Isso porque, se for apenas um aspecto subjetivo de bens tangíveis e serviços, a qualidade não é mensurável e não tem como ser analisada em bases objetivas. A Gestão da Qualidade, assim, passa a ser exercida intuitivamente, por profissionais que têm "faro" ou "sensibilidade" para a questão.

3

Há quem pense que qualidade seja o mesmo que um bom processo produtivo.

Ou seja: a qualidade é própria de quem consegue fabricar qualquer coisa, bastando, apenas, ter em mãos o projeto.

Efeito deste entendimento: trata-se de um caso de empobrecimento do conceito da qualidade. Só se leva em consideração a relação entre o projeto (especificações, entradas) e o produto (resultados, saídas). Não são verificadas outras relações mais importantes, como a adequação do projeto do produto aos usuários a quem o produto se destina.

Implicações nas diretrizes e ações da Gestão da Qualidade: o empobrecimento conceitual determina um empobrecimento operacional. Reduz-se o esforço da qualidade a construir fábricas capazes de desenvolver os produtos projetados. É a supremacia da visão operacional sobre a visão estratégica.

4

Há quem pense que qualidade nunca muda.

Apesar de fortemente fragilizada pela força dos fatos e pela própria realidade dos mercados, esta crença persiste e é invocada por aqueles que utilizam como exemplos produtos que parecem eternos. Como a aspirina, por exemplo.

Efeito desse entendimento: a qualidade é um conceito definitivo, imutável. Uma vez atingida, não pode mais ser mudada.

Implicações nas diretrizes e ações da Gestão da Qualidade: este conceito descarta a essência da melhoria contínua, símbolo maior dos modelos da Qualidade Total e de todas as suas variações. Além disso, pode determinar uma postura de alienação, considerando-se sem utilidade os esforços para acompanhar ou prever tendências de mercado. A visão estática da qualidade pressupõe que o consumidor nunca muda suas preferências, seus gostos ou seus desejos. Uma vez tendo selecionado o produto que vai consumir, ele nunca mais mudará de marca e permanecerá eternamente (máxima fidelidade) com esse produto. É um equívoco de compreensíveis consequências.

Há quem pense que qualidade seja uma abstração, um devaneio, algo irreal.

Por isso, não pode ser definida com um mínimo de nitidez.

Efeito deste entendimento: a qualidade é algo inatingível do ponto de vista prático, um estado ideal, sem contato com a realidade.

Implicações nas diretrizes e ações da Gestão da Qualidade: o que é irreal não pode ser atingido. Assim como não se pode operar em um estado dito ideal. Não se trata de uma concepção da qualidade que poderia ser considerada como utópica (até porque uma utopia hoje pode virar uma realidade em futuro próximo). Trata-se de imaginar a qualidade como uma característica que nunca será obtida. Assim, são inviáveis e ineficazes os esforços para tanto. Esta postura pode conduzir à acomodação (é inútil perseguir o inatingível). Também pode caracterizar a qualidade como algo excessivamente dispendioso, o que implica restrições aos investimentos para obtê-la. Pode-se pensar, ainda, que o esforço pela qualidade não se justifica por se tratar de característica que o bem tangível ou o serviço "deveria ter", mas não a apresenta porque é inexequível.

Há quem confunda qualidade com padrões mínimos de operacionalidade.

É um carro velho que, se deu a partida, está bom.

Efeito deste entendimento: se o produto atende a um pré-requisito mínimo em termos do que dele se espera, criará algum grau de satisfação para o consumidor.
Implicações nas diretrizes e ações da Gestão da Qualidade: cabe ao processo produtivo da empresa criar condições mínimas de operação, garantindo que o produto funcione (KHALIL; KHALIL, 2019). Se isso for obtido, a qualidade estará atendida. Fica a impressão de que qualquer esforço de produção, por menor que seja, determina algum padrão da qualidade. Pode-se concluir que não se justificam outros esforços. Dito de outro modo, qualidade não requer empenho. Se ligou e funcionou, está bom.

Há quem pense que qualidade é o mesmo que o setor, o departamento ou o grupo de pessoas que responde pelo assunto.

Efeito deste entendimento: cria-se a ideia de que só os especialistas têm envolvimento com qualidade e só a eles cabe zelar por ela. Esta é a visão mais antiga e obsoleta de todos os conceitos da qualidade. Deixou de ter validade quando alguém usou, pela primeira vez, uma das frases mais famosas sobre a questão: qualidade é tarefa de todos.

Implicações nas diretrizes e nas ações da Gestão da Qualidade: como a responsabilidade e as atividades da Gestão da Qualidade parecem restritas a alguns poucos "esclarecidos", basta preparar, qualificar ou mesmo contratar algumas pessoas que conheçam o assunto e a qualidade já aflora naturalmente em processos e produtos. O maior reflexo negativo dessa postura é a criação de uma sensação, consolidada, de que todos são isentos, ou estão excluídos, do empenho em gerar qualidade, com a honrosa exceção do grupo de especialistas que trata do assunto.

	Há quem pense que qualidade seja o mesmo que diversidade.
8	Este conceito deve ser bem analisado, porque pode ser confundido com outra noção, esta, sim, bem caracterizada e correta (como se verá adiante). Aqui, a ideia é de que a qualidade advém da geração de vários tipos, estilos, formatos, espécies, enfim, diferentes formas de apresentação de um produto. **Efeito desse entendimento:** a qualidade é o mesmo que variedade, ou seja, o consumidor busca um espectro de opções para cada produto. Ou um conjunto de acessórios em cada produto. **Implicações nas diretrizes e ações da Gestão da Qualidade:** a qualidade estará caracterizada se um produto puder ser apresentado em grande número de cores, ou se for encontrado em grande quantidade de tipos. Além disso, a qualidade pode estar em itens adicionais que caracterizam novos tipos do produto.
	Há quem pense que qualidade seja o mesmo que luxo ou sofisticação.
9	Em certo sentido, tem-se aqui a impressão de que os produtos que possuem recursos tecnológicos avançados, dispositivos que podem ser considerados como absolutamente modernos ou, ainda, só podem ser adquiridos em lojas de *shoppings* sempre satisfazem ao consumidor. **Efeito desse entendimento:** a qualidade só é exigida por quem pode pagar por ostentação, esplendor ou suntuosidade. **Implicações nas diretrizes e ações da Gestão da Qualidade:** a lucratividade só vem de produtos que atinjam faixas de mercado com maior poder aquisitivo. Trata-se de uma visão muito estreita do mercado.
	Há quem só veja qualidade em marcas famosas e grifes reconhecidas.
10	**Efeito deste entendimento:** todo investimento em qualidade está direcionado para a fixação da marca no mercado. **Implicações nas diretrizes e ações da Gestão da Qualidade:** a rigor, há algo de positivo nessa visão. As marcas tornam-se conhecidas e consolidam-se no mercado por força de uma posição consistente, fruto do reconhecimento dos consumidores de que o produto tem características diferenciadas. Mas há dois equívocos que devem ser considerados: (1) o entendimento de que esta é a única forma de se consolidar no mercado e (2) a acomodação que, às vezes, uma postura de liderança da marca pode trazer. Neste último caso, subestimar a concorrência pode ser fatal para a organização.
	Na forma mais simples e usual, há quem pense que a qualidade está nos produtos que custam caro.
11	**Efeito deste entendimento:** cria-se a ideia de que não há mercados lucrativos para produtos destinados às classes de menor poder aquisitivo. **Implicações nas diretrizes e ações da Gestão da Qualidade:** parece não valer a pena investir na qualidade de produtos que poderiam ser (comparados aos similares) vistos como baratos. Isso implica perder faixas relevantes de mercado.

Se é verdade que geram reflexos, em muitos casos, nocivos, os equívocos, ao definir qualidade, trazem consigo uma visão particularizada do que os consumidores entendem que seja qualidade. E esta identificação não pode ser desprezada, sob pena de que a organização crie uma postura alheia ao mercado a que pretende atender. Assim, as seguintes constatações podem ser feitas:

1	Qualidade pode ser identificada como perfeição. De fato, a perfeição pode ser vista como a ausência de defeitos no produto ou no serviço prestado.
2	Qualidade pode ser identificada como aspectos subjetivos, inerentes a cada consumidor. De fato, a qualidade varia de pessoa para pessoa, em função das especificidades de cada uma, de gostos, desejos, expectativas e exigências.
3	Qualidade pode ser identificada como um bom processo produtivo. Ou seja: a qualidade pode ser a capacidade de fabricar, a competência de produzir ou a aptidão para fazer. Bons processos são capazes de gerar produtos de pleno acordo com o projeto.
4	A qualidade, às vezes, parece eterna. Ela nunca se altera para certos produtos, como é o caso da confiabilidade em serviços automatizados ou mesmo da torta da vovó (que hoje pode ser encontrada em certas confeitarias).
5	Há algo de abstrato no conceito da qualidade. De fato, nem sempre os clientes definem, com clareza e precisão, quais são suas preferências e necessidades.
6	Qualidade pode estar relacionada com padrões de funcionamento. Sobretudo no caso de produtos muito simples, como lâmpadas.
7	Qualidade pode ser associada com as pessoas que gerenciam sua produção. Porque delas podem partir estímulos, métodos e ações que geram qualidade. E, além disso, quem entende de qualidade investe em ações que não excluem ninguém...
8	Há um toque de diversidade na definição da qualidade. De fato, em muitos casos, esta variedade resulta em aumento de conveniência para o consumidor, como o hotel que oferece apartamentos individuais, para famílias pequenas ou grandes, além dos aposentos simples, luxo, superluxo etc.
9	Qualidade pode ser vista como sofisticação. Porque, no fundo, certo grau de requinte pode se constituir em certo grau de diferenciação.
10	Qualidade pode ser identificada como marcas reconhecidas no mercado. Porque este reconhecimento costuma decorrer, quase exclusivamente, da qualidade.
11	Qualidade pode estar relacionada com preços elevados. Porque pode derivar de produtos feitos com matérias-primas muito selecionadas, em processos produtivos dedicados, com alto nível de tecnologia.

Listar conceitos como sendo tecnicamente equivocados e, ao mesmo tempo, mostrar que eles podem ser identificados como visões específicas que certos clientes têm do que seja qualidade parece uma nítida contradição. Pode-se observar, contudo, que não é bem assim, como se verá a seguir.

1.4 IMPLICAÇÕES GERENCIAIS DAS MÚLTIPLAS CONCEPÇÕES DA QUALIDADE: AS FALHAS

A experiência prática mostra que o pior de um equívoco não está nele mesmo, mas em suas consequências. Podem ser observados, nas situações listadas, efeitos nocivos do entendimento inadequado do que seja qualidade. Pior que isso, é possível identificar implicações nas diretrizes e nas ações da Gestão da Qualidade que podem ser prejudiciais à organização, sobretudo porque comprometem o funcionamento do processo produtivo, ou conduzem a políticas que possivelmente redundem em danos às estratégias competitivas da organização. Estes reflexos decorrentes de erros na concepção da qualidade devem ser eliminados de imediato e evitados no futuro, utilizando-se, para tanto, constante monitoramento das situações que podem concorrer para gerar tais falhas de entendimento (CUDNEY; KEIM, 2017).

Os exageros sempre costumam conduzir a equívocos. Aqui, não é diferente. De fato, o maior equívoco na definição do conceito da qualidade ou na visão que as pessoas adotam para ela está em assumir duas posições extremadas:

1. Prioriza-se um único conceito para definir qualidade e desenvolvem-se todos os esforços para produzi-lo.
2. Desconsidera-se, por entender-se inexpressivo, pouco representativo ou sem importância, determinado modo de encarar a questão.

Cada postura conduz a falhas críticas nas ações da Gestão da Qualidade:

1. Ação restrita	▪ A ideia de que a qualidade está circunscrita a um único atributo do produto restringe a compreensão do que o mercado considera relevante no produto. Mesmo para um item que diferencia o produto de seus similares (e concorrentes), não se imagina que todos os consumidores de um produto o adquirem por causa desse item.
2. Generalização indevida	▪ Um dado atributo pode ser muito relevante em um produto (diversidade de cores, por exemplo). Daí até supor que esse mesmo atributo seja igualmente relevante a todos os demais produtos fabricados pela empresa vai uma distância considerável. Investir, assim, nesta característica pode representar vários danos, como indevido e inoportuno aumento de custos.
3. Desatenção a elementos críticos	▪ Criando-se um conceito da qualidade que contempla apenas alguns aspectos e desconsidera outros, pode-se incorrer no erro de não atentar justo para o elemento de decisão do consumidor, ou seja, o item considerado essencial para adquirir o produto.
4. Seleções inadequadas	▪ Deixar de atentar para um dado aspecto ou superestimar a importância de outro gera processos inadequados de escolha na empresa. Investe-se muito em componentes de pouca relevância e ignoram-se itens críticos. Prioriza-se, por exemplo, a diversidade de cores nas embalagens quando, na verdade, o consumidor considera mais importante a resistência do material que envolve o produto.

Percebe-se que os danos causados por essas falhas gerenciais podem ser irreversíveis.

1.5 IMPLICAÇÕES GERENCIAIS DAS MÚLTIPLAS CONCEPÇÕES DA QUALIDADE: AS OPORTUNIDADES

Como não se mudam conceitos que são de domínio público de uma hora para outra, existem implicações decorrentes da falta de entendimento das concepções da qualidade que acabam por gerar perdas de boas oportunidades para a empresa.

EXEMPLOS

1	Não há como negar que muitas pessoas consideram a qualidade como a ausência de defeitos no produto adquirido ou no serviço prestado. Isto mostra a conveniência de que a Gestão da Qualidade invista em melhorias do processo produtivo que impliquem a eliminação de defeitos e falhas. **Exemplo**: eletrodomésticos com maior prazo de garantia, ou que oferecem itens de maior confiabilidade.
2	Muitas pessoas consideram que a qualidade nunca se altera em alguns casos. Isto mostra a importância de a Gestão da Qualidade priorizar itens que sejam considerados como críticos no funcionamento do produto já há longo tempo. **Exemplo**: se a característica do comprimido é aliviar a dor de cabeça rapidamente, este item deve ser sempre mantido. Já a embalagem do produto pode ser mudada periodicamente, para mostrar uma imagem de inovação e modernidade. Afinal, a mudança de itens complementares pode constituir uma estratégia de fixação do produto no mercado.
3	Não há como negar que muitas pessoas não conseguem definir objetivamente o que querem, ou seja, não expressam com clareza suas opções pessoais. Abre-se espaço, aqui, para a Gestão da Qualidade criar mecanismos que influenciem o mercado. Ou seja: alterar preferências, criar necessidades, ampliar expectativas. **Exemplo**: muitas pesquisas garantem que 85% dos consumidores escolhem o que vão comprar na hora da aquisição. Assim, sapatos adequadamente expostos podem ser vendidos a consumidores que entraram na loja para comprar uma calça. A postura correta do vendedor conta muito nesta hora.
4	É fato que a qualidade envolve aspectos subjetivos. Então, por que não criar meios que facilitem a ação do cliente na seleção de características do produto? Em tempos de facilidades *on-line*, nada mais simples do que captar a opinião do cliente e transportá-la para detalhes do produto, tornando-o adequado a exigências, gostos, desejos, expectativas ou necessidades. **Exemplo**: montadoras de carros já fixam alguns detalhes no veículo a partir de solicitações de seus consumidores; construtoras fazem todo o acabamento das casas e apartamentos em função do que o cliente prescreve; livrarias adiantam-se à chegada do cliente e disponibilizam os livros que ele informou, por *e-mail*, estar procurando.

5	Do ponto de vista técnico, em termos, sobretudo, operacionais, as organizações sempre estruturam uma área específica que trata da qualidade. Isto não chega a constituir a ideia de que todo o esforço da qualidade ali se encontra restrito. Na verdade, o que se pensa é que deve existir um setor técnico que, dominando estratégias e ferramentas da qualidade, irradia o processo de produção da qualidade para toda a organização.
	Exemplo: historicamente, o processo de formação das equipes da qualidade começa com um grupo, setor ou departamento específico. Além de ser o conjunto de pessoas que mais detêm conhecimento sobre as técnicas de produção da qualidade, é também o setor responsável por manter a uniformidade de políticas, ações e mecanismos de avaliação que digam respeito à Gestão da Qualidade na organização.
6	A qualidade nasce no processo produtivo; por isso, ela pode ser identificada como a capacidade de fabricação das organizações. Cabe à Gestão da Qualidade priorizar a qualidade no processo produtivo, com equipamentos mais confiáveis, pessoal operacional mais bem qualificado, fornecedores devidamente certificados, métodos de trabalho otimizados.
	Exemplo: empresas que fazem móveis sob encomenda recomendam, aos novos clientes, conhecer móveis já feitos e instalados como forma de conhecer o trabalho feito. Mas podem propor, também, que os novos clientes visitem suas fábricas, como forma de conferir confiabilidade aos seus produtos. Em muitos restaurantes, costuma-se dividir a área de atendimento da área da cozinha por vidros transparentes, de forma que os clientes possam ver como são preparados os alimentos. Isto confere maior confiabilidade aos produtos vendidos, já que o cliente "vê" como são feitos os pratos solicitados.
7	Não são poucas as pessoas que acham que qualidade envolve a variedade de opções disponibilizada por um bem ou um serviço. O reflexo é imediato: quando amplia seu leque de opções, a organização inclui o atendimento a um número maior de clientes, cujas necessidades ou cujos desejos encontram atendimento nas novas alternativas viabilizadas.
	Exemplo: refrigerantes, leite, chocolates e tantos outros produtos têm sido oferecidos em versões *light*, *diet* e outras, similares, atingindo novas faixas (específicas) de mercado. O mesmo caso ocorre quando o fabricante de sabão em pó viabiliza embalagens de um quilo (famílias pequenas), cinco quilos (famílias maiores) ou 15 quilos (lavanderias).
8	Seria a qualidade um requisito mínimo de funcionamento?
	Exemplo: para produtos tão simples quanto lâmpadas, talvez, sim. Mas, se forem agregados a elas aspectos como várias cores e diversas potências, garantia contra a queima nas primeiras mil horas de uso ou embalagem mais resistente para transporte, há, então, itens que agregam valor ao produto original, diferenciando-o.
9	Alguns produtos possuem, historicamente, a triste reputação de entrarem em pane quando deles mais se precisa. Por isso, muitos consumidores associam a qualidade à confiabilidade. Assim, a organização, via Gestão da Qualidade, pode investir em itens que tornem o produto mais fidedigno e, com isto, sempre disponível para uso.
	Exemplo: computadores com maior garantia contra falhas e defeitos e baterias de celular que durem mais.

10	Seja por qual razão for, há clara identidade entre determinados produtos e as regiões onde são usados ou consumidos. Cria-se, assim, a ideia de que a qualidade depende também da cultura local. Investir nesse item de modo a mais bem adequar os produtos ao uso é uma estratégia que costuma gerar bons resultados.
	Exemplo: o sabor de alimentos vendidos em todo o país se altera em determinadas regiões. Comida sem pimenta no Norte do Brasil, líquidos quentes no Nordeste e sucos gelados no inverno do Sul não costumam ter boa aceitação.
11	De forma geral, sempre que o produto for mais adequado ao uso, a Gestão da Qualidade cumprirá sua tarefa essencial. Neste ponto, a diferenciação que gera maior ajuste à utilização é sempre um referencial estratégico em ambientes competitivos.
	Exemplo: hoje, poder controlar o rádio do carro a partir de um dispositivo instalado próximo ao volante é fator de segurança, e diferencia o veículo dos concorrentes; no passado, as rodinhas instaladas nas malas, o acendedor automático dos fogões e as fraldas descartáveis tiveram esse mesmo perfil.

Há um elemento comum em todos os aspectos analisados. Trata-se da busca pela melhoria, da ênfase na inovação e da prioridade conferida à evolução. Com efeito, em todas as situações mostradas há nítidos processos evolutivos bem definidos e visíveis:

- No **processo**, obtêm-se maior eficiência, maior produtividade, menores custos.
- Na **organização**, a busca por procedimentos normalizados, que mantêm a operação em níveis que viabilizem sua contínua melhoria.
- A fixação de padrões de **desempenho** para produtos e de operação dos serviços permite garantir a fidelidade dos consumidores.
- A permanente aproximação da organização ao **mercado** a que pretende atender viabiliza a oferta de bens e serviços mais adequados ao consumidor.
- A crescente flexibilização das rotinas de **operação** da empresa, nas áreas produtivas e nas áreas de suporte ou de relações com o consumidor, evidencia que a organização, assim, passa a atuar continuamente mais direcionada e mais focada no cliente.
- Amplia-se a preocupação com a **qualidade** para toda a empresa.
- A **melhoria** do processo produtivo determina maior confiança do consumidor.
- Aumentam as faixas de atuação da empresa no **mercado**.
- Cresce a **adequação do produto** à finalidade a que se destina.

Em resumo: a multiplicidade de visões, associada ao conceito da qualidade, tem como principal decorrência o fortalecimento estratégico da organização.

Observam-se, assim, constatações práticas que requerem atenção da Gestão da Qualidade. Mas há, também, ações que devem ser efetivadas para neutralizar possíveis "efeitos colaterais".

EXEMPLOS DE AÇÕES A DESENVOLVER:

- Constata-se que há elementos subjetivos no conceito da qualidade formulado pelas pessoas.

Mas...

- O subjetivo esconde razões práticas. A Gestão da Qualidade precisa estar atenta a elas. O gosto por roupas leves pode, por exemplo, ser determinado pela facilidade de transporte em malas.

- Há componentes que permanecem longo tempo como sendo "qualidade". A organização pode ser tentada a mantê-los indefinidamente.

Mas...

- O consumidor pode mudar de posição de forma muito rápida. O monitoramento do mercado, mesmo naqueles itens que parecem eternos, deve ser constante.

- Constata-se que, em muitos casos, o cliente não expressa gostos, desejos ou preferências.

Mas...

- Isto não quer dizer que ele não tenha posições firmes. Descobri-las e atendê-las são posturas tipicamente estratégicas.

- A exigência da ausência de defeitos constitui pré-requisito básico da qualidade.

Mas...

- Trata-se de uma condição de necessidade – não de suficiência. Ausência de defeitos não significa preenchimento de necessidades, expectativas ou gostos. A qualidade tem valor positivo e não se contenta com ausência de falhas...

- Bons processos de fabricação indicam qualidade na organização.

Mas...

- Isto não quer dizer que produtos bem-feitos sempre atendem a necessidades ou são do agrado de quem poderia comprá-los.

- Sempre que qualidade for entendida como requisito mínimo de funcionamento, tem-se aí uma brecha para a ação da concorrência.

Mas...

- Sempre aparece alguém que faz mais do que o mínimo... facilmente.

- Atender a múltiplos anseios de diferentes consumidores não significa encher o produto de penduricalhos e adereços.

Mas...

- Já vai longe o tempo em que o usuário desavisado pagava por dúzias de *softwares* inúteis quando comprava um *laptop*.

Estas análises práticas mostram que a seleção do conceito da qualidade influencia as ações que a viabilizam, ratificando a dimensão estratégica da qualidade.

1.6 DIMENSÃO ESTRATÉGICA DA QUALIDADE

Como se viu, a concepção comum da qualidade gera situações que tanto podem conduzir a equívocos gerenciais críticos, como também podem se configurar em oportunidades de crescimento para a organização. Separar as duas questões é crítico para começar a construção de um conceito estratégico para a qualidade.

Com efeito, já que a qualidade é um termo de uso comum, conhecido, de domínio público e constantemente empregado como fator de decisão, alguns cuidados devem ser tomados quando se fizerem esforços para criar uma definição específica que deve caracterizá-la tecnicamente.

Assim, pode-se estabelecer o que segue:

EXIGÊNCIAS BÁSICAS DE QUALQUER CONCEITO DA QUALIDADE:	
1	Não entrar em conflito com a forma como as pessoas a entendem.
2	Não contrariar procedimentos consagrados, que são desenvolvidos a partir do conceito selecionado. Por exemplo: há quem ache que a qualidade só está presente em produtos caros. E não há como negar: não é pecado guardar dinheiro para comprar uma TV mais cara, que parece ser melhor do que a que poderia ser adquirida com o dinheiro que temos hoje.
3	Nem sempre a introdução de inovações que estão em conflito com as atuais práticas pode representar ganho de mercado. Com o CD em relação aos discos de vinil o processo funcionou; com o barbeador elétrico, não. Ou seja: o mercado aceitou trocar o disco de vinil pelo CD. Mas resiste em abandonar a "gilete".
4	Não há como criar limites à forma como as pessoas entendem qualidade.
5	Não há como estabelecer exatamente o que seja qualidade para um conjunto de pessoas. E quanto maior o conjunto, mais difícil de estabelecer essa precisão.

PENSE NISTO

- O que se pode observar neste contexto é que a primeira preocupação ao definir qualidade é evitar a estruturação de um conceito que entre em choque com a noção intuitiva que as pessoas têm sobre a qualidade.
- Dito de outra maneira: pessoas comuns consideram que qualidade seja variedade de cores, luxo, requintes de beleza, virtudes (aparentes ou não), etiquetas famosas, menor peso, volume mais adequado a certas embalagens, maior praticidade e facilidades de uso, formas de apresentação vistosas, aderência à moda, grife famosa, marca conhecida e aceita, riqueza de detalhes (sejam de forma ou de acabamento) e assim por diante. Se assim pensam as pessoas, esses referenciais são adotados quando elas adquirem bens e serviços; não há como deixar de considerá-los válidos.
- *O equívoco, na verdade, está em considerar que apenas um, ou um pequeno grupo, desses conceitos representa tudo o que o consumidor entende como qualidade.*

Neste sentido, é missão essencial da Gestão da Qualidade enfatizar, a todos os envolvidos, por toda a organização, que qualidade é um conjunto de características, propriedades, atributos ou elementos que compõe bens e serviços. Assim, decorre da primeira uma segunda preocupação, não menos relevante: evitar que sejam criados conceitos da qualidade que restrinjam significativamente o seu significado.

As questões aqui analisadas parecem mais ligadas ao ambiente externo à empresa, mas facilmente podem ser transpostas para o contexto interno à organização. De fato, os funcionários da empresa são, antes de tudo, consumidores. Ou seja, pessoas comuns que, como qualquer consumidor, são influenciadas pelos mesmos mecanismos e recebem as mesmas informações que geram e estruturam o conceito da qualidade agregado aos bens de consumo e aos serviços.

PONTOS A DESTACAR

- Esta constatação requer que todo modelo de Gestão da Qualidade seja concebido e desenvolvido levando em consideração a noção intuitiva que as pessoas que integram a organização têm da qualidade.
- Desconsiderar este conhecimento prévio pode ser crítico para o envolvimento das pessoas no esforço pela qualidade.
- Isto porque esse esforço requer que as diretrizes da organização quanto à questão não entrem em desacordo com os valores que as pessoas possuem a respeito do que seja (ou como deveria ser) a noção e o valor da qualidade.

Ao mesmo tempo em que se deve ter cuidado com o confronto entre conceitos adotados nas organizações e as noções intuitivas das pessoas que integram a organização, é igualmente crucial evitar que definições equivocadas da qualidade sejam utilizadas como normas que pautam comportamentos e ações (lembrando: os equívocos cometidos na definição da qualidade refletem o que se pensa, usualmente, da questão e do emprego que se faz da linguagem informal para defini-la). Note que conceitos consagrados no cotidiano das pessoas migram para o universo das organizações, que não estão imunes às pressões da cultura local. Veja que há dois processos a considerar e que eles requerem (exigem, mesmo) uma diretriz básica, que tem, pelo menos, dois reflexos:

Processos a considerar	Diretriz	Reflexos
Choques com conceitos intuitivos.	A Gestão da Qualidade deve ter como referencial básico de atuação a cultura local.	Este entendimento é crítico para: 1. Ajustar o produto aos consumidores a que ele se destina.
Uso de conceitos equivocados da qualidade como diretriz de ação nas organizações.	Devem ser priorizados valores e crenças dos funcionários e das parcelas da sociedade que a organização deseja ter como "faixas de mercado".	2. Conferir uniformidade aos esforços das pessoas que integram a organização.

Detalhando:

1. **Ajuste do produto**: trata-se de uma postura de características estratégicas. Refere-se ao respeito à realidade local. Ou seja: a adequação de bens e serviços a cada faixa de mercado depende, criticamente, de considerar os aspectos intrínsecos da cultura do ambiente em que a organização se encontra.
2. **Uniformizar esforços**: este caso tem características mais táticas e afeta diretamente as diretrizes de operação da Gestão da Qualidade.

UMA ANÁLISE CONCLUSIVA

1. Existe um processo natural de transferência de valores, hábitos, posturas e crenças do meio social externo para o interior das organizações.
2. Quando um operador de fábrica (ou um funcionário de uma loja) define, intuitivamente, qualidade de forma tecnicamente incorreta, ele tende a transferir este conceito para suas atividades produtivas.
3. Ao desenvolver seu trabalho, o operador (ou o funcionário) direciona seus esforços para um foco que nem sempre é o mais correto.
4. Há justificativas efetivas para que a Gestão da Qualidade enfatize a preocupação com reflexos práticos que conceitos equivocados da qualidade possam ter.

Tendo em vista esses aspectos, tornou-se prioridade para a Gestão da Qualidade a criação da cultura da qualidade. Mantém-se o entendimento de que "cultura" é o conjunto de valores que a sociedade atribui a determinados elementos, situações, crenças, ideias etc.

Cultura da qualidade, assim, significa a transformação da qualidade em valor. Como ninguém ama o que não conhece nem se entusiasma pelo que não entende, o primeiro passo para a criação da cultura da qualidade é o perfeito entendimento de seu conceito correto.

A influência natural que um termo de domínio público exerce sobre sua própria definição técnica é, dessa forma, um desafio que a Gestão da Qualidade deve enfrentar.

Respeitar a cultura local, compreendê-la, assimilá-la e inseri-la no contexto gerencial da organização é o primeiro passo para caracterizar o enfoque mais usual para a definição da qualidade, que está centrada na ideia de que a qualidade é definida não por quem produz, mas por quem consome o bem ou o serviço. Ou seja: a qualidade é definida pelo consumidor.

1.7 VISÃO CRÍTICA DA QUALIDADE: O CONSUMIDOR

▶ *Quais são os elementos que o consumidor considera relevantes em um produto?*

São vários, como se pode imaginar: pode ser o preço do produto, suas características específicas, o processo de fabricação que o produziu, a acessibilidade a ele, a marca, a variedade de formas de apresentação etc. Além disso, cada consumidor atribui a cada um desses itens relevância diferenciada. Ou seja:

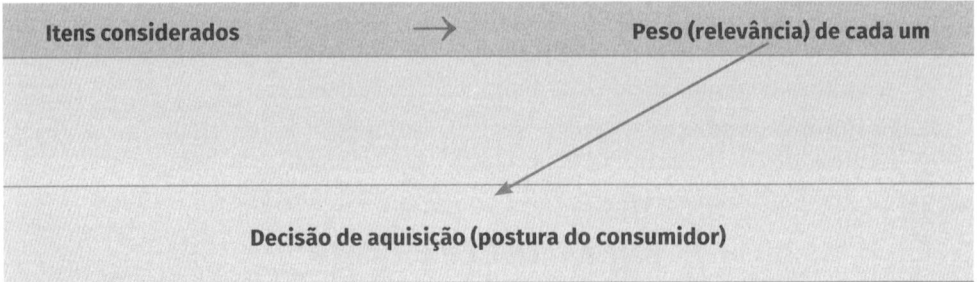

EXEMPLOS

- Um exemplo típico sempre lembrado: o que um consumidor considera relevante em um carro?
- A lista é enorme: para uns, conforto; para outros, segurança; para outros, ainda, a marca ou a rede de assistência técnica.
- Há quem considere crítico o desempenho (economia de combustível).
- Há quem veja como irrelevante o tamanho do porta-malas; há quem ache este aspecto determinante.
- A cor é sempre lembrada como um atributo muito importante.
- E, claro, para quase todos, o preço figura como um item de inegável importância.

Esse entendimento conduz ao conceito da qualidade enquanto multiplicidade de itens. Segundo este conceito:

→ Um consumidor nunca escolhe o bem de consumo ou o serviço por um único aspecto, mas por um conjunto de razões.

→ Além disso, as razões que determinam a um consumidor adquirir um carro não são as mesmas que induzem outro consumidor a comprar o mesmo carro.

Entendida e adotada, a noção de **multiplicidade** cria uma linha de atuação da Gestão da Qualidade: direcionar toda a organização, e o processo produtivo em particular, para o atendimento do consumidor, tendo em vista os múltiplos itens que ele considera relevantes.

Como se constata que, ao longo do tempo, esse conjunto de itens vai se alterando, por força de mudanças de opinião, de postura, das preferências e dos desejos do consumidor, cria-se a necessidade de que a Gestão da Qualidade monitore, continuamente, o comportamento de cada faixa de mercado atendida pela organização.

Está, assim, configurado o conceito de **evolução**, segundo o qual o consumidor se mantém fiel ao longo do tempo se suas novas expectativas forem sendo satisfeitas (ou, melhor, superadas) pelos produtos oferecidos.

Ou seja: o conceito da qualidade apoia-se em dois pilares:

1	**Multiplicidade**	▪ A qualidade envolve muitos aspectos simultaneamente, ou seja, uma multiplicidade de itens. ▪ Esta seria a componente "espacial" do conceito.
2	**Evolução**	▪ A qualidade sofre alterações conceituais ao longo do tempo, isto é, trata-se de um processo evolutivo. ▪ Esta seria a componente "temporal" do conceito.

A multiplicidade e a evolução mostram a preocupação constante com o atendimento ao consumidor que a organização deseja atingir. E evidenciam, também, que há muitas formas de alcançar esse objetivo. Desse modo, ainda que haja um eixo fundamental e bem caracterizado no processo, a diversidade de formas de entender qualidade e a variedade de ações que foram sendo desenvolvidas para viabilizar esses conceitos determinaram a formação de inúmeras definições da qualidade por parte de ilustres autores de administração e da própria área da qualidade.

Alguns exemplos coletados *ao longo do tempo*:

	Conceito	Referência
1	Diferenças na qualidade equivalem a diferenças na qualidade de alguns elementos ou atributos desejados.	Abbott (1955)
2	Qualidade é o melhor possível, sob certas condições do consumidor. Estas condições são referentes ao uso real e ao preço de venda do produto.	Feigenbaum (1961)
3	Qualidade é o grau de ajuste de um produto à demanda que pretende satisfazer.	Jenkins (1971)
4	Qualidade é a condição necessária de aptidão para o fim a que se destina (texto da Organização Europeia de Controle da Qualidade – EOQC).	EOQC (1972)
5	Qualidade é o grau específico em que um produto específico se conforma a um projeto ou a uma especificação.	Gilmore (1974)
6	A qualidade é o grau com o qual um produto específico atende às necessidades de consumidores específicos.	Gilmore (1974)
7	Qualidade é a melhor forma para atender às condições do consumidor.	Palmer (1974)
8	Qualidade é o grau de excelência a um preço aceitável e o controle da variabilidade a um custo razoável.	Broh (1974)

9	A qualidade não é pensamento, nem matéria, mas uma terceira entidade, independente das duas. Ainda que a qualidade não possa ser definida, percebe-se que ela existe.	Pirsig (1974)
10	Qualidade é a conformidade do produto às suas especificações.	Crosby (1979)
11	A qualidade é uma condição de excelência, significando que o usuário distingue a boa da má qualidade. A qualidade é atingida quando o padrão mais elevado está sendo confrontado com outro, pior e mais pobre.	Tuchmann (1980)
12	Qualidade refere-se às quantidades de atributos inestimáveis contidos em cada unidade de atributo estimado.	Leffler (1982)
13	Qualidade é aquilo que, às vezes, manifesta-se no momento do uso, mas também dá satisfação do ponto de vista estético, até mesmo ético, quando temos a sensação de que o produto corresponde ao que se esperava e que não fomos enganados em relação à mercadoria.	Teboul (1991)
14	A qualidade não diz respeito a apenas um produto ou serviço específico, mas a tudo o que uma organização faz, poderia ou deveria fazer para determinar não só a opinião dos seus clientes imediatos ou usuários finais, mas também a sua reputação na comunidade, em todos os seus aspectos.	Hutchins (1992)
15	Qualidade é a característica que faz que um produto seja projetado e fabricado para executar apropriadamente a função designada.	Rothery (1993)
16	Qualidade é o atendimento à finalidade a que o produto se destina, o que significa que a qualidade é vista como o atendimento aos requisitos, às necessidades ou aos desejos fixados pelo consumidor.	Harvey; Green (1993)
17	Qualidade é a combinação de produtos e serviços referentes a marketing, engenharia, produção e manutenção, por meio dos quais produtos e serviços em uso corresponderão às expectativas do cliente.	Feigenbaum (1994)
18	A definição da qualidade se divide em quatro adequações, ou níveis da qualidade, a saber: adequação ao padrão; adequação ao uso; adequação ao custo; e adequação à necessidade latente.	Shiba; Grahan; Walden (1997)
19	Qualidade é simplesmente fazer o que havíamos dito que iríamos fazer; dar ao cliente (tanto interno como externo) exatamente o que ele pediu.	Crosby (1999)
20	Qualidade não é algo que o fornecedor coloca num produto ou serviço, mas algo que o cliente obtém e pelo qual paga. Os clientes pagam apenas por aquilo que lhes é útil e lhes traz valor. Nada mais constitui qualidade.	Drucker (1999)
21	Qualidade, enquanto ajuste aos fins a que se destinam os produtos, é um dos possíveis critérios mensuráveis para estabelecer se uma unidade do produto atende ao objetivo a que se propõe.	Campbell; Rozsnyai (2002)

CAPÍTULO 1 | QUALIDADE: OS CONCEITOS ESSENCIAIS E SUAS DECORRÊNCIAS   23

22	Atendimento de padrões usualmente aceitos, como aqueles definidos por organismos de normalização ou credenciamento, tendo como foco o processo em andamento na organização ou o programa que foi estabelecido, considerando-se, sempre, objetivos e missão da própria organização.	Vlăsceanu; Grünberg; Pârlea (2004); Castka; Corbett (2018)
23	A qualidade apresenta diversas definições de acordo com o foco a ser dado. Quando o foco é o produto, a qualidade é determinada conforme a percepção do cliente. Quando o foco é a fabricação, busca-se melhorar técnicas e processos conforme normas preestabelecidas.	Martins; Laugeni (2005)
24	Qualidade é um processo de excelência que gera produtos de excelência.	Besterfield (2009)
25	A qualidade associa-se à concepção e à produção de um produto, na busca do atendimento da satisfação das necessidades do cliente. Também está associada ao valor e à utilidade que ele reconhece no produto.	Roth (2011)
26	A qualidade jamais deve ser vista e entendida apenas sob o aspecto de "controle", mas, no contexto amplo de gestão, a determinante influência da cultura e de hábitos de consumo direcionará a processos produtivos eficientes e a uma organização competitiva.	Camargo (2013); Marques (2016)
27	A qualidade é o processo que viabiliza a inovação.	Blank; Naveh (2015); Abu-Jarour (2016)
28	A qualidade é o processo gerencial que conduz a organização a níveis de excelência.	Goetsch; Davis (2018); Seland (2018)
29	A qualidade envolve uma relação entre práticas organizacionais e satisfação do cliente.	Anil; Satish (2019)
30	A qualidade depende de uma atividade conjunta entre consumidores e recursos humanos da empresa (coprodução).	Ozjul *et al.* (2019)

Como poderia ser resumido esse conjunto de conceitos? Sucintamente, observe que, segundo esses autores, a qualidade pode ser definida de várias formas:

Critérios para conceituar qualidade	Elementos que caracterizam o critério
Gestão operacional	<ul><li>Controle da variabilidade a um custo razoável.</li><li>Processo produtivo de acordo com normas bem definidas.</li><li>Produto adequado ao custo.</li></ul>

Resultado do processo produtivo	▪ Conformação do produto ao projeto (especificações ou padrões). ▪ Aptidão do produto para o fim a que se destina. ▪ Atributos inestimáveis contidos em cada unidade de atributo estimado. ▪ Produto adequado à função a ele designada.
Relação de consumo	▪ Percepção genérica do consumidor (ainda que não definida precisamente). ▪ Ajuste do produto à demanda. ▪ Percepção do consumidor em termos de uso e preço. ▪ Melhor forma de atender ao consumidor. ▪ Atendimento às necessidades, desejos, expectativas, necessidades não declaradas do consumidor. ▪ A excelência a um preço aceitável. ▪ O usuário distingue a boa da má qualidade. ▪ Satisfação do consumidor. ▪ O que a organização faz para atender o mercado e merecer o respeito da sociedade. ▪ Percepção do valor do produto pelo cliente.

São muitos os modelos que agregam qualidade à análise do consumidor, nas mais diferentes áreas. Uma pequena amostra de publicações relativamente recentes enfatizando esta relação, nas mais diversas áreas, pode ser encontrada em Anderson-Cook (2017); Aquilani *et al.* (2017); Cudney e Keim (2017); Imai (2018); Montgomery, Jennings e Pfund (2018), Seland (2018) e Snee (2018).

ATENÇÃO A ESTE PONTO

▪ A maioria dos autores define qualidade como uma relação de consumo.

De forma mais precisa, essa relação de consumo foi sintetizada por Juran, naquele que é o mais conhecido conceito da qualidade entre os que se tornaram referenciais em toda a literatura da área (JURAN; GRYNA, 1991):

Qualidade = Adequação ao uso.

Este conceito incorpora os demais. De fato, quando se associa qualidade com aspectos operacionais da organização, o que se pretende é direcionar o processo produtivo para o atendimento ao consumidor. Este direcionamento fica mais evidente quando se analisa o próprio resultado do processo.

Nas definições apresentadas, fica claro que o produto é sempre avaliado em relação a "terceiros", que, em última análise, são aqueles que determinam sua finalidade, suas características ou sua função. E quando se fala em projeto ou em custos, percebe-se, claramente, a mesma preocupação: afinal, o projeto é o modelo que transforma em especificações de produto os requisitos da qualidade do mercado e os custos são fatores determinantes do preço, outro elemento crítico na relação do produto com o mercado.

Os demais conceitos são diretos na sua formulação: a qualidade não é avaliada por quem produz, mas por quem consome o produto.

QUESTÕES PRÁTICAS

1. O que justifica o fato de considerarmos que o conceito da qualidade é dinâmico?
2. E por que esta constatação altera os princípios de operação da Gestão da Qualidade?
3. Quais as alterações que mais impactam a noção do que seja qualidade?
4. Quais os reflexos da ampliação do conceito da qualidade? E como a Gestão da Qualidade pode lidar com eles?
5. Qual o maior reflexo prático dos equívocos ao definir qualidade?
6. Que consequências práticas a popularização do termo *qualidade* trouxe para a Gestão da Qualidade?
7. Por que os equívocos ao definir qualidade podem transformar-se em um diferencial estratégico positivo para a empresa?
8. E por que adotar conceitos equivocados da qualidade conduz o processo gerencial da qualidade para situações que podem comprometer ações e resultados?
9. Por que fixar o esforço de produção da qualidade em um único elemento pode ser uma estratégia prejudicial para a empresa?
10. Por que definir qualidade como ausência de defeitos revela fragilidade estratégica da organização?
11. Por que a qualidade entendida como multiplicidade é um conceito que impacta sobre a postura estratégica da organização?
12. Que conceito caracteriza a qualidade como relação de consumo? Quais os elementos mais relevantes nesta definição?
13. Por que é relevante considerar as noções intuitivas (ainda que tecnicamente equivocadas) que as pessoas têm a respeito da qualidade?
14. Por que é útil evitar que noções equivocadas da qualidade sejam utilizadas como normas de atuação de pessoas ou setores das organizações?
15. O que seria a "cultura da qualidade"? Como criá-la? Que vantagens teria?

2 GESTÃO ESTRATÉGICA DA QUALIDADE

OBJETIVOS DO CAPÍTULO
- Apresentar os conceitos básicos da qualidade, como também as definições de Gestão da Qualidade, conferindo especial ênfase à Gestão Estratégica da Qualidade.
- Evidenciar a importância da noção de Melhoria Contínua.
- Enfatizar a dimensão social da qualidade.
- Mostrar como a qualidade é produzida a partir do projeto do bem tangível ou do serviço.
- Discutir a evolução do conceito de Controle da Qualidade.
- Analisar modelos gerais para o Planejamento da Qualidade.

Os conceitos da qualidade têm gerado importantes desdobramentos, tanto em termos de novas noções como também de novas ferramentas, estratégias e métodos para produzir qualidade. Esse conjunto de referenciais e processos tem permitido criar uma visão abrangente da Gestão da Qualidade, que envolve aspectos como o planejamento estratégico da qualidade, a economia da qualidade e mesmo os modelos de qualidade desde o projeto. O impacto social da qualidade se insere neste contexto, em uma visão com notável atualidade e abrangência.

2.1 OS CONCEITOS E A GESTÃO DA QUALIDADE

A aplicação prática mais relevante do conjunto de conceitos que define qualidade refere-se às ações que eles requerem da Gestão da Qualidade. A primeira e mais evidente é o direcionamento da organização para o mercado, para os consumidores em particular. As demais decorrem desta postura e mostram uma flexibilidade, nos conceitos, que deixa espaço para ações estratégicas.

De fato, nenhuma definição fixa com precisão o que, exatamente, seja a adequação do produto ao uso.

PONTOS A DESTACAR

- A Gestão da Qualidade pode determinar que características o mercado deseja e viabilizá-las. É uma postura correta, porém, reativa. Decorre de um conhecimento previamente obtido.
- Uma ação estratégica neste contexto seria sair à frente e criar elementos que influenciem possíveis consumidores. Ou seja: ao invés de descobrir necessidades, criá-las.

Observe que também não se contempla nas definições quais referenciais de consumo são mais ou menos relevantes para ajustar o produto à demanda. Está aí outro espaço que pode ser estrategicamente ocupado.

O QUE A PRÁTICA TEM ENSINADO

- Mesmo que a relação entre item do produto e condição requerida para uso esteja precisamente definida, sempre é possível ampliar esta adequação. Tal melhoria em itens específicos pode representar uma vantagem estratégica igualmente.
- Diversas melhorias localizadas podem ser integradas em melhorias globais de produto, que têm sido chamadas de "contribuições" do produto. Isso pode gerar um diferencial competitivo considerável pelo aumento de elementos relevantes do produto, como praticidade, desempenho, confiabilidade, durabilidade, facilidades de uso, custo de utilização, segurança, conforto, maior leque de funções, porte, peso, diversidade e até itens críticos, como o preço do produto.

EM RESUMO

A Gestão da Qualidade passa à organização a ideia de que a prioridade do processo produtivo é o conjunto de todos os itens que venham a ser, de algum modo, relevantes para o consumidor, em maior ou menor escala (OLAFSDOTTIR; SVERDRUP; INGASON, 2019).

Podem tais itens ser mais ou menos precisos, mais ou menos subjetivos, mais ou menos mensuráveis, mais ou menos resultantes da expressão de desejos ou necessidades de consumidores. Uma decorrência interessante desses conceitos:

A qualidade nunca é definida em termos absolutos, mas em termos relativos.

Em qualquer tempo há um referencial a considerar para definir qualidade. O mais relevante já foi exaustivamente fixado: é claro que a avaliação do produto pelo consumidor é o ponto de partida e o mercado é o primeiro elemento a ser considerado nesse processo. Mas, pelo que se viu, há outros "marcos regulatórios" relevantes. Esta constatação evidencia os reflexos negativos da utilização de conceitos equivocados sobre qualidade: a adequação de um produto ao uso, principal relação que define qualidade, só será possível se um conjunto de aspectos for atendido, o que não ocorrerá se alguns deles forem supervalorizados, considerados de forma inadequada ou desconsiderados.

ATENÇÃO A ESTE PONTO

- Há outro aspecto significativo presente em várias definições: o esforço de criar meios mensuráveis para medir a qualidade. Jenkins, por exemplo, utiliza o termo *grau*, buscando munir a Gestão da Qualidade de procedimentos quantitativos para a Avaliação da Qualidade. Isso permite quantificar a qualidade, o que facilita seu planejamento, sua implantação e a avaliação do efetivo impacto das melhorias (há quem diga que o que não pode ser medido não pode ser avaliado). Esta noção se aplica mesmo aos itens subjetivos da qualidade. Sempre é possível medir qualidade, mesmo quando os elementos que a determinam parecem muito particulares e individualizados. Com efeito: não podemos discutir por que as pessoas gostam de carros azuis, mas podemos definir quantas pessoas gostam de carros dessa cor.

2.2 A NOÇÃO DE MELHORIA CONTÍNUA

Com foco no consumidor, a concepção da qualidade como adequação ao uso determina que sua avaliação seja feita em termos de uma simples relação de consumo. Ou seja, o conceito gera uma conexão entre a organização e o mercado, mais particularmente com os segmentos de demanda que pretende atender. Trata-se de um conceito que, inegavelmente, é bastante geral (IMAI, 2018).

Como foi observado, esse conceito não restringe as ações da Gestão da Qualidade. De fato, há um espaço considerável para ampliar-se o ajuste de um produto à demanda que pretende satisfazer: o conceito de "adequação ao uso" não particulariza, não detalha nem delimita os elementos que determinam – ou podem vir a determinar – como tal ajuste se processa. Além disso, a inclusão de novas características no produto pode alargar as faixas de mercado em que a organização atua. A criação de novos elementos de "adequação ao uso" pode estender o alcance do produto. Enfim, sempre podem ser ampliados os mercados nos quais a organização opera, ou podem ser criados novos mercados. Dessa forma, o conceito de "adequação ao uso" possui boa abrangência.

Mas uma análise cuidadosa do conceito mostra que há duas generalizações que podem ser feitas e que não estão, automaticamente, contempladas no conceito de "adequação ao uso". A primeira diz respeito ao alcance do ajuste do produto e dos mecanismos para viabilizá-lo; a segunda refere-se à ampliação do raio de alcance da organização no meio externo a ela.

PENSE NISTO

- Quando se fala em "adequação ao uso", uma pergunta pode ser feita: quais são os aspectos que determinam que um produto seja, efetivamente, ajustado à utilização que dele se espera? Nenhuma definição determina, conceitua, dá pistas ou mesmo limita que elementos são esses.
- Uma resposta possível a esta pergunta poderia ser: todos. Se fosse possível listar todos os itens que atendem a um consumidor, seria possível garantir que ele está totalmente satisfeito. Ou seja, neste momento seria atingida a "qualidade total" – pelo menos do ponto de vista deste consumidor.

A *Qualidade Total* é bem conhecida. Não se trata de um termo novo, nem de um novo conceito. Na verdade, é muito mais uma decorrência natural da qualidade definida enquanto "adequação ao uso", quando se ampliam os componentes ou as partes que determinam esse ajuste para um total emprego do produto (ANIL; SATISH, 2019). Para a Gestão da Qualidade, o conceito da Qualidade Total significa o conjunto de características que atende "totalmente" ao consumidor (AQUILANI *et al.*, 2017).

Nesta dimensão, a Gestão da Qualidade passa a ser "Gestão da Qualidade Total" se as atividades conseguem produzir bens e serviços que possuam requisitos capazes de garantir a plena realização de todas as necessidades, todas as preferências, todos os desejos, todos os gostos, ou tudo o que suprir as conveniências do consumidor.

▶ *Qual a decorrência mais efetiva da Gestão da Qualidade Total?*

Se for plenamente atendido, o consumidor não procurará outra organização para obter bens ou serviços, já que os que lhe são fornecidos neste momento o atendem plenamente. Surge, assim, um primeiro indicador que pode avaliar se a Gestão da Qualidade Total está atingindo seus objetivos: o grau de fidelidade do consumidor (NOFAL; OMAIM; ZAIRI, 2016).

Ocorre, contudo, que, como o consumidor evolui ao longo do tempo (na maioria dos casos, muito rapidamente), a Gestão da Qualidade Total não pode se contentar em satisfazer necessidades, mas deve dar um passo à frente, superando expectativas (que, eventualmente, nem foram formuladas). Criam-se, assim, novas necessidades para o consumidor (que ele nem sabia que tinha...).

O QUE A PRÁTICA TEM ENSINADO

- Consumidor fiel significa mercado mais "garantido" e maiores chances de sobrevivência para a empresa. Hoje, pelos produtos disponibilizados; no futuro, pelas inovações viabilizadas.
- Fidelidade de consumidores é, evidentemente, um elemento de alto poder estratégico.
- Pela análise da situação inversa, uma falha evidente da Gestão da Qualidade ocorre em empresas que não conseguem manter seus clientes por longo período.

É evidente que a fidelidade do consumidor não ocorre de forma abrupta. Trata-se de uma conquista lenta, gradativa, crescente, cuidadosa, que só vai se tornando consistente aos poucos. Requer o entendimento da perspectiva dinâmica do mercado; exige o permanente acompanhamento de suas características e a análise precisa das tendências, das mudanças ou das alterações de rumo que vão se processando no ambiente externo à organização.

É, essencialmente, uma ação evolutiva, que se materializa por uma crescente proximidade da organização aos mercados a que ela pretende atender.

Mais em geral, percebe-se que a Qualidade Total tem duas dimensões:

Qualidade Total	
Dimensão externa	Atendimento a todos os requisitos da qualidade expressos pelos consumidores.
Dimensão interna	Para viabilizar o atendimento a todas as exigências do consumidor em termos da qualidade, é necessário envolver todas as partes da organização cujas ações exerçam algum impacto (por mínimo que seja) sobre o produto.

A segunda dimensão da Qualidade Total indica que só será possível adequar um produto inteiramente ao uso se todos os setores, todas as áreas, todas as pessoas ou, enfim, todos os elementos que tiverem alguma participação, direta ou indireta, na sua concepção, na sua fabricação, no seu acabamento, na sua embalagem ou no transporte estiverem diretamente envolvidos no esforço de atender ao consumidor.

Ninguém, em toda a organização, pode ser excluído ou dispensado desse esforço. Se qualquer componente do processo produtivo, das atividades de suporte a ele ou de qualquer área da organização não estiver plenamente comprometido com esse empenho, algum aspecto do produto poderá não ser atendido, e o alcance do objetivo de satisfação plena do consumidor estará comprometido. Dito de outra maneira, quem desenvolve uma ação que não contribui para ajustar o produto ao uso é dispensável – seja uma pessoa, uma máquina ou uma operação.

Assim, a Gestão da Qualidade Total:

- incorpora o envolvimento de todos os elementos da organização no esforço contínuo de adequar o produto ao uso, a partir das atividades individuais de cada um no processo produtivo ou em qualquer outra área;
- começa sua atividade básica com contribuições individuais; estas contribuições devem estar engajadas em um movimento organizado, integrado e inequivocamente direcionado.

Da mesma forma que a adequação efetiva de um produto ao uso é um processo gradativo, o envolvimento de todos no esforço pela qualidade é um processo evolutivo por excelência.

Alguns problemas decorrentes dessas dimensões:

- Como atender plenamente um consumidor, munindo um produto de todas as características possíveis e imagináveis que possam satisfazê-lo?
- Como envolver todos os elementos de uma organização em um esforço único e perfeitamente integrado?
- Como garantir que todos esses elementos estejam plenamente empenhados nesta meta?
- Em outras palavras: como viabilizar o envolvimento total para o atendimento total?

A abordagem utilizada pela Gestão da Qualidade Total para apresentar uma solução para o problema pode ser resumida na expressão *melhoria contínua* (GUPTA, 2018). O que significa isto?

MELHORIA	CONTÍNUA
■ Melhoria: aumento do grau de ajuste do produto à demanda. ■ Esse aumento considera referenciais estabelecidos pelo próprio consumidor, como o atendimento às suas necessidades, expectativas, preferências, conveniências etc. Quem define o que é (e o que não é) melhoria é o consumidor. ■ Um esforço de produção pode ser considerado uma melhoria se desse esforço resulta maior ajuste do produto ao uso dele requerido. ■ A Gestão da Qualidade Total direciona todas as atividades da organização em direção à produção de melhorias (com este conceito de melhoria).	■ Esforço permanente. ■ Ação constante, crescente e organizada. ■ Atividades gradativamente desenvolvidas, em etapas bem definidas.

A expressão *melhoria contínua* passa a ter sentido na medida em que esse grau de ajuste atinge valores gradativamente maiores (LEE *et al.*, 2019). Dessa forma, ao propor a noção de melhoria contínua, a Gestão da Qualidade Total caracterizou o processo de envolvimento de pessoas (gradativo, crescente, constante) e o ajuste do produto ao uso (gradativo, crescente, constante). Não é possível (ou, pelo menos, é muito difícil) atingir valores máximos nesses dois caminhos, mas sempre se pode melhorar, avançar, progredir, evoluir.

Dois modelos de melhoria contínua que caracterizam a ação da Gestão da Qualidade Total exemplificam bem como se viabiliza a noção da Qualidade Total. Esses modelos são conhecidos como "otimização do processo" e "generalização da noção de perda". Em ambos, os procedimentos de adequação crescente do produto ao uso ficam bem caracterizados.

1. OTIMIZAÇÃO DO PROCESSO

- Otimizar significa buscar os melhores valores (resultados) possíveis sob certas condições.
- Otimização do processo: gerar os melhores produtos possíveis nas atuais condições de operação.
- Melhor é um adjetivo (= mais bom) que só tem sentido se associado a certo referencial.
- Aqui, esse referencial é o ajuste do produto ao uso que dele se espera.
- Processo otimizado: foram desenvolvidos todos os esforços destinados, em um primeiro momento, a eliminar quaisquer defeitos, falhas ou erros, ou seja, desvios; a seguir, a racionalizar as atividades produtivas – um processo otimizado é totalmente eficiente.

Decorrência natural deste processo:
- As melhorias de processo migram para o produto, que, afinal, é o resultado do processo que foi otimizado.

- Cria-se, assim, a Gestão da Qualidade no Processo quando se observa que a razão determinante para a otimização do processo é o aumento da "adequação do produto ao uso".
- Os primeiros efeitos da otimização do processo produtivo são produtos com preços menores, mais bem-acabados, sem defeitos, mais confiáveis, mais práticos, enfim, mais adequados ao uso pela forma perfeita como foram fabricados.

2. GENERALIZAÇÃO DA NOÇÃO DE PERDA

- Uma perda não ocorre apenas quando se observam danos, prejuízos, avarias, despesas, declínio, diminuição ou falta de alguma coisa; manter-se na mesma posição significa perder.
- Ou seja: a derrota é perda, mas o empate também é.
- Perde quem não avança, não progride, não prospera, enfim, não evolui.
- Toda ação ou operação, todo procedimento que não *acrescente valor* ao bem ou ao serviço em desenvolvimento é perda.

Decorrência natural desta concepção:

- Para garantir o correto direcionamento da noção de perda, confere-se ao valor, neste caso, o sentido de algo determinado sempre por quem consome o produto – ou seja, pelo usuário final.
- Dessa forma, o valor refere-se à adequação do produto ao uso.
- Conclusivamente, pode-se considerar como perda toda ação, todo procedimento, toda operação ou toda atividade que não contribui, de forma efetiva – seja direta ou indireta –, para o aumento do grau de ajuste do produto à demanda, em termos de atendimento às exigências do consumidor.
- Ressalte-se: aumento de ajuste. Manter é uma perda (fragilidade estratégica).

PENSE NISTO

- Em uma perspectiva dinâmica, em uma visão nitidamente estratégica, constitui-se perda a falta de ações efetivas em relação à influência que a empresa exerce sobre quem poderia ser seu consumidor (e ainda não é).
- Produtos que impactam a degradação do meio ambiente contribuem para uma imagem negativa da organização. Assim, afetam negativamente pessoas que poderiam ser consumidores da empresa no futuro. Esta imagem, deste modo, é um entrave ao crescimento da organização. O mesmo ocorre com produtos cujo uso possa gerar riscos à vida ou à integridade física do usuário ou de terceiros.
- Em menor escala, mas com igual capacidade de influenciar negativamente futuros consumidores, encontram-se produtos cujo uso gera desconforto, mal-estar, prejuízos de algum tipo ou danos morais de qualquer natureza.

EXEMPLOS

- Carros que expelem fumaça preta estão no primeiro grupo de exemplos.
- Carros com itens de segurança pouco confiáveis estão no segundo.
- Carros que produzem ruído acima do desejável estão no terceiro.

PONTOS A DESTACAR

- Ambos os modelos afetam a "adequação ao uso".
- O primeiro, em uma visão mais atual, em termos de consumidores atuais da empresa.
- O segundo, em termos do futuro da organização, do seu crescimento e de sua consolidação no mercado (que só ocorre se aumentam as faixas de mercado atendidas).

Pela sua característica essencialmente evolutiva, a melhoria contínua é considerada sinônimo da qualidade total. Por consequência, a Gestão da Qualidade Total é o processo destinado a investir, continuamente, em mecanismos de melhoria, aumentando a adequação dos bens e serviços ao fim a que se destinam.

Em uma análise conclusiva, se a expressão *melhoria contínua* é redundante, os termos *Qualidade Total*, colocados juntos, também o são. Ninguém gera qualidade "parcial", ou seja, qualidade "pela metade". Ou se atende ou não se atende ao que o consumidor deseja. O termo *total* está aqui para chamar a atenção para o alcance da noção da qualidade (plena adequação ao uso), das dimensões que a envolvem (ajuste total e envolvimento total de recursos) e da forma como viabilizá-la (melhoria contínua).

2.3 A QUALIDADE E A RELAÇÃO DAS ORGANIZAÇÕES PRODUTIVAS COM A SOCIEDADE

Ainda que seja um conceito geral, a definição da qualidade como relação de consumo porta uma limitação óbvia: ela restringe as relações externas da organização aos contatos mantidos com o seu mercado consumidor, desconsiderando todo o resto da sociedade, do qual esse "mercado" nada mais é do que, apenas, uma parte.

Assim, a qualidade definida enquanto "adequação ao uso" cria uma relação direta entre as áreas produtivas e os consumidores da organização, sem considerar o ambiente global em que ambos, mercados e organizações, estão presentes. O conceito da Qualidade Total não altera essa limitação, evidenciando, apenas, um processo evolutivo que tem características multiplicadoras, mas que não ultrapassa o conjunto dos consumidores. Dessa forma, há uma nova generalização a ser feita para definir, com maior precisão, o conceito da qualidade. Tal ampliação deriva da relação entre as organizações e a sociedade na qual elas se situam.

Essa visão mais ampla (relação entre organizações produtivas e sociedade) gerou a noção de impacto social da qualidade, que é estruturado em três etapas:

1. A visão da adequação "indireta" ao uso, ou um modelo expandido de "adequação ao uso", que avalia os reflexos do uso dos produtos sobre quem não os consome de forma direta.
2. O modelo que avalia o impacto de bens e serviços na sociedade como um todo.
3. O modelo da "qualidade globalizada".

Assim, o conceito da qualidade enquanto adequação ao uso tem gerado uma crítica consistente: a de que ele cria uma relação direta entre quem produz e quem consome, sem se preocupar com os outros grupos sociais situados no entorno desse processo.

EXEMPLOS

- Uma empresa fabrica produtos de higiene pessoal, como desodorantes, perfumes e xampus. A característica de sua linha de produtos é a fragrância extremamente forte, facilmente percebida pelas pessoas que se aproximam de quem os está usando. Os produtos são direcionados a grupos específicos de consumidores, adeptos de aromas e odores marcantes, que, por essa preferência pessoal, estão plenamente satisfeitos com tais produtos.
- Mas, sempre que alguém chega a um ambiente usando esse perfume forte, gera desconforto nas pessoas à sua volta, postura que pode desandar para uma profunda irritação e até mesmo para algum tipo de agressão. Pode-se pensar que o fabricante não se importa com as pessoas incomodadas com tal tipo de perfume, porque, afinal, elas não usarão mesmo os produtos da empresa.

Do ponto de vista de "adequação ao uso", a postura da organização está correta: afinal, seus produtos atendem aos consumidores a que se destinam.

Mas, em uma análise mais ampla, há evidente fragilidade estratégica da empresa. De fato:

1. Pessoas importunadas com os perfumes podem começar a falar mal da marca. Podem, até mesmo, iniciar campanhas para que produtos que possuem esse tipo de odor não sejam comprados por ninguém. Podem divulgar informações de que tais perfumes causam alergias e irritações respiratórias, e, por isso, devem ser evitados. Podem, enfim, criar embaraços públicos para a empresa produtora, que danificam a percepção geral das marcas de seus produtos.
2. Odores fortes podem derivar de substâncias marcantes utilizadas no processo de produção. Essas substâncias podem gerar malefícios às pessoas. Assim, o processo de produção é colocado sob suspeita.
3. Grupos de pessoas que não toleram esses cheiros podem propor a proibição do uso do produto em determinados ambientes.

4. O preço passa a ser questionado por força de lesões que o uso do produto pode trazer (interessante notar que esse processo ficará mais intensificado se os produtos forem baratos...). Pessoas que usam tais perfumes podem ser discriminadas. Em vez de valor, agrega-se prejuízo ao uso do produto.
5. Aparentemente, a abordagem centrada no usuário está atendida, já que o produto atende satisfatoriamente a quem dele se utiliza. Contudo, ignorando reações contrárias ao produto, a empresa não mostra empenho em conquistar novos consumidores, mas, ao contrário, parece afastá-los. Fica a impressão de que a empresa só deseja contar com os consumidores que ela já tem, o que evidencia a falta de preocupação com seu crescimento no mercado, elemento fundamental para sua sobrevivência.

O que se observa neste exemplo prático é que existem dois grupos de pessoas que, externamente à organização, se relacionam com ela: o das que usam ("consomem") os citados produtos de higiene pessoal e o das que não consomem, mas sofrem seus efeitos ("impactadas").

As primeiras fazem parte do círculo conhecido como mercado; as demais são membros da sociedade que gravita em torno do grupo chamado "mercado".

Pelas suas características próprias, a Gestão da Qualidade classificou esses dois tipos de elementos "externos" à organização. Aos primeiros denominou "consumidores" (os que consomem); aos segundos, "clientes" (os que sofrem o impacto do uso dos produtos).

Assim:

CONSUMIDORES	CLIENTES
Aqueles que consomem os bens ou se utilizam de serviços disponibilizados por uma empresa.	Aqueles que sofrem algum tipo de impacto decorrente do uso de bens ou de serviços de uma empresa.
Exemplos:	**Exemplos:**
1. O motoqueiro passeando na sua moto.	1. As pessoas nas calçadas, que sofrem com o barulho intenso da moto.
2. Os passageiros de um avião.	2. As pessoas que moram próximas a aeroportos e que aturam o barulho ensurdecedor de aeronaves decolando.
3. As pessoas que estão comprando em uma loja de *shopping*.	3. As pessoas que passam no corredor do *shopping*, observando as lojas.
4. As pessoas que almoçam em um restaurante.	4. As pessoas que, do lado de fora, sentem o cheiro de comida do restaurante.
5. As pessoas que dançam em uma boate.	5. Os vizinhos da boate, que não dormem por causa do barulho.
6. Os donos de uma casa que está sendo construída.	6. Os moradores próximos à casa em construção, irritados pelos incômodos causados pela forma desleixada como ela está sendo erguida.
7. As pessoas que consomem a carne bovina proveniente de um abatedouro situado em um bairro residencial.	7. As pessoas atingidas pelo mau cheiro do abatedouro.
8. Os motoristas que abastecem em um posto de gasolina.	8. Os vizinhos do posto, que temem por sua própria segurança.

Dessa forma, a distinção entre consumidores e clientes parece muito clara e diz respeito à relação de cada um deles com a organização:

1. Os consumidores são os que efetivamente utilizam o produto; os clientes sofrem o impacto do uso do produto.
2. Os consumidores mantêm relação direta com a organização produtora; os clientes mantêm relação indireta.
3. Os consumidores consomem os produtos hoje; os clientes podem vir a consumi-los amanhã – ou não.
4. A organização hoje depende de seus consumidores para viver. Mas depende de clientes para sobreviver.
5. Aos consumidores são direcionados os esforços da organização produtora no sentido de que eles permaneçam utilizando o produto; aos clientes são direcionados os esforços da organização para que eles venham a consumir o produto.
6. Na visão estratégica, o elemento básico que caracteriza o consumidor é a fidelidade ao produto ou à organização que o disponibiliza; já para o cliente, é a sua transformação em consumidor (passa a adquirir os produtos da organização).
7. Dito de outro modo: os consumidores mantêm as faixas de mercado em que a organização atua; os clientes podem ampliá-las.
8. O conceito que mais bem caracteriza a relação da organização com seus consumidores é a multiplicidade. É ela que garante a manutenção dos consumidores, tendo impacto direto na fidelidade que eles exercem em relação ao produto.
9. O elemento conceitual que mais bem caracteriza a relação da organização com seus clientes é a evolução. É a evolução que pode transformar clientes em consumidores, pelo atendimento ou, até mesmo, pela superação de expectativas.
10. A empresa depende do consumidor hoje; depende dos clientes para ter futuro.

PONTOS A DESTACAR

- É essencial observar que clientes não se transformam em consumidores automaticamente. Por isso, sempre se diz que clientes são consumidores em potencial (ou não).
- Está absolutamente equivocado quem afirma que os clientes são os consumidores em potencial. O conceito correto é: clientes podem vir a se transformar em consumidores (ou não). Este pequeno aspecto adicional – "ou não" – é crítico do ponto de vista estratégico. Porque dele depende a sobrevivência da organização.
- Ponto crucial: a transformação de cliente em consumidor não ocorre necessariamente.

EXEMPLOS

- Isto justifica a atenção aos clientes, observada, por exemplo, nos investimentos que os bancos fazem para ter, entre seus correntistas, adolescentes cuja renda mensal é a mesada fornecida por seus pais.

- É evidente que contas deste tipo, que têm movimentação frequente e de pequenos valores, apresentam alto custo para o banco. No entanto, elas têm razão de ser por se tratar de um investimento no futuro da instituição, já que tais pequenos correntistas poderão vir a ser, no futuro, grandes correntistas. Ou não (depende do atendimento que recebem hoje).

O impacto estratégico do conceito de cliente é bem evidente:

1. Os clientes determinarão se, no futuro, a empresa ainda estará (ou não) viva.
2. Os clientes determinarão se as faixas de atuação no mercado serão (ou não) ampliadas.
3. Nem todos os consumidores se manterão fiéis aos produtos da empresa permanentemente. Os clientes substituirão (ou não) os consumidores que, por razões diversas, deixarão de adquirir os produtos oferecidos pela empresa.
4. Os clientes determinarão a natureza e a intensidade de novos investimentos; o direcionamento do projeto de inovação dos produtos; a ampliação da oferta; a seleção de novos recursos.
5. Os clientes são os responsáveis pelo crescimento (ou estagnação) das organizações.

O conceito de cliente tem uma importância estratégica para as empresas e determina esforços muito particulares em termos da qualidade. O fato de não se transformarem, automaticamente, em consumidores realça a noção de melhoria contínua em bens e serviços.

Com efeito, com o passar do tempo, os clientes tornam-se mais exigentes, determinando o desenvolvimento de novos produtos ou de novidades que vão sendo incorporadas aos produtos disponíveis. As expectativas crescentes ou a busca pelo novo são, assim, elementos que impulsionam as empresas em direção aos clientes.

À medida que o tempo passa, os clientes tornam-se mais bem informados, mais rigorosos em suas avaliações, mais cientes do que é essencial no desempenho do produto e do que é acessório. E, também, mais atentos aos produtos oferecidos pela concorrência, o que amplia o papel da qualidade na postura estratégica das organizações. Neste sentido, a ideia da Qualidade Total parece muito útil. Tentar satisfazer a todos os requisitos da qualidade expressos (ou não) pelo mercado é uma forma clara de transformar clientes em consumidores.

A noção de cliente dilata, como se observa facilmente, a noção de "adequação ao uso". Trata-se da "adequação ao uso" a consumidores que não são, ainda, classificados como tal.

O QUE A PRÁTICA TEM ENSINADO

- Ficam claras as razões de alguns movimentos bem caracterizados pelas empresas em direção aos adolescentes que não movimentam dinheiro próprio em bancos (mas podem influenciar seus pais a fazê-lo, se tiverem simpatia especial pela empresa, por força de uma publicidade dirigida a eles, por exemplo).
- Meninos não compram carros, mas, se passarem a familiarizar-se com a marca que patrocina o time de futebol da escola, poderão fazê-lo quando crescerem.

- Meninas não adquirem eletrodomésticos, mas poderão fazê-lo quando crescerem, lembrando da marca usada na casa da mamãe.
- Estudantes nem sempre compram computadores, mas poderão optar pela marca que usaram na escola quando concluírem seus cursos e entrarem no mercado de trabalho.

Assim, a noção de cliente gera uma espécie de ajuste futuro, a uma situação que se viabilizará a médio e a longo prazos. É um investimento visando a circunstâncias e contextos incertos, condições de operação que não são bem conhecidas, conjuntura econômica não precisamente estruturada. É um componente temporal da definição de "adequação ao uso".

Esta, contudo, talvez não seja a generalização mais efetiva do conceito da qualidade. O aspecto mais crítico diz respeito ao fato de que a qualidade tem impacto na sociedade como um todo. Sim, porque o conjunto de consumidores compõe o que chamamos de mercado. Já os clientes são parte da sociedade. E, neste sentido, se os consumidores estão circunscritos ao mercado, não há como delimitar o conjunto formado pelos clientes. Não há como limitar o universo dos clientes; ou seja, qualquer pessoa poderá se transformar em consumidor.

Há muitas formas de se observar, na prática, essa generalização.

EXEMPLOS

- Homens não costumam usar roupas femininas; mas eles compram saias para dar de presente. Há, assim, uma troca de agentes no ato de aquisição.
- Pais escolhem escolas para os filhos em determinado momento; mas, em outro, os filhos influenciam a escolha da futura escola.
- *Sites* que divulgam opções de compras em países distantes podem influenciar o comportamento de consumidores daqui; as lojas que viabilizarem o alcance desses produtos terão criado uma nova estratégia de operação.

Trocas contínuas de informações entre consumidores influenciam clientes. Relatos de experiências divulgados por variados meios têm o mesmo efeito.

Isto se aplica até mesmo para aqueles consumidores que compram um produto uma, ou, no máximo, poucas vezes ao longo da vida. É o caso da pessoa que adquire uma casa feita por uma construtora. Ela não repetirá este procedimento muitas vezes ao longo da vida. Mas poderá influenciar decisivamente outras pessoas e transformá-las em consumidores dessa construtora, transmitindo a terceiros suas impressões sobre a casa que acabou de construir.

Por isso, pode-se afirmar que o primeiro agente de transformação de clientes em consumidores é o atual consumidor. Muito mais do que qualquer publicidade, ele influencia decisivamente clientes para que se transformem (ou não) em consumidores – porque ele utilizou efetivamente o produto e, mais do que qualquer outra pessoa, pode avaliar o que tinha em mãos. E a quem os consumidores influenciam? A sociedade em sua totalidade. Isto porque seu raio de ação depende do alcance de seu poder de comunicação. Em tempos de Internet, este poder é ilimitado...

Deste modo, o conceito de clientes evidencia o impacto social da qualidade pela capacidade que uma organização tem de, por meio de investimento na qualidade de bens e serviços, ampliar a abrangência de sua atuação. Assim, toda a sociedade pode ser vista como um consumidor em potencial (ou não). Mais em geral, o conceito de cliente cria a noção de impacto social da qualidade, embora de forma direcionada, já que o interesse maior das organizações, aqui, é ampliar seus mercados.

2.4 A CONTRIBUIÇÃO SOCIAL DA QUALIDADE

A generalização analisada na seção anterior pode ter uma componente mais abrangente. De fato, há, ainda, outro aspecto a considerar. A bem organizada, efetiva e, sobretudo, visível ação social da empresa pode se transformar em elemento fundamental para transformar clientes em consumidores.

É fato bem conhecido (e os institutos de marketing têm mostrado) que muitos consumidores priorizam produtos de empresas que realizam ações de alcance social. É o caso, por exemplo, de programas que incentivam crianças de escolas públicas a plantar árvores ou cultivar hortas, em casa ou na própria escola, a praticar esportes coletivos ou a inserir-se em programas básicos de qualificação abertos, como no caso de introdução à informática.

ATENÇÃO A ESTE PONTO

- Além dos resultados práticos, as ações sociais são investimentos que geram melhorias na imagem da organização. Essas melhorias transferem-se para as marcas de seus produtos. Isto tem sido observado, também, em organizações produtivas que mantêm programas de preservação ambiental. Ou ainda que investem na qualidade de vida de seus funcionários. De fato, a parcela da sociedade mais próxima da empresa é composta pelos próprios funcionários.

Dessa forma, não se pode visualizar ação social mais significativa do que investimentos da empresa em seus próprios funcionários, em termos, por exemplo, de boas condições de trabalho, salários adequados, benefícios básicos, formação e qualificação do pessoal (PERŠIČ; MARKIČ; PERŠIČ, 2018).

Cria-se, assim, a transição do conceito de cliente (parte da sociedade) para toda a sociedade, por meio de investimentos sociais da organização. Está consolidado o conceito social da qualidade, cuja definição mais adequada foi feita por Taguchi, um dos mais ilustres autores da qualidade. De fato, a visão mais abrangente da qualidade, que analisa seu impacto sobre a sociedade e o meio ambiente, tem origem na visão de Taguchi sobre a questão.

QUEM FOI GENICHI TAGUCHI (1924-2012)?

- Ganhador de quatro edições do mais prestigiado prêmio de qualidade no Japão: o Prêmio Deming.

- Sua atividade profissional começou na Nippon Telegraph and Telephone, ainda nos anos 1950.
- Nos anos 1980, atuou na AT&T Bell Laboratories, nos Estados Unidos, e depois dirigiu o American Supplier Institute, sediado em Livonia, Michigan (cidade muito próxima de Detroit).
- As contribuições iniciais, que lhe valeram o primeiro prêmio Deming, referiam-se ao desenvolvimento de modelos estatísticos aplicados à qualidade.
- Mais tarde, Taguchi investiu no projeto de novos produtos, criando o conceito de projeto robusto, hoje mundialmente aceito.

O conceito da qualidade, assim, em termos de ações produtivas, envolve todo o ciclo de produção, desde a concepção do projeto até a transformação dos insumos em produto acabado e seu uso. Taguchi afirmava que a ação essencial para reduzir perdas não está no esforço de garantir a conformação do produto às suas especificações, mas no empenho em reduzir as variações decorrentes das operações de processo, via controle da variância estatística em relação aos objetivos fixados para o processo. As técnicas propostas por Taguchi geraram o método que leva seu nome. Empresas em que Taguchi atuou (como a AT&T) revelam ter poupado cerca de 60 milhões de dólares, em menos de dois anos, com a aplicação dos métodos dele (TAGUCHI; ELSAYED; HSIANG, 1990).

É possível que, mais importante que suas contribuições técnicas, Taguchi tenha feito um aporte essencial na área da função social da qualidade, ao definir qualidade como segue:

Qualidade é a perda gerada por um produto para a sociedade.

Este conceito parece, à primeira vista, muito negativo. De fato, ele afirma que todo produto impõe uma perda (que pode, inclusive, ser expressa em termos monetários) à sociedade a partir do momento que sai da fábrica e inicia sua vida útil. Do ponto de vista de valor agregado, pode-se avaliar a qualidade de um produto pela medição das perdas econômicas que seu uso acarreta a toda a sociedade, desde o instante em que ele é colocado à venda.

Definida dessa forma, a noção de Taguchi para a qualidade contrastava com o ponto de vista tradicional, segundo o qual a qualidade era algo intrinsecamente bom, que associava ao produto características desejáveis.

Taguchi considera que, dentre os múltiplos aspectos que compõem a qualidade, um dos mais importantes é aquele que se refere ao conjunto de danos, lesões, perdas, malefícios ou prejuízos que um produto pode determinar à sociedade que for por ele, de alguma forma, impactada. Assim, na verdade, o esforço pela qualidade pode ser definido como o empenho que se desenvolve para minimizar quaisquer danos que um produto possa impor à sociedade.

> **PONTOS A DESTACAR**
>
> - Este conceito pode ser considerado o mais amplo dentre todos os que foram aqui discutidos. Ele incorpora todos os demais, particularmente aqueles que diferenciam os clientes dos consumidores.
> - Por sua vez, as decorrências de sua aplicação nas organizações produtivas são também claras: é função essencial da Gestão da Qualidade enfatizar, desenvolver e implantar todos os meios destinados a gerar "economia" para a sociedade ("minimizar perdas").

Em sua essência, o próprio conceito de Taguchi tem notável amplitude. De fato, são enfatizadas as perdas associadas ao produto, sem que se especifique quais perdas são consideradas. Do mesmo modo, também não se associa a ausência da qualidade a danos ou prejuízos específicos. A noção de perdas, assim, vai se dilatando, envolvendo todos os círculos sociais a partir da organização produtora e das faixas de mercado em que ela atua. O impacto da qualidade transcende o consumidor, os clientes, e atinge toda a sociedade. Há, aqui, uma grande diversidade de pessoas, áreas, situações, momentos, contextos considerados.

EXEMPLO

- As perdas mencionadas na definição podem se referir à insatisfação de um consumidor em particular (com o baixo rendimento de seu carro, por exemplo); aos prejuízos impostos ao grupo social em que ele vive (os vizinhos estão irritados com o barulho do carro); danos à sociedade (o carro polui o meio ambiente); e, é claro, ao próprio fabricante (há um natural desgaste da imagem do produtor do carro pela má qualidade do produto. Isso pode impor perdas em futuros negócios).

Direcionado para o aspecto econômico (que não deixa de ser uma boa medida de perdas), o conceito de Taguchi gera um objetivo operacional que passa a ter características estratégicas: é ação crítica da organização produtiva minimizar quaisquer custos que possam advir da utilização do produto. Torna-se necessário repassar ao setor produtivo a mesma visão e o mesmo sentimento que a sociedade tem dos produtos disponibilizados pela empresa; torna-se, além disso, indispensável incorporar ao produto todos os elementos que melhorem sua utilização.

Taguchi trabalha com uma visão ampla, de longo prazo e consistente. O ambiente sob consideração é a sociedade, em todo o seu contexto, amplo e complexo. E os argumentos utilizados são aqueles para os quais normalmente se associam maior atenção e sensibilidade: custos. Só isto já garante uma motivação particular aos seus métodos, além de configurar as bases da economia da qualidade, que, por sua vez, se insere em toda a economia social.

UMA ANÁLISE CONCLUSIVA

- Quais os limites da sociedade?
- Até onde vão as influências de um determinado produto ou das ações de uma organização produtiva?
- Esta questão remete, diretamente, à questão da globalização.
- Em seu sentido primeiro, a globalização é o processo de integração entre comunidades de diferentes regiões geográficas.
- Os componentes que melhor caracterizam esta integração são os elementos econômicos, sociais, culturais e políticos.
- A globalização ficou fortemente facilitada pela simplicidade de comunicação entre países das mais diferentes partes do planeta (caso da Internet, que dispensa comentários).
- Outros fatores que agilizaram o processo foi o aumento notável da praticidade, do barateamento e da ampliação da diversidade de meios de transporte.

A globalização viabilizou um raio de alcance maior para as organizações produtivas, sobretudo nas áreas em que o mercado interno já estava em vias de saturação. Usando os meios do mundo moderno, hoje, bens e serviços, produzidos em qualquer lugar, podem ser disponibilizados para consumo em praticamente qualquer região do planeta. A globalização, assim, caracteriza, com maior ênfase, a facilidade de acesso do consumidor às mais variadas ofertas. Trata-se, portanto, de considerável ampliação de oportunidades para os agentes produtivos.

A rigor, desde o princípio dos tempos, todas as sociedades do mundo estão em processo de globalização. Mas o processo que efetivamente se denomina como tal é mais recente, e decorreu de questões econômicas, muitas delas motivadas por fatores históricos de grande repercussão, como o colapso do bloco socialista, a Segunda Grande Guerra e, é claro, crises econômicas (mais ou menos localizadas).

PONTOS A DESTACAR

- Se é verdade que a globalização abriu oportunidades de atuação em mercados absolutamente novos, ela trouxe, também, o fantasma de novos concorrentes que, mesmo vindos de longe, atuam aqui como se fossem "de casa".
- A ampliação da concorrência, contudo, não significa necessariamente riscos de sobrevivência para as empresas. Significa, muito mais, novos desafios a vencer.

Nesse contexto, o papel da qualidade parece bem evidenciado. A qualidade será essencial como arma para vencer a concorrência que entra em nosso território e como meio para consolidar posições em novos territórios. Esta consolidação dependerá exatamente da qualidade dos bens e serviços oferecidos, já que, para uma indústria estrangeira, concorrer com produtos locais sempre representa uma experiência que precisa de monitoramento crescente, sobretudo para passar, ao mercado, uma noção de que o produto é melhor por características que sejam imediata e continuamente visíveis pelos consumidores locais.

De outra parte, a globalização ampliou consideravelmente a responsabilidade social da qualidade. Não há limites precisos para definir o que seja sociedade.

Uma agressão ao meio ambiente em qualquer parte pode ter consequências em todo o resto do planeta. Produtos bem aceitos (independentemente das razões para tal) em qualquer parte do planeta podem igualmente ser aceitos em alguma outra região.

Talvez porque seus impactos sejam mais visíveis e mais objetivamente avaliados, as relações das organizações produtivas com o meio ambiente são elementos essenciais nesse contexto. De fato, impactos de processos de fabricação, de bens durante e após seu uso, e do desenvolvimento de serviços no meio ambiente têm sido considerados como indicadores cruciais da qualidade das empresas (RAVINDRAN; GRIFFIN; PRAHDU, 2019). Seu impacto sobre o consumo já está consolidado em variadas pesquisas de mercado.

Em determinados segmentos, como no caso de adolescentes ou em países mais desenvolvidos, a exigência da preservação ambiental tem sido considerada de crítica importância pelo crescente papel que cuidados com o meio ambiente desempenham para os consumidores em geral.

O meio ambiente, contudo, é apenas uma das questões do impacto social da qualidade. Há, ainda, um conjunto mais abrangente de preocupações, que se convencionou chamar de "qualidade de vida".

Quando se observam as entrelinhas da definição de Taguchi, ou das duas dimensões que consolidam a noção da Qualidade Total, ou mesmo a distinção feita entre consumidores e clientes, observa-se a presença da ideia de "uma vida melhor" para todos. Este é, em última análise, o objetivo essencial da qualidade: uma vida melhor para todos; crescentemente melhor; consolidadamente melhor.

2.5 UMA NOVA VISÃO PARA O CONTROLE DA QUALIDADE

Da mesma forma que o conceito básico da qualidade foi se alterando ao longo do tempo, todos os conceitos a ela associados foram mudando também.

Foi o caso do controle da qualidade. Muitas foram as acepções conferidas ao controle da qualidade, conforme a ênfase que a própria qualidade ia adquirindo. Em um brevíssimo apanhado histórico, quatro conceitos parecem melhor ilustrar o desenvolvimento da noção de controle da qualidade.

Esses conceitos continuam válidos, sendo empregados em função do contexto de trabalho.

Estudá-los é uma forma útil de estruturar o processo de Gestão da Qualidade, principalmente quando se consideram dois conjuntos de aspectos relacionados a cada um: as contribuições do conceito e as restrições a ele impostas.

Este será o direcionamento da análise feita aqui.

1. O CONTROLE DA QUALIDADE COMO UMA ESTRUTURA

O conceito	▪ O controle da qualidade é um sistema dinâmico e complexo que envolve, direta e indiretamente, todos os setores da organização, com o intuito de melhorar e assegurar economicamente a qualidade do produto final.
As contribuições do conceito	▪ A estrutura mais adequada ao controle da qualidade é a de sistema (com suas características perfeitamente definidas). ▪ O controle da qualidade é naturalmente dinâmico porque seu referencial básico, o cliente, é naturalmente dinâmico. ▪ A ação do controle da qualidade é complexa porque, entre outras razões, envolve muitas variáveis, como recursos, métodos, elementos de produção etc. ▪ E envolve, principalmente, o conjunto de pessoas, o mais complexo recurso das organizações. ▪ O conceito enfatiza o esforço de incluir todos na produção da qualidade, sem considerar o impacto (direto ou indireto) sobre o processo produtivo. ▪ Também se chama a atenção, aqui, para os aspectos econômicos da qualidade. Este viés insere a qualidade no contexto de toda a organização, já que reduzir custos ou aumentar o valor econômico de uma ação são atividades que requerem múltiplos elementos. ▪ Nenhum componente do sistema produtivo pode se omitir ou ser excluído. ▪ Por isso o controle da qualidade é sempre inserido no processo produtivo, como parte integrante, ativa, dele (MONTGOMERY; JENNINGS; PFUND, 2018). ▪ A avaliação da ação do controle da qualidade aparece no produto final, que, por sua vez, é fruto do processo que o gerou. ▪ Por isso, o controle da qualidade enfatiza o processo – única forma de efetivamente garantir o produto final "adequado ao uso". Um elemento do conceito não pode passar despercebido: não se deseja apenas melhorar; é fundamental assegurar o que se conquistou. Ou seja, a produção da qualidade deve ser um processo, antes de tudo, consistente.
As restrições ao conceito	▪ Embora crie uma organização nas atividades da Gestão da Qualidade, a determinação da estrutura sistêmica não define uma função básica para o controle da qualidade. ▪ Há um objetivo associado ao modelo ("com o intuito de..."), mas não se define, com clareza, como atingi-lo. ▪ Outra deficiência do conceito diz respeito à falta de mobilidade. A estrutura parece estática; muda o conceito da qualidade (até para acompanhar as mudanças das tendências do mercado), mas a estrutura parece não evoluir. ▪ Mais em geral, fica a impressão de que a estrutura está voltada para trás, operando mudanças no processo produtivo depois que o mercado já mudou. ▪ Desta forma, por não definir um papel operacional preciso para o controle da qualidade, por parecer um modelo de características estáticas e por se tratar de um processo gerencial reativo, cria-se a necessidade de estruturar um conceito mais amplo para o controle da qualidade.

2. A FUNÇÃO BÁSICA DO CONTROLE DA QUALIDADE

O conceito	■ O controle da qualidade é o conjunto de ações que visa analisar, pesquisar e prevenir a ocorrência de defeitos em processos e produtos. A análise e a pesquisa são atividades meio; a prevenção é a atividade-fim do controle da qualidade.
As contribuições do conceito	■ Este conceito minimiza as restrições apontadas no caso anterior. ■ Evidencia a função básica do controle da qualidade e mostra um processo dinâmico. Atua-se para além da correção de defeitos, investindo em decisões proativas, que compõem as atividades preventivas. ■ De fato, se for apenas a de corrigir defeitos, a função do controle da qualidade torna-se muito restrita, incapaz de atender até mesmo aos objetivos operacionais da organização. ■ Além disso, corrigir defeitos é uma ação vinculada a produtos, e deseja-se direcionar o controle da qualidade para os processos que os geram. ■ A prevenção, assim, é a contribuição mais importante deste conceito. ■ Sua característica proativa está bem definida, já que suas ações têm lugar antes que as coisas ocorram. Isso inverte o movimento tradicionalmente reativo: quando se corrige um erro, ele já ocorreu; trabalha-se, portanto, com os olhos voltados para o ontem. ■ A ação preventiva tem a visão de futuro, própria da definição básica da qualidade. Assim, a prevenção confere uma função básica ao controle da qualidade, atua de forma proativa e com características essencialmente dinâmicas.
As restrições ao conceito	■ Este conceito se manteve por muito tempo. ■ A associação do controle da qualidade com prevenção foi uma operação que sempre esteve em perfeita harmonia com todos os conceitos que foram se formando para a qualidade. ■ Além disso, a função básica não excluiu o conceito anterior, mas complementou-o, agregando à estrutura gerencial da qualidade uma função básica de natureza proativa. ■ Na verdade, a limitação do conceito é bastante sutil. Ela decorre de uma observação prática que faz todo sentido: a prevenção está associada apenas a defeitos. ■ Ainda que priorize ações voltadas para o futuro, a atividade essencial da prevenção está contaminada com a noção de defeito, o que corrompe, em certa medida, o seu sentido. ■ Cria-se a impressão de que a organização trabalha de forma equivocada, há problemas sérios no processo produtivo, há deficiências em diversos componentes da organização e, como consequência, a ocorrência do defeito é inerente às atividades desenvolvidas. ■ O controle da qualidade centra-se na ação preventiva: para evitar que esses problemas, que parecem fazer parte do processo, surjam ou ressurjam. Não há dúvidas de que o conceito traz um avanço considerável quando investe em ações que visam melhorias no futuro. ■ Mas há ainda uma abordagem restritiva associada à ação, já que ela está intrinsecamente associada à ideia de defeito, desperdício, falha, erro etc. Por isso, o controle da qualidade evoluiu para uma terceira ideia, que pudesse minimizar esta visão negativa.

3. A ATIVIDADE BÁSICA DO CONTROLE DA QUALIDADE

O conceito	- Este terceiro conceito foi desenvolvido para conferir uma visão positiva, agregadora e contributiva para a qualidade. - Desejava-se tirar do controle da qualidade o aspecto de apenas eliminar (corrigindo ou prevenindo) defeitos, o que parecia dizer que, na verdade, o controle da qualidade não agregava valor à própria qualidade. - Assim, a preocupação ao definir a atividade básica do controle da qualidade foi conferir, a ele, uma ação que acrescentasse valor ao produto final sob a ótica do consumidor. - Este movimento estava em sintonia com a ideia de que a ausência de defeitos não é sinônimo de qualidade. - Para formatar a atividade básica do controle da qualidade, centrou-se atenção na noção de "controle", ou seja, procurou-se fixar a ideia correta do que seja controlar, qual seja, confrontar uma atividade planejada com o resultado produzido. - Este é o caso típico do "controle de produção", que, em termos muito gerais, compara o montante planejado com o que a fábrica realmente produziu. - Assim, define-se controle da qualidade como um processo no qual se compara o que foi planejado, em termos da qualidade, com o que foi produzido. - Está consolidada a atividade básica do controle da qualidade na organização.
As contribuições do conceito	- O conceito cria uma visão positiva da qualidade. - A meta do controle da qualidade é avaliar a qualidade que foi produzida, o valor obtido, em termos da qualidade, que foi gerado no produto. - Não se tem apenas um produto sem defeito, tem-se um produto que tem valor para o consumidor, implicando, por isso, maior "adequação ao uso". Esta é a contribuição estratégica crítica do conceito. - Outras contribuições, mais táticas e operacionais: (1) se for necessário comparar o produzido com o planejado, será preciso planejar a qualidade. Está criada, assim, a noção de planejamento da qualidade; (2) para determinar a qualidade produzida é preciso definir mecanismos objetivos para avaliar a qualidade. Definem-se, assim, indicadores objetivos da qualidade e métodos quantitativos para avaliá-los. Aqui está outra grande contribuição do conceito: avaliar a qualidade em bases mensuráveis; (3) há a necessidade de definir um padrão ou um referencial básico. Este referencial será composto pelo conjunto das necessidades, das exigências, das preferências e das conveniências do consumidor. - Desta forma, caberá ao controle da qualidade "medir" o quanto o consumidor está sendo atendido em suas reivindicações essenciais; o que mais pode ser feito para acrescentar a esse atendimento; e, principalmente, como criar elementos no produto que superem suas expectativas. - E todos esses passos são avaliados de forma quantitativa. Planejar, avaliar em bases quantitativas e agregar valor são, assim, as contribuições essenciais do conceito aqui formulado. E, novamente, este conceito não exclui os anteriores, mas os generaliza.

CAPÍTULO 2 | GESTÃO ESTRATÉGICA DA QUALIDADE

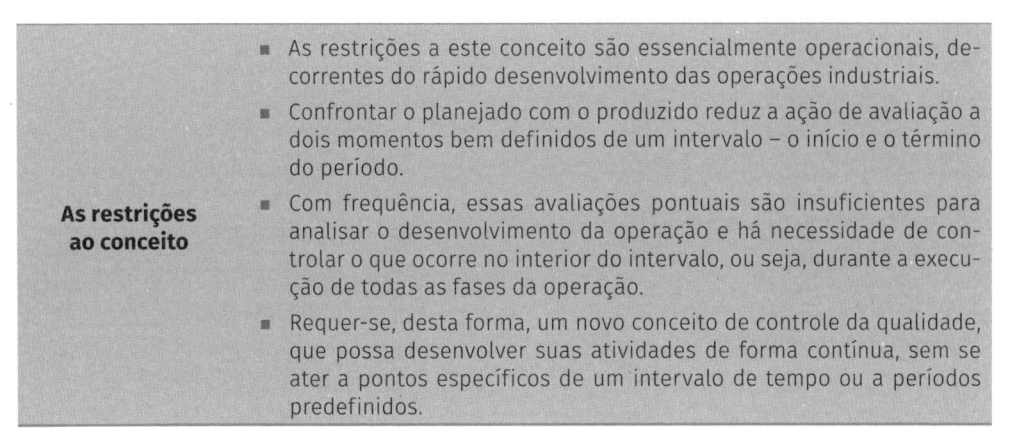

As restrições ao conceito	■ As restrições a este conceito são essencialmente operacionais, decorrentes do rápido desenvolvimento das operações industriais. ■ Confrontar o planejado com o produzido reduz a ação de avaliação a dois momentos bem definidos de um intervalo – o início e o término do período. ■ Com frequência, essas avaliações pontuais são insuficientes para analisar o desenvolvimento da operação e há necessidade de controlar o que ocorre no interior do intervalo, ou seja, durante a execução de todas as fases da operação. ■ Requer-se, desta forma, um novo conceito de controle da qualidade, que possa desenvolver suas atividades de forma contínua, sem se ater a pontos específicos de um intervalo de tempo ou a períodos predefinidos.

4. O CONCEITO DE CONTROLE DA QUALIDADE COMO MONITORAMENTO

O conceito	■ O controle da qualidade é o monitoramento contínuo das atividades de produção, com vistas em garantir a permanente adequação da qualidade produzida à qualidade planejada. ■ O monitoramento, por ser uma atividade sem interrupções, não se limita à análise em pontos específicos do tempo ou a intervalos prefixados, mas envolve todos os períodos de operação do processo produtivo.
As contribuições do conceito	■ Além da adequação ao avanço tecnológico, a noção de monitoramento pressupõe um acompanhamento igualmente intenso e ininterrupto de posturas e tendências do consumidor. ■ Cria-se, assim, um modelo de permanente atualização. Este conceito, além disso, consolida, por um processo mais amplo e consistente, a ideia de controle da qualidade total. ■ Note que "total" se refere à qualidade; não ao controle. Assim, o monitoramento tem muito mais foco externo do que interno à organização. Também este conceito não exclui os anteriores.
As restrições ao conceito	■ Em princípio, não há. Podem ser listadas algumas questões técnicas ou operacionais para implementar o monitoramento, mas não se pode dizer que esses elementos prejudiquem, ou mesmo inviabilizem, o processo. ■ As restrições seguem mais na direção de considerar que se trata de um modelo de implementação mais complexa que os demais, que pressupõe um detalhamento maior de ações, de avaliações e de realimentações. ■ Assim, requer maiores investimentos e acarreta maiores custos de implantação. Mas traz, também, maiores retornos.

Como nenhum conceito subsequente excluiu os anteriores, constata-se que o controle da qualidade não é apenas monitoramento, nem só sistema, tampouco apenas o confronto entre qualidade planejada e qualidade produzida, nem só ações de prevenção. Mas, antes, a agregação de todas estas ideias. De fato, em seu conjunto, os conceitos de controle da qualidade investem em um modelo em constante evolução, em que cada noção subsequente acrescenta nova formulação, postura ou ações ao que já se sabia e praticava. Note, portanto, que os quatro conceitos não criam conflitos entre si. São, antes, mecanismos que denotam a evolução do conceito de controle da qualidade, ou seja, um processo contínuo de agregação de valor, sobretudo se incluído no modelo de planejamento da qualidade.

2.6 PLANEJAMENTO ESTRATÉGICO DA QUALIDADE

O planejamento é uma ação essencial dos métodos que caracterizam todas as áreas de Engenharia de Produção. Não seria diferente com a qualidade. Esta importância foi ressaltada quando se discutiu a Gestão da Qualidade Total (TQM). Talvez tenha se conferido ao planejamento da qualidade um papel muito relevante porque esta foi uma área pouco considerada em passado recente no âmbito da Gestão da Qualidade.

COMO E POR QUE PLANEJAR A QUALIDADE

Produzir qualidade não é uma ação intuitiva; bem ao contrário, é uma conduta que requer ações planejadas. Logo, a Gestão da Qualidade depende cronicamente do planejamento. De fato, gestão significa a arte de tomar decisões.

E planejar significa tomar decisões – só que à distância do evento em análise, sem as pressões que a urgência do momento costuma determinar. Decisões planejadas, assim, são escolhas feitas com maior tempo para análise, com maior segurança para decidir o que fazer, com avaliação mais cuidadosa sobre possíveis efeitos, com o uso de maior número de variáveis, com esboço de diferentes cenários etc. O planejamento da qualidade elimina ações improvisadas, decisões com bases intuitivas e subjetivismo. Em suma: ações e decisões com menores chances de erro.

Aplicando diretamente esses conceitos, planejar qualidade significa tomar decisões gerenciais antes que ocorram problemas no processo produtivo (quebra de máquinas, geração de refugo, práticas de desperdícios, erros recorrentes, fornecedores que "somem"). Ou, pior que isso, antes que o mercado dê sinais de impaciência com a empresa (reclamações, devoluções, perda de contratos, redução de faixa de atuação no mercado, reajuste de preços por conta de custos que dispararam). Agir antes (ou seja, planejar) significa evitar comportamento reativo.

O QUE A PRÁTICA TEM ENSINADO

- O planejamento tem benefícios que transcendem as ações que visam antecipar-se aos problemas.
- Pode significar agregação de valor ao processo produtivo pela seleção das melhores formas de desenvolver operações, a escolha de recursos mais adequados para cada ação, a opção pelos melhores métodos de trabalho ou pelas melhores alternativas para qualificar os recursos humanos.

- Também pode significar agregação de valor nas relações das organizações com o mercado, via definição das características que mais afetam positivamente a adequação do produto ao uso ou pela determinação dos itens adicionais (serviços, acessórios, diversidade de opções) que contribuem para superar expectativas do mercado.
- Em suma: implementar ações que contribuam para o aumento da produtividade e estratégias de atuação no mercado que ampliem a capacidade competitiva da organização.

É possível que a falta de importância atribuída ao planejamento decorra de uma velha ideia, segundo a qual a qualidade trabalha com um único objetivo: gerar zero defeito e pronto. Nada mais equivocado.

Deve-se, em primeiro lugar, partir de um pressuposto crítico: na verdade, zero defeito não é meta, e sim consequência. Ou seja:

> *O nível zero de defeitos no processo produtivo decorre de um conjunto de ações, algumas desenvolvidas em série, outras desenvolvidas em paralelo, visando melhorias globais a partir de melhorias localizadas.*

É, portanto, um conjunto de estratégias gerenciais. Sendo desenvolvidas em sequência ou simultaneamente, todas estas ações requerem cuidadoso planejamento. Assim, bem ao contrário do que se pensava, o zero defeito é uma consequência do processo de planejamento da qualidade e não um objetivo a ser perseguido de qualquer jeito.

Ações planejadas estão diretamente relacionadas a processos organizados. Isto porque se impõe, ao processo, uma ordem natural de atividades a executar, definem-se padrões de envolvimento de pessoas, determinam-se meios de seleção e alocação de recursos, criam-se métodos de trabalho bem estruturados. O processo passa a dispor de memória, facilitando atividades futuras, já que se conhecem resultados obtidos, equívocos e desacertos cometidos, acertos em certas escolhas etc.

PENSE NISTO

- O planejamento também gera a boa prática de desenvolver avaliações objetivas da qualidade; se não for assim, não se avalia se o que foi planejado está sendo efetivamente executado (este é o terceiro conceito de controle da qualidade).

Interessante que a maior complicação na implementação do planejamento da qualidade é de natureza cultural. De fato, a dificuldade prática mais crítica não está relacionada à forma de execução do planejamento, mas à falta de reconhecimento, por parte das pessoas, da importância de planejar. Na verdade, esta dificuldade é inerente a qualquer modelo de planejamento, e se torna mais acentuada aqui por somar-se à falsa ideia de que a qualidade não requer planejamento.

Daí a importância de mostrar que o planejamento traz resultados altamente compensadores e benefícios concretos para quem dele faz uso. Além de evidenciar que não é possível gerenciar qualidade se não houver um processo de planejamento bem estruturado, compreendido, aceito e efetivamente colocado em prática.

A atividade que melhor caracteriza o planejamento da qualidade é a gestão da melhoria. O processo da melhoria contínua tem suas especificidades, a mais importante das quais é sua característica evolutiva, que se desenvolve de forma organizada e progressiva. Direcionar o planejamento para a melhoria contínua significa obter resultados crescentemente melhores. Esta constatação já aciona a necessidade de associar ao planejamento um processo de avaliação fixado em bases mensuráveis, o que está em consonância com as diretrizes já discutidas para a Gestão da Qualidade. Sem essa avaliação, não há como definir se houve melhoria, isto porque é imprescindível que a melhoria seja bem visível, até como fonte de motivação para os novos passos do programa.

Afinal, o planejamento da qualidade foi estruturado a partir de atividades que requerem contínua atenção, contínuos esforços e empenho dobrado. É fundamental que gere resultados crescentemente melhores. E que esses resultados saltem à vista.

Em termos práticos, direcionar o planejamento para a melhoria contínua significa desenvolver atividades de mais longo prazo; de amplo alcance. E que elas não possuam um término previsto em termos de tempo; gerem efeitos multiplicadores e sejam de natureza mais estratégica do que tática ou operacional.

O QUE A PRÁTICA TEM ENSINADO

A experiência prática sugere alguns cuidados na formulação do planejamento da melhoria contínua, exatamente por conta de suas especificidades. Os principais são os seguintes:

1. Estruturar o modelo de planejamento da melhoria em duas etapas gerais, resultantes dos investimentos na otimização de todo o processo (ação de longo prazo): (a) melhorias em pontos que sejam críticos para o processo hoje (ações de curto prazo) e (b) integração destas ações em um processo global de otimização (ação de médio prazo).

2. Sempre pautar o planejamento da melhoria por diretrizes que tenham respaldo conceitual. De fato, sempre se afirma que novas ações costumam ser derivadas de novos conceitos que se adotam sobre como fazer as coisas. É o caso, por exemplo, da noção de perda. Se associada à ocorrência de defeitos, o conceito determinará ações operacionais; se associada a erros cometidos por pessoas no processo produtivo, gerará posturas táticas; e se a perda for definida como inadequação ao uso, criará um comportamento estratégico para a organização.

3. Aliás, é sempre fundamental ressaltar o aspecto estratégico da melhoria. Antes de investir em melhorias na forma como se executa uma ação, é preciso verificar o grau de utilidade (valor) da ação no futuro. Caso contrário, podemos estar pintando, com extremo cuidado e zelo, as paredes de uma casa que será demolida.

4. É sempre interessante desenvolver ações por etapas. De fato, ações de longo alcance costumam ser complexas, por envolverem muitas variáveis. O desenvolvimento de um planejamento pautado em fases tende a facilitar o processo.

5. Definir, com clareza, as etapas do planejamento da melhoria. Isto requer a estruturação de cronogramas bem definidos, mas com certa margem de flexibilidade. Ações de maior visibilidade, como eliminação de defeitos, redução de custos, correção de erros ou minimização de falhas, devem ser realizadas em intervalos de tempo mais justos. Processos preventivos levam mais tempo e nem sempre suas ações cabem no período proposto. Envolvimento de pessoas é uma ação que tem de ser continuamente monitorada, já que a previsão de tempo aqui é mais difícil de ser feita e viabilizada.
6. Sempre prever avaliações periódicas. É a forma de checar se a melhoria contínua tornou-se um processo consistente na organização.
7. Fixar objetivos de longo prazo, calcados em etapas intermediárias, ou objetivos específicos, que determinem resultados em curto prazo. Sem esses resultados, o programa pode perder impulso por conta da falta de motivação. Por isso a sugestão de fixar etapas intermediárias, com resultados visíveis em curto prazo.
8. Separar, sempre, ações que dependam de fatores mais complexos para sua viabilização. Planejar a melhoria da eficiência do processo produtivo pode envolver, por exemplo, pequenas alterações nos métodos de trabalho, o que tende a ocorrer em curto espaço de tempo; pode incluir, também, alterações nos modelos gerenciais (ou mesmo a estruturação de novos), o que pode levar um tempo maior. Mas a melhoria da eficiência pode requerer, também, o desenvolvimento de novas tecnologias, o que consome um tempo considerável.
9. Deve ficar claro para todos que o planejamento da qualidade integra um programa amplo da qualidade, que tende a ir além de objetivos temporários ou associados a situações localizadas em tempo ou em espaço.
10. A vantagem mais imediata de associar o planejamento da qualidade a um programa da qualidade está no fato de que se pode trabalhar em etapas, de forma organizada. A restrição está no fato de algumas pessoas considerarem que o programa não é permanente, durável, seguro, consistente, mas, sim, só existe associado a um dado objetivo. Alcançado o objetivo, extingue-se o programa. É o caso de organizações que estão pretendendo ampliar sua pauta de exportações, conquistar novos mercados, obter determinada certificação ou firmar-se como marcas. Para muitas pessoas, fica a sensação de que o programa foi estruturado para tal fim; alcançado o objetivo, ele será desativado.
11. Há casos em que se sente que o programa pretende descobrir causas de reclamações; uma vez que as reclamações cessem, o assunto será esquecido. Sempre há casos em que existe clareza quanto ao tempo de duração do programa: ele durará enquanto o diretor estiver maravilhado com os resultados fantásticos que o programa começou a gerar. Bastará aparecerem algumas dificuldades e não se fala mais na questão. E, como cansamos de ouvir, há quem afirme que o programa da qualidade dura enquanto estiver baseado em boa vontade. Quando alguém tiver que colocar a mão no bolso, o esforço pela qualidade passa a ser apenas uma recomendação genérica de postura a adotar.
12. Para evitar esta situação, sempre é recomendável associar o planejamento da qualidade à melhoria contínua, caracterizando as atividades planejadas como etapas para um contínuo aprimoramento do processo, das atividades de suporte a ele e da contínua melhoria e ampliação das relações com os consumidores.

O primeiro modelo de planejamento da qualidade estruturado na organização costuma estar associado à Gestão da Qualidade no Processo. Trata-se de um modelo histórico de planejamento, que costuma envolver etapas como as seguintes:

- Seleção dos equipamentos, materiais, ferramentas e acessórios de produção que sejam capazes de atender aos padrões da qualidade.
- Definição de métodos de produção que favoreçam a eliminação de desperdícios, redução de retrabalho, minimização de erros, queda dos níveis de custo etc.
- Definição dos métodos de trabalho que otimizem a eficiência do processo.
- Estruturação de um sistema de informações para a atividade produtiva, mas de suporte ao sistema da qualidade.
- Formação, conscientização e qualificação das pessoas para a qualidade.
- Seleção, qualificação e credenciamento de fornecedores.
- Planejamento do controle da qualidade na fabricação segundo os quatro modelos evolutivos, descritos na seção precedente.

OS DIAGNÓSTICOS COMO BASE DO PLANEJAMENTO

1. DIAGNÓSTICO OPERACIONAL

- Sempre se chama a atenção para a necessidade de o planejamento da qualidade considerar, como ponto de partida, um cuidadoso diagnóstico do processo produtivo. Esta postura permite que o planejamento da qualidade disponha de bases reais, partindo daquilo que já existe, efetivamente, e direcione suas ações em busca dos objetivos a alcançar. Este seria o diagnóstico operacional da organização.

2. DIAGNÓSTICO TÁTICO

- O diagnóstico tático, também necessário, é o que estuda a cultura da organização, sobretudo em termos dos valores que as pessoas professam.

3. DIAGNÓSTICO ESTRATÉGICO

- Logo em seguida, são desenvolvidos dois outros diagnósticos, agora, no espectro estratégico: (1) o diagnóstico do produto, em si, e de sua evolução e (2) o diagnóstico da situação atual do mercado e de suas tendências. Esta avaliação está de acordo com o próprio processo evolutivo dos conceitos da qualidade.

ESQUEMA DE IMPLANTAÇÃO DO PLANEJAMENTO

Para a implantação do planejamento da qualidade, sugere-se um esquema específico que tem gerado bons resultados como referencial das ações a desenvolver. Esse esquema atende aos requisitos gerais do sistema da qualidade e praticamente indepede do tipo de empresa. São seis as fases pelas quais passa este processo:

A. Política da Qualidade. **Exemplos de ações a desenvolver**: definição da política da qualidade; determinação das atribuições dos níveis administrativos; tomada de decisões estratégicas (decisões de longo alcance, como objetivos gerais, níveis de investimento, diretrizes de atuação ou normas de funcionamento).

B. Diagnóstico. **Exemplos de ações a desenvolver**: avaliação precisa dos recursos disponíveis; análise do potencial desses recursos; avaliação do potencial humano da organização; potencialidades e carências do processo e da organização; análise da estrutura formal de decisão; e avaliação do processo produtivo.

C. Organização e Administração. **Exemplos de ações a desenvolver**: estruturação da infraestrutura para a qualidade; organização do setor técnico de Gestão da Qualidade; definição das atribuições das equipes da qualidade; organização de um sistema de informações específico para a qualidade; processo gerencial da qualidade; ações externas (clientes e fornecedores); e alocação, formação e qualificação dos recursos humanos.

D. Planejamento. **Exemplos de ações a desenvolver**: estruturação do plano de ação; viabilização das políticas da qualidade; determinação das atividades gerais do programa da qualidade; alocação dos recursos adequados a cada função; seleção de estratégias operacionais; definição de objetivos específicos, atribuições e responsabilidades; e elaboração de cronogramas.

E. Implantação. **Exemplos de ações a desenvolver**: implementação de ações do planejamento da qualidade; definição de responsabilidades; monitoramento de processo.

F. Avaliação. **Exemplos de ações a desenvolver**: definição dos modelos de Avaliação da Qualidade; auditorias da qualidade (formulação e execução); e fixação de períodos para as avaliações periódicas.

O planejamento da qualidade determina, de imediato, a necessidade de criar as estruturas que vão suportar a implantação das ações planejadas.

2.7 ESTRUTURAÇÃO DOS SISTEMAS DA QUALIDADE

A base mais adequada para dar suporte às ações da Gestão da Qualidade é a estrutura de sistema. Esta é uma constatação consolidada na prática, escorada em efetiva base histórica. Aliás, historicamente tem sido consolidada a ideia de que a estrutura que deve dar suporte à Gestão da Qualidade precisa organizar diretrizes, ações e esforços para produzir qualidade e não precisa necessariamente criar um conjunto de mecanismos e aparatos físicos para tanto. O enfoque sistêmico aplicado à qualidade é coerente com este princípio básico de operação da Gestão da Qualidade.

> **UMA VISÃO HISTÓRICA**
>
> - Como se sabe, a Teoria Geral dos Sistemas foi formulada por Karl Ludwig von Bertalanffy, biólogo austríaco nascido em 1901 e morto em 1972. Seu campo de interesse, de estudo e de pesquisa sempre foi o organismo vivo, centrando muita atenção em seu processo de desenvolvimento.
> - A Teoria Geral dos Sistemas pode ser vista como uma abordagem multidisciplinar de fatos que envolvem múltiplas variáveis, características, atributos etc. O enfoque de análise, contudo, centra-se no fato em si e na sua organização. Como se vê, é uma abordagem essencialmente empírica.
> - A proposta de Bertalanffy é investir no desenvolvimento de modelos (representações da realidade) e determinar princípios gerais que possam ser aplicáveis a sistemas de qualquer natureza. Os modelos e os sistemas devem ser específicos para os objetos de estudo e não devem ser construídos como analogias ou migrações de conceitos entre áreas de conhecimento. Este enfoque empírico, organizado e direcionado para soluções práticas, tem ampla aplicação e enorme utilidade na Gestão da Qualidade.
> - As ideias de Bertalanffy podem ser encontradas no livro *Teoria geral dos sistemas* (BERTALANFFY, 1975).

A aplicação da abordagem sistêmica à qualidade nasceu de um ajuste notável: observou-se que os conceitos básicos da Teoria Geral dos Sistemas eram perfeitamente aderentes aos princípios da qualidade. Criou-se, assim, uma identidade conceitual entre sistemas e qualidade.

Ocorre, contudo, que a qualidade pode ser viabilizada sem que a ela se atrele uma estrutura bem definida (nenhum conceito da qualidade exige uma estrutura de funcionamento a ela associada). Já o conceito de sistema está associado a uma estrutura perfeitamente definida. Logicamente, assim, a estrutura de sistema passou a ser uma opção para definir o arcabouço operacional da qualidade. Ou seja:

Adequação de conceitos	QUALIDADE	← →	SISTEMA
Migração de estruturas		←	

Note que os sistemas são estruturas que aperfeiçoam as ideias de conjuntos e processos. De fato:

CONJUNTOS	■ São agregados estáticos. ■ Ainda que obedecendo a alguma lei de formação, os conjuntos não variam e são (pelo menos, em essência) um amontoado de quaisquer coisas. ■ É o caso do conjunto das estrelas (pouco definido) ou dos números reais (perfeitamente definido).
PROCESSOS	■ São dinâmicos. ■ Seus componentes vão se alterando ao longo do tempo. ■ Não se sabe, porém, exatamente como um processo opera. Sabe-se, apenas, que ele é composto por três momentos: antes (*inputs*), durante (processamento propriamente dito) e depois (*outputs*). ■ É o caso dos processos produtivos.

PONTOS A DESTACAR

- Os sistemas englobam estes dois conceitos.
- Mas vão além do conceito de conjunto pela extrema organização da estrutura e transcendem a noção de processo porque possuem diretrizes e normas de funcionamento, que ocorre, assim, de modo lógico.
- Nem sempre se compreende exatamente como os mecanismos operam em um sistema, mas sabe-se que eles funcionam segundo regras bem determinadas (caso, por exemplo, dos seres vivos).

Por conta da estrutura organizada e dos princípios de funcionamento, os sistemas dispõem de consistência de operação: nas mesmas condições, as mesmas entradas geram sempre as mesmas saídas. Esta é a propriedade da previsibilidade, inerente a qualquer sistema. Conhecendo as tendências para o futuro imediato, o processo gerencial fica facilitado: é possível definir quais estratégias adotar.

Da identidade conceitual entre sistemas e qualidade surge o conceito de Abordagem Sistêmica da Qualidade, que é a aplicação da abordagem, das características básicas e dos elementos de um sistema à produção da qualidade.

A aplicação da noção de sistema à qualidade exige que seja respeitado cada elemento que caracteriza uma estrutura sistêmica. Com efeito, define-se "sistema" como uma estrutura organizada, cujos elementos são bem definidos e cujo funcionamento segue uma lógica determinada.

Ainda que não sejam perfeitamente conhecidas as alterações internas de um sistema, ou seja, como as entradas fornecidas transformam-se nas saídas desejadas, sabe-se que existe um processo consistente que garante a realização de toda a operação. A semelhança desta situação com o funcionamento de seres vivos é clara, o que não surpreende ninguém: foram os seres vivos os grandes responsáveis (e inspiradores) dos estudos de Bertalanffy.

Há acentuado rigor conceitual exigido de uma estrutura para que ela possa ser definida como sistema. Dito de outro modo:

- Uma estrutura só poderá ser considerada um "sistema" se ela for composta de determinados elementos, se operar segundo determinadas regras de funcionamento e se tiver propriedades que atendam perfeitamente às especificidades do conceito de sistema.
- Se estes aspectos não forem atendidos, não há sistema, mas outra estrutura qualquer.
- Por isso compreende-se a atenção requerida para a utilização do conceito de sistema.

Assim, a definição de sistema contempla:

Conjuntos básicos de elementos	1. Entradas.
	2. Saídas.
Conjunto de diretrizes de operação	3. Interação organizada das partes.
	4. Princípios básicos de funcionamento.
	5. Busca de objetivos comuns.
Propriedade que caracteriza a dimensão evolutiva da estrutura	6. Realimentação.

Uma estrutura será considerada sistema se contiver, atender e apresentar os seis itens acima especificados. Dessa forma, define-se um sistema da qualidade como descrito a seguir.

1	**Elementos de um sistema da qualidade**	**Entradas**
		▪ Conjunto de informações relativas a todas as decisões da organização, que são tomadas de forma a priorizar a qualidade nas ações operacionais, táticas e estratégicas da empresa.
		▪ Mais especificamente: políticas da qualidade, diretrizes de funcionamento, normas de atendimento preferencial aos clientes e informações referentes à realidade atual e às tendências de mercado, além de estudos e pesquisas sobre preferências do consumidor.
		Saídas
		▪ Produtos acabados que, no mínimo, atendam ou, preferencialmente, superem as expectativas dos consumidores, isto é, produtos com qualidade.
		▪ Tais produtos são decorrências diretas das ações organizadas para produzir qualidade, sobretudo aquelas que determinam efetivo envolvimento dos recursos humanos nesse esforço.
		▪ Em certo sentido, assim, estas ações também podem ser consideradas como saídas do sistema da qualidade.

2	Diretrizes de operação de um sistema da qualidade	Interação organizada das partes	■ A operação do sistema da qualidade requer que todos os seus componentes tenham intensas ações de interatividade entre si. Assim, o modelo gerencial da qualidade estrutura-se a partir da coordenação dos esforços pela qualidade em todas as áreas da organização. Isto inclui setores físicos, como laboratórios, por exemplo, equipes, níveis administrativos etc. ■ A estrutura mais usual para representar este modelo gerencial é a de uma malha, semelhante a uma margarida, com interligação e troca de informações entre todos os setores, todas as áreas, todas as equipes e, enfim, todas as pessoas. Busca-se, assim, uma grande integração entre todas as partes da empresa. Nasceu aqui a ideia de transformar cada setor em consumidor do setor anterior e fornecedor do seguinte (forma como opera a malha).
		Princípios básicos de funcionamento	■ O princípio que regula o funcionamento dos sistemas da qualidade é o do pleno atendimento aos consumidores (dimensão externa da Qualidade Total). A partir deste princípio geral, são definidas as formas de operacionalizar as políticas da qualidade, ou seja, os procedimentos e as normas que deverão ser adotados por toda a organização.
		Busca de objetivos comuns	■ A qualidade é estabelecida como objetivo comum de todas as ações da organização. Assim, a qualidade passa a ser meta e tarefa de todos. Os sistemas da qualidade exigem que o mercado deseje o produto, isto é, vão além de objetivos como "o mercado aceita o que fazemos".
3	Propriedade evolutiva dos sistemas da qualidade	Realimentação	■ Função inerente aos sistemas que atende ao requisito de evolução contínua. A qualidade, como se sabe, é um conceito essencialmente dinâmico, sempre sujeito a contínua melhoria e, portanto, em evolução permanente. ■ Esta característica talvez seja a que mais provoca a identidade conceitual entre qualidade e sistema. ■ Nos sistemas da qualidade, a realimentação é feita a partir das reações do mercado. Inicialmente, prioriza-se a prevenção de defeitos que afetem a utilização do produto; a seguir, busca-se crescente adequação ao uso do bem ou serviço ao fim a que se destina. Os sistemas da qualidade caracterizam-se por grande número de pequenas realimentações, feitas a cada fase do processo produtivo.

> **UMA ANÁLISE CONCLUSIVA**
>
> - A abordagem sistêmica da qualidade consolida o modelo gerencial que reúne as ações fundamentais da qualidade, organizadas segundo os conceitos extraídos da Teoria dos Sistemas.
> - As principais características desta abordagem são: (1) a estrutura organizacional utilizada para a produção da qualidade com (a) entradas e (b) saídas bem definidas; (2) as diretrizes de operação que geram: (a) processos interativos planejados, organizados e adequados uns aos outros e aos objetivos globais do próprio sistema; (b) a convergência de ações direcionadas para a qualidade; (c) a fixação de objetivos únicos, comuns a todos e a atenção às especificidades das partes; e (3) a evolução contínua (ou seja, melhoria contínua).
> - O Sistema da Qualidade é a estrutura que define e agrega as funções da qualidade.

O conceito de sistema da qualidade ficará mais claramente compreendido se ele for confrontado com a definição de sistema de produção.

Os sistemas de produção constituem um dos conceitos mais clássicos da Engenharia de Produção. Foram utilizados por autores ilustres da área, como Martin Kenneth Starr (STARR, 1971).

O fato de serem concretos, visíveis e bem conhecidos torna os sistemas de produção facilmente compreendidos. O mesmo já não ocorre com os sistemas da qualidade. Por isso, a análise simultânea das características de ambos pode facilitar o entendimento do que seja um sistema da qualidade.

A ideia que sustenta a noção de sistemas de produção é a de organizar processos produtivos de modo a garantir resultados melhores e, sobretudo, consistentes das operações que geram bens e serviços.

Ocorre, porém, que o conceito da qualidade alterou a estrutura dos sistemas de produção, fazendo com que fossem observados contrastes entre os sistemas tradicionais e os sistemas gerados pelo novo conceito da qualidade.

Neste sentido, tem sido uma prática didaticamente aceita a de confrontar os elementos conceituais que compõem os sistemas de produção com os que integram os sistemas da qualidade.

Assim, aplicando-se os elementos, diretrizes de operação e propriedades de sistemas vistos acima, tem-se:

	SISTEMAS DE PRODUÇÃO	SISTEMAS DA QUALIDADE
1. ELEMENTOS		
1.1. Entradas	Matérias-primas, energia ou trabalho.	Informações – políticas da qualidade, diretrizes de funcionamento, normas de atendimento ao mercado etc.
1.2. Saídas	Produto acabado.	Produto acabado adequado ao cliente.

2. DIRETRIZES DE OPERAÇÃO DE UM SISTEMA DA QUALIDADE		
2.1. Interação organizada das partes	Sequência linear de atividades, setor após setor, operação após operação.	Setores organizados em malha, distribuídos em forma de margarida.
2.2. Princípios básicos de funcionamento	O sistema se guia mais pela busca da eficiência, sempre visando índices crescentes de produtividade.	O sistema se guia mais pela busca da eficácia, sempre visando índices crescentes da qualidade (avaliada pelo consumidor).
2.3. Busca de objetivos comuns	O produto é vendido ao consumidor. O produto é aceito pelo mercado.	O produto é comprado pelo consumidor. O produto é desejado pelo mercado.
3. PROPRIEDADE EVOLUTIVA DOS SISTEMAS		
3.1. Realimentação	Pequeno número de grandes realimentações. Realimentação fechada na fábrica, centrada no processo produtivo.	Grande número de pequenas realimentações. Realimentação a partir das reações do mercado, centrada no atendimento ao consumidor.

Observações relativas a cada um dos itens da tabela:

1.1.	Nos sistemas de produção, as entradas parecem concretas, o que não ocorre nos sistemas da qualidade, onde as entradas são informações e, por isso, mais abstratas. Além disso, as entradas do sistema da qualidade parecem incluir as do sistema tradicional de produção, já que as informações podem determinar ações e requerer materiais, operações, envolvimento de pessoas etc.
1.2.	Os sistemas da qualidade adotam as mesmas saídas dos sistemas de produção. Apenas agregam, a elas, uma característica crítica.
2.1.	O modelo clássico de sistemas de produção é semelhante a um fluxograma direcionado para frente, orientado do começo para o fim. O modelo do sistema da qualidade é o de inúmeros laços, sempre realimentando as atividades futuras com experiências do passado imediato. Aqui, o modelo de sistema da qualidade generaliza a representação dos sistemas de produção.
2.2.	Os sistemas da qualidade incorporam objetivos e funções dos sistemas de produção. A eficácia, para ser plenamente atingida, sempre requer a eficiência; o contrário é falso. Dito de outro modo: o conceito amplo da qualidade inclui o de produtividade: a otimização do processo é, de fato, pré-requisito da adequação do produto ao uso.
2.3.	Nos sistemas da qualidade, o consumidor procura o produto, corre atrás dele. Tende a ser fiel a ele, porque o produto aceito pode ser substituído por outro; o produto desejado reflete uma fidelidade do consumidor que revela uma busca, uma ação que vai além de simples aceitação.

3.1. Nos sistemas de produção, o fluxo direcionado para frente oportuniza poucas interações, quase todas de grande porte, como do produto acabado para as matérias-primas e de um setor para outro, mais atrás ou mais à frente. Nos sistemas da qualidade, toda operação gera uma realimentação, buscando sempre verificar se está adequada às operações subsequentes e se foi bem atendida pelas operações anteriores. Realimentações constantes, menores e frequentes, podem ser vistas como um acompanhamento mais detalhado do processo produtivo. Além disso, a realimentação a partir do mercado inclui a realimentação feita pela própria empresa.

PENSE NISTO

- Em uma análise ampla, observa-se que os sistemas da qualidade, na verdade, não existem. Eles constituem um aperfeiçoamento ou uma generalização dos sistemas da produção.
- Os sistemas da qualidade, assim, são sistemas da produção aos quais foi acrescida nova prioridade, que determina uma noção estratégica, essencial ao seu funcionamento: o direcionamento da organização para o mercado e, mais em geral, para a sociedade.
- Os sistemas da qualidade não excluem elementos dos sistemas de produção, mas, ao contrário, os integram em nova concepção.

Não há como afirmar que o conceito tradicional de sistema de produção esteja errado ou inclua algum equívoco, seja de que natureza for. Também não há incoerências, incompatibilidades ou conflitos entre os conceitos (sistemas de produção e sistemas da qualidade).

O conceito tradicional de sistema de produção é insuficiente e incompleto, contudo, pois se ressente da falta de noções mais abrangentes, que generalizem as posturas clássicas da administração da produção. Os sistemas da qualidade complementam os sistemas de produção, ampliando seu alcance e impacto para fora da organização e para o futuro.

Dito de outro modo: a visão clássica de sistemas de produção representa uma postura conceitual superada, sem que possa, entretanto, ser rotulada de imprecisa.

QUESTÕES PRÁTICAS

1. Como o conceito da Qualidade Total contribuiu para a ampliação do conceito clássico da qualidade?
2. Por que o termo *total* na expressão *Qualidade Total* parece redundante?
3. No contexto da Qualidade Total, qual papel estratégico atribui-se ao esforço da "melhoria contínua"?
4. Quais são os dois elementos básicos que o conceito da Qualidade Total agrega ao processo gerencial da empresa?
5. Como definir melhoria de forma objetiva?

6. O que caracteriza, fundamentalmente, a Gestão da Qualidade Total?
7. Por que se considera que a noção de adequação ao uso pode restringir o entendimento do que seja qualidade?
8. O que difere o consumidor do cliente? E qual o benefício estratégico desta diferenciação?
9. Qual a generalização que a distinção entre clientes e consumidores introduziu no conceito da qualidade?
10. Qual o impacto estratégico, nas organizações produtivas, do conceito de cliente?
11. Por que haverá danos estratégicos para as empresas se elas não considerarem o impacto de seus produtos na sociedade, ou seja, se elas se preocuparem apenas com seus consumidores?
12. O que significa, exatamente, o impacto social da qualidade?
13. Como o conceito técnico de globalização impacta a conceituação da qualidade?
14. Por que a globalização da ação produtiva pode ser vista como uma oportunidade estratégica para a empresa?
15. Qual a maior dificuldade prática para viabilizar o planejamento da qualidade?
16. Por que planejar a qualidade? Não seria mais fácil buscar, a qualquer preço, zero defeito na fábrica?
17. Qual elemento caracteriza, com maior visibilidade, o planejamento da qualidade?
18. E quais as principais vantagens da "qualidade planejada"?
19. Por que a improvisação é uma "estratégia" inadequada para produzir qualidade?
20. Que elemento deve definir o direcionamento das melhorias?
21. O que caracteriza a função básica do Controle da Qualidade?
22. O que caracteriza o Controle da Qualidade em termos de estrutura?
23. Quais as vantagens de conceituar o Controle da Qualidade como o confronto entre a qualidade produzida e a qualidade planejada? E por que se considera que este é o único conceito positivo para o Controle da Qualidade?
24. Por que confrontar planejado e produzido pode ser insuficiente para avaliar corretamente a qualidade? O que fazer, então?
25. Que características a abordagem sistêmica conferiu ao conceito da qualidade?
26. O que, essencialmente, caracteriza a produção da qualidade como um sistema?
27. Qual o pré-requisito mais relevante para uma adequada estruturação de Sistemas da Qualidade?
28. Por que o conceito de sistema é adequado à noção da qualidade? Que tipos de adequação existem entre ambos – sistemas e qualidade? E quais as vantagens dessa adequação?

3 AÇÃO GERENCIAL DA QUALIDADE

OBJETIVOS DO CAPÍTULO

- Apresentar os métodos gerais mais utilizados atualmente para estruturar a Gestão da Qualidade.
- Enfatizar o papel do Agente de Decisão na Gestão da Qualidade.
- Discutir como os recursos humanos da organização podem ser envolvidos no esforço pela produção da qualidade em processos, métodos, bens tangíveis e serviços.
- Desenvolver as ideias básicas que hoje definem a cultura da qualidade nas organizações.

Os elementos fundamentais da Gestão da Qualidade são os métodos de atuação do processo gerencial e as pessoas que os desenvolvem. Esses componentes da Gestão da Qualidade mantêm estreita relação entre si e espera-se que atuem em perfeita adequação, ajuste e conformidade. O método é composto pelas ações gerenciais; as pessoas são os agentes. O processo de gestão desdobra-se em duas grandes fases: a definição das políticas da qualidade e a definição dos meios para viabilizá-las.

Por outro lado, são inúmeros os agentes envolvidos. Há, por exemplo, os técnicos (chamados, às vezes, de gerentes da qualidade), que parecem ser as peças mais típicas da engrenagem que gera qualidade. Não se discute sua importância, mas, como se verá, pelas suas características de abrangência e por sua componente estratégica, a Gestão da Qualidade não poderia ficar restrita a este grupo e o empenho para garantir o envolvimento de todos os recursos humanos da organização desempenha um papel crítico em todo o processo gerencial da qualidade.

Todos os modelos gerenciais da qualidade são estruturados a partir do próprio conceito da qualidade. Com efeito, a experiência prática tem mostrado que, em se tratando da Gestão da Qualidade, conceitos corretos são cruciais para o sucesso de sua implantação; o uso de noções inadequadas é meio caminho andado para resultados pouco significativos. Também se observa que todo e qualquer conceito utilizado nas ações da Gestão da Qualidade possui sempre conotações práticas, está bem definido e claramente estruturado. Como consequência, as ações da Gestão da Qualidade tendem para o mesmo direcionamento, envolvem todas as áreas da organização e sempre podem ser avaliadas objetivamente.

De outra parte, nota-se que vem de há muito o empenho em desenvolver formas criativas para garantir o envolvimento das pessoas nas operações das organizações. Tem sido assim em todas as áreas, mas, com especial ênfase, na Gestão da Qualidade.

É compreensível que seja assim: a qualidade é, por excelência, a ação que mais requer dedicação, esforço e foco. Também há outros consensos neste contexto, como:

- O ser humano é um componente fundamental nas organizações. Sempre foi assim. Sempre será.
- O ser humano é o único recurso capaz de transformar as organizações. Sempre foi assim. Sempre será.

Na verdade, não se questiona a importância da ação das pessoas nas organizações. A questão é como envolver pessoas no esforço para produzir qualidade. O principal problema (por incrível que pareça): a diversidade de métodos, ferramentas e estratégias para tal. Nesse emaranhado de opções, como selecionar o procedimento mais adequado a cada caso?

3.1 O MODELO GERENCIAL DA QUALIDADE

Em sua concepção primeira, a Gestão da Qualidade é influenciada pela diversidade de conceitos que caracterizam a qualidade. Essa constatação já indica que seu modelo de atuação é amplo.

Além disso, e até para se ajustar aos diversos conceitos, a Gestão da Qualidade emprega uma multiplicidade das ações a desenvolver, seja em níveis operacionais (caso da Gestão da Qualidade no Processo), táticos (caso do envolvimento de recursos humanos no esforço pela qualidade) ou, principalmente, estratégicos (caso da dimensão externa da Qualidade Total, por exemplo).

Isso evidencia que a Gestão da Qualidade tem suas particularidades. Contudo, o processo da Gestão da Qualidade não é, em essência, fundamentalmente diferente de outros processos gerenciais. Tem a complexidade comum a todos os modelos que dependem criticamente da ação das pessoas, apresenta variadas opções em termos de estrutura de suporte (o que também é frequente em outros processos) e direciona suas ações segundo os mesmos objetivos de todos os sistemas de gestão: garantir a sobrevivência da organização e possibilitar a sua evolução contínua (viés estratégico da Gestão da Qualidade).

PONTOS A DESTACAR

- Diferentemente de outros processos de gestão, a Gestão da Qualidade possui características notadamente estratégicas. Inclui toda a organização, ou seja, todas as pessoas, todos os setores, todas as áreas; sua ação transcende a própria organização e tem seu foco em áreas externas a ela (quem avalia a qualidade é o consumidor).
- Estas características muito próprias fazem com que o processo gerencial da qualidade requeira um modelo mais difícil de ser estruturado e implementado.
- Esta dificuldade se agrava pelo fato de estarmos tratando da qualidade, que nada mais é do que o requisito que impõe, a cada pessoa, a cada ação ou área, esforços extras: não se trata, apenas, de fazer o que sempre se fez; é preciso fazer mais bem feito, com melhores resultados.

A Gestão da Qualidade, assim, precisa lidar com ambientes amplos e com o desafio de envolver pessoas de forma permanente. E isso deve ser feito mantendo-se uniformidade em termos de direcionamento, filosofia de atuação e busca de resultados sempre melhores.

Mais em geral, caberá ao processo de gestão administrar recursos, para tirar deles o melhor proveito possível, e determinar um nível de ação que garanta pleno aproveitamento das potencialidades da organização.

A abordagem sistêmica muito contribuiu para o sucesso dessa empreitada; contudo, a estrutura não substitui a ação. E, por isso, compreende-se a necessidade de definir com cuidado o modelo gerencial da qualidade.

PENSE NISTO

- Especialmente por causa da necessidade de que sejam desenvolvidos mecanismos que garantam o envolvimento de pessoas, função essencial da Gestão da Qualidade, acrescente-se a ela uma dificuldade adicional: muito mais do que ciência, a Gestão da Qualidade é uma *arte*.
- Ou seja: ela depende fundamentalmente das características pessoais dos agentes da qualidade, ou seja, do próprio gerente.
- De fato, como a Gestão da Qualidade é essencialmente interativa, o modo como o gerente exerce o relacionamento pessoal desempenha papel fundamental no alcance de resultados.
- E é desse processo, próprio do dia a dia, em atividades que se assemelham mais a miudezas do que a gestos grandiosos, que nasce o empenho de fazer a organização operar em busca de um único objetivo.

O modelo gerencial da qualidade, assim, não se pauta na descrição e na operação das estruturas formais, que são, via de regra, insuficientes para descrever a organização e possibilitar o entendimento de como ela opera. De fato, são os mecanismos de interação interna e externa que tornam a organização viva e atuante. Essa interação determina formas, situações e ambientes de atuação muito diversos e, com frequência, pouco formalizados. Nestes casos, a ação pessoal do gerente é essencial.

Dessa maneira, a atividade de gestão guia-se por um objetivo estratégico (relaciona-se diretamente à sobrevivência da organização); desenvolve-se em um ambiente complexo, dinâmico, amplo e diversificado e atua sempre no sentido de vencer desafios constantes e crescentemente complexos.

Interessante observar como a Gestão da Qualidade atua simultaneamente nos ambientes micro e macro da organização. De fato, a concepção de empresa como sistema inclui, também, a ideia de subsistemas, ou seja, partes do sistema que operam de forma interativa. Nesse contexto, a organização passa a ser um sistema global, constituído de subsistemas, cujas estruturas e propriedades apresentam características próprias, mas que se regem por objetivos comuns (SAMANI *et al.*, 2019).

Esse conceito de organização torna possível analisar elementos típicos dos diversos subsistemas (respeitam-se suas especificidades) e adequá-los a todo o sistema. Tendo em vista os dois conceitos – sistema e subsistema –, o processo de gestão pode produzir informações e análises que gerem ações localizadas, porém coerentes e direcionadas para os objetivos da organização. Neste sentido, alguns conceitos são úteis:

- O conjunto das atividades de gestão pode vir a constituir um sistema de gestão.
- Sistema de gestão é "um conjunto de regras, de procedimentos e de meios que permitem aplicar métodos a um organismo (o sistema físico) para a realização de determinados objetivos" (MELÈSE, 1993). Nesta mesma referência, encontram-se alguns exemplos de sistemas de gestão: (1) sistema de gestão da produção: aplica ao sistema físico da empresa métodos de programação, desenvolvimento, avaliação e controle; (2) sistema de gestão de pessoal: aplica aos recursos humanos da organização métodos de seleção, formação, qualificação, promoção etc.; e (3) sistema de controle e arrecadação: aplica aos "agentes econômicos" métodos de distribuição de rendas.
- Nesse contexto, o sistema de Gestão da Qualidade aplica à organização métodos de produção, avaliação e melhoria da qualidade.

Os sistemas de gestão envolvem normas, métodos e procedimentos:

NORMAS	▪ Incluem a política global da organização, suas diretrizes de funcionamento e as regras específicas, aplicáveis a todos os recursos da organização. ▪ Para a Gestão da Qualidade, o conjunto de normas básicas de operação é definido pela política da qualidade da organização. ▪ Em muitos casos, a Gestão da Qualidade restringe-se ao processo de implementação dessa política. As normas constituem o componente estratégico da Gestão da Qualidade.
MÉTODOS	▪ Referem-se ao modo como são operados os recursos gerais da organização, para que os objetivos propostos sejam atingidos. ▪ A concepção e a aplicação dos métodos são sempre reguladas pelas normas; o direcionamento de suas atividades é definido pelos objetivos fixados. ▪ Nos métodos estão identificadas as grandes metas do sistema produtivo, tanto em termos de objetivos globais quanto setoriais; a política de funcionamento da empresa e sua forma usual de atuação; o nível de envolvimento dos diversos recursos; e, enfim, como a empresa opera e para onde se move. ▪ A definição dos métodos de operação considera a realidade dos recursos da organização. ▪ A definição de métodos de envolvimento de pessoas, por exemplo, deve sempre levar em conta valores que compõem a cultura local. ▪ Os métodos compõem o componente tático da Gestão da Qualidade.
PROCEDIMENTOS	▪ Operações para aplicar os métodos. ▪ Para entrar em operação, porém, os métodos devem ser expressos em diretrizes operacionais, compatíveis com a natureza dos recursos da organização. ▪ O conjunto de procedimentos é o viés operacional da Gestão da Qualidade.

A forma como se definem procedimentos a partir dos métodos e métodos a partir de normas mostra o encadeamento das decisões da Gestão da Qualidade.

Esta é uma situação extremamente usual em todos os processos gerenciais que a compõem.

DIRETRIZES E POLÍTICAS PARA A GESTÃO DA QUALIDADE

Existem diversos modelos que descrevem o processo gerencial da qualidade.

Alguns exemplos podem ser vistos em Sherman e Vono (2009), que tentam harmonizar os conceitos da qualidade com o modelo gerencial da organização; Moreno, Canet-Giner e Luzon (2008), que analisam a efetividade do TQM; Oakland (2007), que apresenta alguns modelos gerais relacionados ao TQM, o mesmo ocorrendo com Brocka e Brocka (2004). Não se pode, claro, esquecer modelos clássicos, como Drucker (1999) ou Deming (1990).

O modelo gerencial mais comum divide o processo em duas áreas básicas de atuação – uma em nível global (sistema) e outra em níveis locais (subsistemas).

No primeiro caso: atribui-se à Gestão da Qualidade a efetiva participação na ação da alta administração da empresa em definir as políticas da qualidade da organização.

No segundo caso: são os níveis locais. Aqui, cabe à Gestão da Qualidade desenvolver, implantar e consolidar programas da qualidade estruturados para viabilizar as políticas organizacionais. A Gestão da Qualidade, unindo as duas dimensões, pode ser conceituada, portanto, de forma simples, como o processo de definição, implantação e avaliação de políticas da qualidade.

POLÍTICAS

- São princípios que orientam as atitudes administrativas de uma organização.
- Têm a ver, diretamente, com a ciência do governo, da administração e da fixação de resultados gerais a alcançar.
- Pode-se empregar o termo *políticas*, ainda, para conceituar os objetivos que servem de base ao planejamento das ações gerais da organização.
- As políticas sempre revelam uma postura estratégica.
- Políticas da qualidade, deste modo, são as diretrizes básicas da qualidade na empresa.

Por seu teor estratégico, as políticas da qualidade são sempre definidas e fixadas pela alta administração. Isto ocorre tanto pelo fato de as políticas refletirem objetivos gerais e normas de funcionamento das organizações, quanto pelo seu grau de abrangência, já que incluem todos os demais setores, todas as demais áreas e, mais em geral, todas as demais ações da organização.

O QUE A PRÁTICA TEM ENSINADO

- Em seu primeiro viés, as políticas da qualidade definem como as organizações irão relacionar-se com a sociedade no seu entorno e, em particular, com as faixas de mercado que pretendem atender.
- Definirão, assim, todas as características que compõem a dimensão externa do conceito da qualidade.
- A seguir, as políticas da qualidade criarão o molde do ambiente interno da organização, onde são definidos aspectos como os níveis de operação do processo produtivo, o grau de qualificação da mão de obra, os montantes de investimentos disponibilizados para as operações da organização e assim por diante.
- Estas são decisões cujo porte, cuja importância e cujos reflexos não permitem que sejam tomadas em áreas operacionais.

De forma geral, assim, as políticas da qualidade envolvem a estruturação e os níveis de alcance dos objetivos da empresa, a seleção de faixas de atuação no mercado e a determinação das peculiaridades do processo produtivo. A estruturação das políticas da qualidade inicia-se com decisões fundamentais para o funcionamento da empresa.

EXEMPLOS

Um grupo de investidores resolve abrir um restaurante. Graças à diversidade de ofertas para esse tipo de serviço, surgem algumas questões básicas:

- Será um restaurante *à la carte*, com serviço de rodízio ou *self-service*?
- Oferecerá refeições rápidas (funcionando de segunda a sexta) ou será destinado ao lazer dominical das famílias?
- Cozinha italiana, japonesa, tailandesa, chinesa, mineira ou tipicamente regional?
- Será situado no centro da cidade, em um bairro, no interior de um *shopping* ou ocupará um espaço próprio?
- Oferecerá serviços adicionais, como manobristas, traslados, serviços de limpeza do carro enquanto o consumidor faz a refeição, Internet nas mesas, telão, música ao vivo etc.?

ATENÇÃO A ESTES PONTOS

- Uma resposta a qualquer destas questões implica definir **faixas de atuação no mercado**.
- Determina, também, o **processo produtivo** que deverá ser viabilizado, o modelo de **atendimento** a prestar, o nível de qualificação dos **recursos humanos** a envolver, o conjunto de **fornecedores** a selecionar etc.

O conjunto dessas decisões compõe, fundamentalmente, uma política da qualidade.

▶ *Exemplos de Decisões Típicas Inerentes às Políticas da Qualidade:*

- A seleção de estratégias de atuação da empresa no mercado.
- A disponibilização de recursos e a definição de formas de operação da organização.
- A fixação dos valores de investimento para as diversas atividades inerentes à atuação da organização.
- A definição do nível tecnológico do processo produtivo, materiais de trabalho, equipamentos, informações, métodos, ambientes e habilitação do pessoal.
- A determinação dos processos de envolvimento da mão de obra (alocação, formação ou qualificação).

As políticas da qualidade são decisões gerais das organizações que incluem o foco em qualidade nos produtos, processos, métodos e serviços da organização como estratégia básica de atuação, ou seja, como prioridade da administração em todos os níveis.

Isto significa que as ações relativas à qualidade não se restringem a técnicas específicas de avaliação de produtos ou de processos, mas, antes, constituem norma de atuação. O que se deseja é a introdução da qualidade como um hábito, um procedimento usual e rotineiro e, ao mesmo tempo, uma prioridade em qualquer situação.

As decisões envolvendo qualidade, assim, têm precedência sobre as demais, independentemente do momento, das circunstâncias, do tipo de produto. Em particular, requerem atenção os recursos, as situações e os pontos mais críticos da organização em relação à produção da qualidade; por isso, os recursos humanos da empresa, os processos de avaliação de desempenho do processo e as relações com fornecedores são tão enfatizados.

As políticas da qualidade devem ter sempre uma expressão formal, ou seja, devem ser oficializadas por meio de diretrizes documentadas, normas impressas, métodos e procedimentos devidamente formalizados, cujo acesso deve ser garantido a todos. Esses procedimentos exigem que as políticas da qualidade sejam claras, objetivas, bem compreendidas e amplamente divulgadas. Algumas diretrizes das políticas da qualidade decorrem dos conceitos utilizados para defini-las.

EXEMPLO

- Deve-se sempre utilizar uma noção abrangente de perda, que vá além de desperdícios e inclua a inadequação do produto ao uso (é a partir desta noção que a política da qualidade define os métodos de otimização do processo produtivo).

Para estruturar uma política da qualidade devem ser considerados alguns princípios básicos, justificados pela prática das empresas. A listagem a seguir resume os principais (decorrentes da experiência prática).

Princípios para a formulação das políticas da qualidade	Justificativa
1. As políticas da qualidade devem sempre ter um caráter evolutivo, ou seja, não são implantadas de uma hora para outra, mas moldadas ao longo do tempo.	▪ A opção pela qualidade depende mais da mudança de valores, de prioridades e da forma de pensar das pessoas do que de opções impositivas. E isso leva tempo...
2. As políticas da qualidade devem sempre incluir ações que vão se alterando ao longo do tempo, sempre em busca da excelência nas organizações.	▪ A qualidade é um fenômeno dinâmico. Sempre se move na direção de melhorias contínuas.
3. O modelo mais adequado de gestão para a viabilização de políticas da qualidade é o modelo participativo (a qualidade envolve todos).	▪ É necessário contar com a participação de todos os recursos humanos da organização para produzir qualidade.
4. As políticas da qualidade requerem ações abrangentes.	▪ Não se pode excluir nada nem ninguém no esforço pela qualidade.
5. As políticas da qualidade são viabilizadas a partir de resultados gerados por todos os envolvidos no esforço organizacional pela qualidade (a qualidade depende de todos).	▪ É necessário contar com a contribuição de todos os recursos da organização para produzir qualidade. A qualidade depende de todos os esforços. Ninguém pode se omitir.
6. As políticas da qualidade se consolidam com ações focadas em resultados.	▪ É fundamental o direcionamento de todos os recursos da organização em uma ação de objetivo único.
7. As políticas da qualidade são fundamentadas em ações técnicas e não intuitivas.	▪ A qualidade requer base técnica e exige competência de quem quer produzi-la.
8. As políticas da qualidade são compostas por determinações cujo atendimento é compulsório na organização.	▪ A qualidade trata da sobrevivência da organização; seu sucesso depende do empenho de todos; quem nela não se inclui é dispensável.
9. As políticas da qualidade direcionam as organizações para o consumidor, razão de ser de sua existência	▪ A sobrevivência da organização depende de seu viés para o mercado.

Algumas vantagens da fixação das políticas da qualidade:

BENEFÍCIOS ESTRATÉGICOS

- Definição de relações consistentes com o mercado e a sociedade em geral, baseadas em análises de consumidores, avaliação do potencial de clientes e monitoramento de concorrentes. Mais em geral, a vantagem mais evidente do emprego de políticas da qualidade bem definidas diz respeito a um processo consistente de operação da empresa, com características evolutivas.
- A otimização do uso dos recursos pode se transformar em diferencial estratégico. É o caso, por exemplo, dos reflexos na redução de custos, seja pela eliminação de desperdícios, seja pela racionalização dos métodos de trabalho. Redução de custos pode ter impacto direto na determinação de preços mais competitivos.

- Políticas da qualidade geram ações de caráter permanente, eliminando-se decisões determinadas por momentos ou situações específicas e, portanto, com efeitos localizados e restritos.
- Efetiva objetividade na Avaliação da Qualidade.

RESULTADOS TÁTICOS

- As políticas da qualidade investem no sentido de obter-se um entendimento único do que deve ser feito e como ser feito.
- Gerenciamento baseado em métodos de otimização dos recursos da organização. É o caso da política de formação e qualificação dos recursos humanos; dos métodos de seleção, aquisição e manutenção de equipamentos; e das decisões e dos procedimentos que racionalizam tempo, energia, trabalho e materiais.
- O desenvolvimento das ações da organização ocorre de forma planejada, bem definida e constantemente avaliada.
- Realimentação contínua do processo gerencial. Fixado o direcionamento a seguir pelas políticas da qualidade, sempre se podem analisar as decisões tomadas e sempre podem ser alteradas as decisões que se mostram equivocadas ou não alinhadas às diretrizes definidas.

VANTAGENS OPERACIONAIS

- Melhorias nas relações com fornecedores, substituindo-se a seleção de matérias-primas em função de preços ou de critérios subjetivos por um amplo processo de avaliação, baseado em elementos técnicos.
- Avaliação do processo produtivo via métodos de acompanhamento do desempenho. Esta avaliação pode ser guiada pela própria avaliação do atendimento ao mercado prestado pela organização.
- Caracterização técnica das ações, isto é, eliminam-se ações motivadas por razões pessoais ou emocionais.

Ainda que definida pela alta administração, a definição das políticas da qualidade da organização abrange o esforço da Gestão da Qualidade (normalmente, uma função de média gerência). Esse empenho ocorre em duas direções. Inicialmente, enfatiza-se o processo de sensibilização da alta administração para a importância de definir, da forma mais objetiva e clara, as políticas da qualidade da organização.

Em geral, esta fase vem sendo substituída pela força e pela visibilidade dos sinais emitidos pelo mercado. Neles, pode ser visualizado o destino das organizações que não atentam prioritariamente para a qualidade. Em um segundo momento, a Gestão da Qualidade passa a ter decisiva influência na formulação dessa política (aqui, sim, competência técnica e conhecimento da questão fazem a diferença).

IMPLEMENTAÇÃO DA GESTÃO DA QUALIDADE

A função primeira da Gestão da Qualidade é implementar as políticas da qualidade. Por isso, todas as suas atividades são geneticamente dependentes da correta definição das políticas da qualidade. Sem elas, não há modelo de Gestão da Qualidade que possa operar. Ou seja:

Políticas da qualidade → Gestão da Qualidade

Neste sentido, a Gestão da Qualidade pode ser entendida como sendo, essencialmente, a viabilização, em termos táticos e operacionais, das diretrizes gerais da qualidade da empresa, ou seja, das políticas da qualidade. Assim, fica bem evidente a conclusão de que não é possível estruturar o processo de Gestão da Qualidade sem que sejam definidas, conhecidas, entendidas e divulgadas as políticas que a organização adotará em relação à qualidade.

EM RESUMO:

- A Gestão da Qualidade é o conjunto de atividades destinadas a viabilizar a política da qualidade e os objetivos gerais da organização em termos da qualidade. Tais atividades são estruturadas de forma planejada, abrangente e evolutiva.

O QUE A PRÁTICA TEM ENSINADO

- Percebe-se que o modelo de Gestão da Qualidade tem uma característica sistêmica em relação às políticas da qualidade.
- Em um primeiro momento, influencia a alta administração para garantir a definição dessas políticas, ou seja, seleciona as entradas do sistema.
- A seguir, vai para a fase do processamento, quando desenvolve as atividades que viabilizam, estruturam e implantam as diretrizes prescritas.

Naturalmente, a Gestão da Qualidade executa detalhado monitoramento de todo o processo, o que lhe permite adequar os princípios gerais fixados pela alta administração à realidade do momento, ao contexto de implantação ou aos recursos disponíveis. Esse acompanhamento e os ajustes que forem sendo feitos servem de realimentação para que se obtenha um processo de permanente melhoria das políticas da qualidade da organização. São as saídas influenciando novas entradas, a experiência prática balizando as novas diretrizes de operação.

Definida a política da qualidade, passa-se a estruturar o modelo de atuação da Gestão da Qualidade, que ocorre em duas dimensões: tática e operacional. No primeiro grupo, incluem-se os métodos gerenciais, com ênfase para a gestão dos recursos humanos. No segundo, a Gestão da Qualidade no Processo.

A dimensão tática fica claramente representada pela definição da função que se pode chamar de Gerência da Qualidade. Trata-se da função associada a uma área técnica que, em última análise, viabiliza a política da qualidade da empresa em termos de envolvimento de pessoas e das demais operações do processo produtivo.

ATENÇÃO A ESTES PONTOS

- A ação da Gestão da Qualidade torna-se facilitada se ela for estruturada em termos de um programa da qualidade.
- Um programa, como se sabe, é formulado a partir de um projeto de atuação, escrito de forma detalhada, listando etapas, fases e atividades que devem ser executadas para que o projeto tenha êxito.

- Resultados previstos, formas de controle e acompanhamento, responsabilidades pela execução das tarefas são itens que integram, tipicamente, um programa da qualidade.
- O programa não traz apenas a indicação geral de quais atividades devem ser desenvolvidas, em todos os estágios do processo produtivo, mas vai além, detalhando como elas devem ser executadas.

O programa da qualidade, assim, agrega os planos, as estruturas de suporte, as informações, as funções, sequências de operação etc. Por suas características e amplitude de ação, o programa atinge todas as áreas da organização, em seus diversos ambientes – processo produtivo, setores de suporte, relações com mercado, recursos em geral etc.

No âmbito operacional, os objetivos de um programa da qualidade são aqueles da Gestão da Qualidade no Processo. Investem na eliminação de perdas, consideradas em seu sentido mais amplo, atuam na eliminação das causas das perdas e racionalizam todo o processo, otimizando seu desempenho.

Focando no direcionamento do processo para o mercado, também constitui objetivo da Gestão da Qualidade, nesta dimensão, o esforço para adequar crescentemente o produto ao uso.

No contexto tático, a ação da Gestão da Qualidade inclui três áreas básicas, com atividades específicas em cada uma delas, como se pode ver a seguir.

CARACTERÍSTICA DA AÇÃO	EXEMPLOS DE ATIVIDADES
Ação Tática com Ênfase Técnica	- Estruturação da área física da qualidade, incluindo pessoal, laboratórios, setores de análise etc. Trata-se do departamento que atua como órgão de suporte técnico à produção e Avaliação da Qualidade. Age em toda a organização. - Definição do modelo para a Avaliação da Qualidade no processo produtivo. Visa definir níveis de desempenho e a adequação das operações à produção direcionada para o mercado. - Determinação do modelo de análise dos custos da qualidade e seus benefícios (economia da qualidade). - Desenvolvimento do planejamento das atividades específicas da qualidade em setores e em operações de processo. - Atribuição de responsabilidades pela qualidade nas várias áreas da organização. - Prestação de serviços técnicos especializados, como no caso das inspeções. - Planejamento e desenvolvimento do Controle Estatístico da Qualidade. - **Trata-se de Gestão Técnica da Qualidade.**

Ação Tática com Ênfase na Integração de Recursos	- Definição de objetivos e metas da qualidade, tanto globais como setoriais. - Formalização e operacionalização do sistema de informações para a qualidade. O sistema possui três ciclos básicos: o ciclo relativo às operações do processo produtivo; o ciclo relativo ao monitoramento da realidade atual e das tendências de mercado; e o terceiro ciclo, mais importante, que coloca todas as áreas do processo produtivo em contato com o mercado, em tempo real. - Ampliação do modelo de Avaliação da Qualidade, para incluir a análise da contribuição de setores de suporte ou áreas da produção no alcance dos objetivos da organização. - Seleção e alocação de equipamentos e materiais, em função de especificações técnicas fornecidas pelos setores de engenharia ou processos, de forma a priorizar a qualidade como elemento básico de escolha. - Criação e desenvolvimento dos programas de gerenciamento dos recursos humanos, com ênfase para seu envolvimento no esforço pela qualidade. - Projeto e operação da avaliação do desempenho da mão de obra no processo. - Projeto dos modelos de controle para determinar se as atividades destinadas a atingir os objetivos fixados estão efetivamente contribuindo para o alcance desses objetivos. - ***Trata-se da Gestão Integrada de Recursos.***
Ação Tática Relativa à Avaliação de Mercado	- Estudos de mercado para a avaliação dos níveis de aceitação do produto. - Avaliação, de forma quantitativa, do grau de satisfação dos consumidores. - Avaliação global do mercado e de suas tendências. - Criação de fluxos permanentes de informações para repassar os resultados obtidos aos setores produtivos. - Desenvolvimento de estudos relativos à reação do mercado à marca e à imagem da organização, a partir do desempenho dos produtos em campo. - Estruturação de modelos de acompanhamento da ação dos concorrentes no mercado, para definir um modelo de *benchmarking*. - Formulação de experimentos para o lançamento de possíveis novos produtos. - Monitoramento dos reflexos das inovações no mercado. - ***Trata-se da Gestão Interativa com o Mercado.***

Esta última ação tem repercussões estratégicas. De fato, a gestão interativa com o mercado está configurada como uma ação tática porque, em essência, trata-se da coleta e análise de informações.

Ocorre, entretanto, que são estas as informações que serão usadas para que sejam tomadas decisões como lançamentos de novos produtos, alteração de estratégias de atuação no mercado, mudanças em alguns característicos do produto etc. Estas são, sem dúvida, ações estratégicas, definidas no âmbito da alta administração da organização. A base dessas decisões está assentada sobre informações estruturadas pela componente de interação com o mercado da Gestão da Qualidade.

Uma característica essencial da dimensão tática da Gestão da Qualidade refere-se à coordenação de esforços. Trata-se do modelo que tenta envolver todos os recursos humanos da organização no empenho pela qualidade.

É uma tarefa difícil no processo gerencial, porque não depende apenas do gerente, mas, principalmente, de quanto as pessoas se disponham para tal. Lidar com recursos humanos é uma ação que depende, fortemente, da personalidade do próprio gerente.

Este é um viés muito específico da Gestão da Qualidade e que precisa ser analisado com cuidado, não só pela complexidade, mas, principalmente, pela importância.

O uso de Programas da Qualidade como base de ação da Gestão da Qualidade tem enfrentado uma restrição. Pode-se pensar que o programa tem começo, meio e fim e, por isso, ele deve acabar em determinado momento. Esta limitação do programa, sobretudo em termos de tempo, não se sustenta. De fato:

- Associar o programa da qualidade a ações finitas e limitadas é uma postura que decorre do entendimento incorreto do que seja qualidade e de não se estar associando o programa da qualidade à ideia de melhoria contínua.
- Os programas da qualidade, tanto pelos seus objetivos quanto pelas suas próprias características, são estruturados em termos de ações abrangentes. Eles alcançam todos os setores, todas as áreas e todas as funções da organização; mais do que isso, envolvem todos. É difícil supor que uma estrutura que vai se ampliando a ponto de enlaçar toda a organização seja irrestrita em termos de espaço, mas limitada em termos de tempo. Ações localizadas tendem a ser temporárias; ações globais têm perfis diferentes, sendo consistentes e, por isso, permanentes.
- O entendimento das características dinâmicas dos sistemas da qualidade requer que o programa da qualidade tenha iguais características. E, mais do que isso, acompanhe a evolução contínua do próprio sistema. Processos em evolução não se extinguem: ao contrário, ampliam-se.
- Não há como contemplar as dimensões do conceito da Qualidade Total se não forem formulados programas da qualidade que venham para ficar. São dimensões que exigem uma ação contínua, organizada e constante.

ATENÇÃO A ESTES PONTOS

- Para contemplar estas características, os programas da qualidade são definidos como gerenciamento da qualidade por toda a empresa que, por sua vez, é um modelo gerencial sistemático para estabelecer e atingir metas da qualidade.

- Sistemático, aqui, tem duplo sentido: contínuo (única forma de atender à dimensão evolutiva) e organizado (único meio de se adequar ao conceito estrutural de sistema).
- O programa da qualidade, assim, acaba por incluir todos os recursos e todas as áreas das organizações em um esforço único pela qualidade, construído a partir de contribuições específicas, segundo as características de cada recurso ou área.

Uma característica típica do programa da qualidade é a facilidade com que a opção pela qualidade transforma-se em implantação prática. Se na dimensão macro são fixadas políticas globais da qualidade, no programa listam-se objetivos e metas a alcançar. Para garantir uma ação eficiente (bem organizada) e eficaz (que atenda aos objetivos), o programa da qualidade estrutura suas atividades em etapas (mais gerais) e fases (mais específicas). Para cada uma, listam-se resultados a alcançar; meios de avaliação em relação aos padrões e aos objetivos fixados e mecanismos de controle. São, também, definidos os recursos necessários para executar as atividades e a forma de envolver cada um deles.

De fato, cabe notar que, em função das características de cada recurso envolvido, existem diferentes formas de incluí-lo no programa. Para os recursos humanos, por exemplo, há necessidade de desenvolver programas de motivação e treinamento, no contexto das estratégias mais adequadas para estimular a mão de obra a atingir as metas fixadas (YAYA et al., 2017). Enfim, trata-se da operação normal de procedimentos executados a partir de cuidadosos planejamentos. Mais em geral, a Gestão da Qualidade é uma ação ampla, que inclui toda a organização, cujo desenvolvimento está comprometido com ações planejadas e direcionado para a ideia de evolução contínua.

UMA ANÁLISE CONCLUSIVA

- O modelo de Gestão da Qualidade, assim, possui significativas diferenças em relação às práticas tradicionais que se aplicavam ao gerenciamento da qualidade.
- Além de diferenciar-se conceitualmente, a Gestão da Qualidade, como é entendida hoje, determinou novas ações práticas, que permitiram criar um novo modelo gerencial para a qualidade.
- O esquema a seguir detalha ambos os aspectos: confronto com a visão tradicional e atividades práticas necessárias para concretizar a nova visão. Sua descrição em fases mostra como um programa da qualidade pode ser viabilizado.

3.2 MIGRAÇÃO DOS MODELOS TRADICIONAIS PARA OS NOVOS MODELOS DE GESTÃO DA QUALIDADE

Com base na experiência prática de organizações que vêm implementando diferentes modelos de Gestão da Qualidade, estruturar um modelo sequencial que reúna atividades organizadas por fases bem caracterizadas pode ilustrar como se dá a transição dos modelos tradicionais da Gestão da Qualidade para o modelo atualmente mais em uso (ou, pelo menos, recomendado).

Fase 1: Direcionamento das ações da Gestão da Qualidade	
Objetivo	■ Fixar os níveis da qualidade segundo a visão dos clientes, estruturando a Gestão da Qualidade a partir das informações sobre o comportamento deles.
Confronto com o modelo tradicional	■ Evitar que a qualidade seja determinada por quem atua na organização. ■ Ou seja: evitar que quem produz seja o referencial da Gestão da Qualidade. ■ Ao invés disso, transferir este referencial para o mercado (quem consome). Eliminar a ideia de que o projeto de produtos e serviços pode ser estruturado, apenas, por setores especializados da organização.
Ações	1. Criar meios de avaliação contínua do mercado. 2. Transferir as informações de mercado para os setores produtivos. 3. Direcionar as ações do processo produtivo pelas informações de mercado. 4. Estruturar o projeto do produto a partir de necessidades do mercado. 5. Balizar a ação gerencial e a definição dos rumos da empresa pela pesquisa de mercado, em termos de características atuais dos clientes e de suas tendências. 6. Priorizar a interação da Gestão da Qualidade com setores comerciais (vendas ou pesquisa de mercado, por exemplo) da organização e considerar como subordinada a eles, e decorrente deles, a ação dos setores de projeto da organização.

Fase 2: Uniformização das ações da Gestão da Qualidade	
Objetivo	■ Criar um modelo de gestão objetivo, sem posturas personalistas.
Confronto com o modelo tradicional	■ Evitar que o modelo de gestão se altere sempre que as pessoas que ocupam postos-chave sejam trocadas e evitar que a centralização da autoridade seja o meio para garantir a uniformidade de ação na organização.
Ações	1. Criar estruturas que tornem permanentes as ações ligadas à qualidade, independentemente de quem esteja "no comando". 2. Tornar a gestão independente das pessoas, estruturando-a com base nas informações disponíveis. 3. Formatar o modelo gerencial de modo que qualquer pessoa, em determinada situação, tomaria a mesma decisão tendo em vista as informações disponíveis. 4. Eleger informações distribuídas como base da delegação de autoridade. 5. Diferenciar as pessoas não por características pessoais de ação, mas pela capacidade que tiverem de acrescentar novos benefícios às decisões tomadas com base nas informações disponíveis. O modelo gerencial, assim, garante um resultado mínimo (benefícios pelas decisões tomadas com base em informações comuns a todos) e diferencia as pessoas pelo que elas acrescem a esse mínimo.

Fase 3: Componente operacional da Gestão da Qualidade	
Objetivo	■ Priorizar a prevenção de defeitos, em ações de resultados consistentes que visem a otimização do processo produtivo.
Confronto com o modelo tradicional	■ Eliminar a ideia de que a qualidade deva ser construída pela correção de defeitos, em ações de resultados imediatos.
Ações	1. Permanente análise de defeitos. 2. Investir, inicialmente, na correção de defeitos direcionados aos produtos. A seguir, direcioná-los para o processo produtivo. 3. Estudar mecanismos para detectar e eliminar possíveis causas de defeitos, erros ou desperdícios. 4. Manter o foco nas causas (controle preventivo). 5. Investir continuamente na otimização do processo produtivo.

Fase 4: Estruturação do modelo de processo adequado à produção da qualidade	
Objetivo	■ Estruturar o gerenciamento interativo do processo produtivo.
Confronto com o modelo tradicional	■ Evitar que a estrutura das operações seja linear, contínua, sequencial e direcionada para frente.
Ações	1. Criar a figura do consumidor e do produtor internos: definir cada setor como fornecedor do setor seguinte e cliente do setor anterior. 2. Estabelecer como meta de cada setor atender ao setor subsequente, na forma que for mais conveniente ao segundo, sempre focando os clientes externos, meta maior de todos os setores. 3. Ampliar este processo para que cada setor desenvolva a relação cliente-fornecedor com os demais setores da empresa. 4. Priorizar as relações horizontais entre setores (mais do que as verticais).

Fase 5: Envolvimento dos recursos humanos no esforço pela qualidade	
Objetivo	■ Garantir que cada pessoa que compõe a organização contribua decisivamente para o alcance dos objetivos globais da empresa.
Confronto com o modelo tradicional	■ Evitar a visão segmentada da organização, segundo a qual cada pessoa possui especificidades, interesses, objetivos e métodos próprios de atuação. Ainda segundo esta visão, o alcance de níveis ótimos de desempenho de cada pessoa é responsabilidade dela mesma.
Ações	1. A avaliação do desempenho de cada funcionário da empresa deve considerar sua participação efetiva no processo de alcance dos objetivos gerais da organização (procedimento idêntico ao adotado em relação aos setores) e sua capacidade de integração a grupos e áreas da empresa. 2. Estabelecer intensa interação entre pessoas, evitando-se a qualquer preço que elas permaneçam isoladas ou entrem em conflito entre si. 3. Eliminar a competição entre pessoas ou grupos de pessoas, priorizando ações globais, com contribuições bem definidas e caracterizadas.

(continua)

(continuação)

	Fase 5: Envolvimento dos recursos humanos no esforço pela qualidade
Ações	4. Harmonizar objetivos e interesses individuais com objetivos e interesses da organização. 5. Garantir que haja identidade de objetivos entre pessoas e organização. 6. Estruturar o modelo gerencial de forma a garantir um nível, tanto quanto possível, uniforme de competência, motivação e especialização de todos os recursos humanos da organização. Não há interesse, na empresa, em manter profissionais extremamente especialistas e nem pessoas despreparadas para desempenhar suas funções. 7. Enfatizar a atribuição a cada funcionário de igual importância na produção da qualidade. 8. Viabilizar meios, oportunidades e recursos para que todos possam trabalhar efetivamente para este fim.

	Fase 6: Integração dos objetivos e contribuições setoriais
Objetivo	■ Criar objetivos setoriais direcionados a cooperar para o alcance dos objetivos gerais da organização. As contribuições para o todo permitem avaliar o desempenho efetivo das partes. A meta primeira da Gestão da Qualidade é a otimização do todo (a otimização das partes não garante a otimização do todo).
Confronto com o modelo tradicional	■ Eliminar a visão segundo a qual a ação da Gestão da Qualidade considera a empresa como um conjunto de setores, cristalizada na ideia de que cada um possui objetivos específicos e métodos próprios de atuação, sendo que o alcance desses objetivos é responsabilidade de cada setor.
Ações	1. Centrar a avaliação do desempenho de cada área da empresa na análise de sua participação efetiva no alcance dos objetivos gerais da organização. 2. Efetivar a interação entre setores, evitando-se que eles fiquem isolados. 3. Eliminar a competição entre setores, sendo priorizadas ações globais, com contribuições definidas e caracterizadas. 4. Evidenciar que a Gestão da Qualidade trabalha com um único objetivo, válido para todas as áreas. 5. Definir a participação de cada área no alcance de objetivos gerais, evitando-se objetivos setoriais sem reflexos para toda a organização. 6. Utilizar, como característica básica da ação dos setores, a integração, única forma de alcançar objetivos globais. 7. Criar estruturas de suporte para que seja conferido um grau uniforme de competência e especialização a todos os setores. 8. Evitar a criação de setores extremamente especializados e avaliar a possibilidade de extinguir setores que funcionem precariamente.

CAPÍTULO 3 | AÇÃO GERENCIAL DA QUALIDADE   79

	Fase 7: Planejamento estratégico da qualidade
Objetivo	▪ Desenvolver o Planejamento Estratégico da organização de modo a priorizar oportunidades de atuação no mercado. No âmbito interno, eliminar fontes de inadequação do produto ao uso.
Confronto com o modelo tradicional	▪ Evitar que o Planejamento Estratégico da organização priorize características intrínsecas da organização (como suas potencialidades, por exemplo, em termos de processos, serviços e bens).
Ações	1. Estabelecer, como referencial para o crescimento da empresa, objetivos voltados para a área externa da organização, em direção a mercados consumidores bem definidos. 2. Banir a ideia de que o planejamento estratégico deva priorizar a eliminação de defeitos no processo de fabricação, reduzir custos de produção e minimizar causas que comprometam o alcance de determinados níveis de produção previstos. Estes itens são importantes, mas não são os objetivos gerais do sistema da qualidade e nem das ações da Gestão da Qualidade. 3. Minimizar continuamente os elementos, as ações e os recursos cujas ações não agreguem valor ao produto e eliminar causas que comprometam o alcance de determinados níveis de satisfação do cliente. 4. Priorizar diferenciações de produtos e serviços que atendem necessidades e preferências de segmentos específicos ou áreas bem caracterizadas de mercado. 5. Considerar o processo produtivo um meio para atingir o verdadeiro objetivo da organização: atender ao cliente. 6. Considerar que só se justificam investimentos no processo se, de alguma forma, tais investimentos contribuem para aumentar a adequação do bem ou do serviço ao uso. 7. Focar esforços na eliminação de perdas, entendendo-se como perda tudo o que não contribui para manter ou aumentar a adequação do produto ou do serviço ao uso.

	Fase 8: Visão do controle da qualidade
Objetivo	▪ Utilizar a visão de controle da qualidade como o confronto entre a qualidade planejada e a qualidade produzida.
Confronto com o modelo tradicional	▪ Eliminar a ideia de que o controle da qualidade significa o esforço para detectar e eliminar defeitos e apenas isso.
Ações	1. Tradicionalmente, os controles eram fixados em pontos críticos do processo, onde ocorrem, usualmente, os defeitos. A postura atual é ampliar o controle para todo o processo produtivo. 2. Em vez de apenas corrigir falhas, o controle da qualidade deve impor comportamentos ao processo em função do que for estabelecido no planejamento. Não faz isso com ações de força, mas com mecanismos racionais, que visam mostrar que a qualidade é um valor.

(continua)

(continuação)

	Fase 8: Visão do controle da qualidade
Ações	3. O Controle da Qualidade não mais se operacionaliza pelo acompanhamento de limites máximos de peças defeituosas, níveis médios de peças defeituosas e intervalos de tolerância de defeitos. Sua meta é produzir qualidade, ou seja, agregar valor ao produto segundo a ótica do consumidor. 4. Fixar controles em função do planejamento, estruturando o controle da qualidade para confrontar a qualidade obtida com a qualidade planejada. 5. Entender perda zero como consequência de um conjunto de ações e não uma meta a ser conseguida a qualquer custo.

UMA ANÁLISE CONCLUSIVA

- Considerando-se todos estes aspectos, não há como deixar de concluir que o Planejamento da Qualidade é uma ação prioritária da Gestão da Qualidade. Sem ele, não há como desenvolver o processo de controle.
- O planejamento é um processo evolutivo, gradativo, e que, por isso, às vezes pode ser lento. Mas tende sempre para um modelo *zero defeito* e máxima satisfação do consumidor, ou seja, agrega objetivos operacionais aos mais relevantes objetivos estratégicos da organização.

Essas fases podem ser vistas como a base do programa da qualidade. Em muitos casos, seus resultados tendem a aparecer no médio prazo, mas costumam ser consistentes. As características das fases apontam para a uma perfeita identidade entre conceitos que norteiam a noção da qualidade e as ações que os colocam em prática. Tal sintonia é essencial para o sucesso do esforço pela qualidade.

Este capítulo permitiu caracterizar o processo da Gestão da Qualidade em suas dimensões básicas. Sua viabilização prática, contudo, carece de uma "personificação física", ou seja, de um agente do processo de tomada de decisão. Trata-se da figura do gerente da qualidade, função que não sumiu e nem desaparecerá tão cedo do modelo gerencial da qualidade.

3.3 O AGENTE DE DECISÃO NA GESTÃO DA QUALIDADE

Como em qualquer processo de gestão, existe na Gestão da Qualidade o agente de decisão. Trata-se do gerente da qualidade, que, em geral, operacionaliza a Gestão da Qualidade em nível micro, ou seja, define objetivos e metas que viabilizem as políticas da qualidade e implementa as ações correspondentes, determinando, para tanto, as formas de envolvimento dos recursos, os resultados esperados e a avaliação do processo.

No caso da Gestão da Qualidade, este agente de decisão pode ser um grupo de pessoas, como ocorre em muitas empresas japonesas; pode ser uma área técnica da empresa, como se observa, com frequência, em empresas americanas; pode ser uma função administrativa periodicamente ocupada por determinadas pessoas, como se vê em algumas empresas francesas; ou pode ser uma única pessoa (como é comum no Brasil).

Desta forma, a definição "gerente da qualidade" nem sempre se refere a uma pessoa, mas pode envolver, também, um grupo de pessoas, uma área ou uma função.

Considerando que a qualidade é tarefa de todos e, principalmente, a grande aceitação deste princípio, às vezes questiona-se a necessidade de uma organização estruturar a função de "gerente da qualidade". Mas há várias justificativas para que a função seja mantida e, para a nossa realidade, associada a uma única pessoa.

Dois exemplos de razões para tanto:

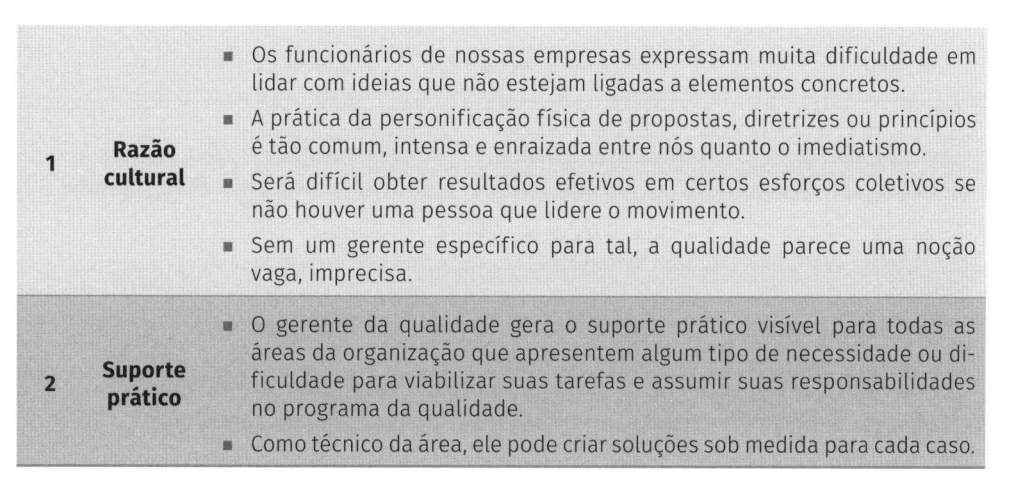

1	Razão cultural	▪ Os funcionários de nossas empresas expressam muita dificuldade em lidar com ideias que não estejam ligadas a elementos concretos. ▪ A prática da personificação física de propostas, diretrizes ou princípios é tão comum, intensa e enraizada entre nós quanto o imediatismo. ▪ Será difícil obter resultados efetivos em certos esforços coletivos se não houver uma pessoa que lidere o movimento. ▪ Sem um gerente específico para tal, a qualidade parece uma noção vaga, imprecisa.
2	Suporte prático	▪ O gerente da qualidade gera o suporte prático visível para todas as áreas da organização que apresentem algum tipo de necessidade ou dificuldade para viabilizar suas tarefas e assumir suas responsabilidades no programa da qualidade. ▪ Como técnico da área, ele pode criar soluções sob medida para cada caso.

Como regra geral, duas são as funções básicas do gerente da qualidade: o gerenciamento técnico do sistema da qualidade e a coordenação de esforços.

1. GESTÃO TÉCNICA

Caracterização:
- Trata-se do gerenciamento do sistema da qualidade, incluindo o desenvolvimento, implantação e controle das estratégias de produção da qualidade.
- Com especial ênfase, envolve o planejamento da qualidade e sua avaliação em bases objetivas.

Atividades básicas:
- Ações relativas ao planejamento da qualidade.
- Estruturação física do órgão (setor ou departamento) técnico da qualidade.
- Formatação de um sistema de informações específico para a qualidade.

- Definição dos modelos de controle (que incluem processos produtivos, produtos, peças, materiais, métodos de trabalho etc.).
- Avaliação do produto no mercado (fonte para fixar os níveis da qualidade).
- Análise da relação entre custos e benefícios da qualidade (economia da qualidade).
- Determinação das formas efetivas de Avaliação da Qualidade em bases quantitativas, sobretudo em termos de reações de mercado aos produtos da organização.
- Questões técnicas envolvendo laboratórios, análises, inspeções, amostragens, seleção e uso de normas, processos de certificação, avaliação estatística etc.

Perfil requerido para a função:
- Perfil de natureza técnica.
- Depende de formação e qualificação adequadas.
- É obtido em treinamentos, cursos e programas de aperfeiçoamento.

A rigor, qualquer pessoa poderia ocupar o cargo de gerente da qualidade se esta fosse a única função a ele correspondente. Afinal, o pré-requisito para tanto é competência técnica (característica transferível), que pode ser adquirida por quem deseja aprender.

2. COORDENAÇÃO DE ESFORÇOS

Caracterização:
- Função mais complexa, sobretudo porque se refere ao relacionamento humano.
- Diz respeito à coordenação dos esforços para a obtenção da qualidade.
- Aqui, busca-se obter disposição e postura da mão de obra para o alcance dos objetivos gerais da qualidade.

Atividades básicas:
- As atividades da função focam tanto em cada pessoa particular quanto, principalmente, na articulação entre mais de uma, ou seja, nos processos de interação que determinam resultados da ação dos grupos de trabalho ou mesmo de setores formais.
- Conscientizar, formar e qualificar os recursos humanos da organização para a produção da qualidade em todas as suas ações.
- Atribuição de responsabilidades.
- Viabilização dos fluxos de informações para garantir acesso às diretrizes, objetivos, normas, recomendações e especificações das atividades de cada área.
- Dar ampla divulgação sobre resultados obtidos.
- Desenvolvimento de programas de motivação à qualidade para toda a empresa, em todos os setores e níveis.
- Criar equipes de acompanhamento do programa da qualidade, com o concurso de representantes dos diversos setores da fábrica.

- Detalhar objetivos gerais, fixando metas setoriais ou objetivos específicos; planejar seu alcance em conjunto com as áreas envolvidas.
- Acompanhar o desenvolvimento das ações previstas e avaliar objetivamente resultados obtidos.
- Investir na estruturação de um Sistema Integrado da Qualidade, que abranja pessoas, áreas e setores em uma ação única pela qualidade, mantendo-se as especificidades dos componentes do processo.

Perfil requerido para a função:
- Perfil de natureza pessoal.
- Depende das características intrínsecas do indivíduo, de sua capacidade de interação, da sua forma de trabalhar em equipe, da capacidade de ouvir, de sua liderança, enfim, de atributos pessoais.
- Estes atributos não podem ser obtidos em mecanismos usuais de formação ou em processos formais de qualificação.
- Poucas pessoas conseguiriam ocupar o cargo de gerente da qualidade se esta fosse a única função a ele correspondente.
- Afinal, o pré-requisito para tanto compreende aspectos pessoais do indivíduo, uma característica intransferível, que não pode ser adquirida por quem apenas tem vontade de aprender.
- Corresponde à soma de virtudes pessoais e empenho.

UMA ANÁLISE CONCLUSIVA

- Devido principalmente ao segundo viés, conclui-se que o cargo de gerente da qualidade não é para quem quer, ou para quem se dispõe a aprender o ofício, mas, sim, para quem (já) possui determinados requisitos.
- Logo se vê que selecionar pessoas aptas a exercerem a função de gerente da qualidade não é fácil.

O conjunto das componentes técnicas e, sobretudo, pessoais do perfil ideal dos gerentes da qualidade pode induzir as pessoas a pensarem que se trata de uma função cujo exercício requer atributos pouco comuns.

A função, assim, estaria fora do alcance da maioria dos mortais. Em certo sentido, esta visão está correta: não há alternativa na avaliação dos componentes pessoais de um gerente da qualidade – ou ele tem ou não tem. Trata-se de característica não transferível. Já outros elementos podem ser adquiridos.

Um estudo prático, desenvolvido ao longo de vários anos, aponta para a estruturação do perfil de um gerente da qualidade como sendo composto por três características básicas: as características comuns, as características desejáveis e as características necessárias. Detalhando:

A) CARACTERÍSTICAS COMUNS

A.1. **Conceito:** Trata-se do conjunto de características comuns a qualquer gerente.

A.2. **Decorrência:** Sem estas características, o profissional não assumiria nenhuma função gerencial.

A.3. **Avaliação:** A avaliação do nível de desempenho em qualquer dessas características inclui os mesmos procedimentos de análise da capacidade administrativa de qualquer funcionário da empresa.

A.4. **Características:**

   A.4.1. **Liderança:** Líderes são as pessoas que alteram a cultura das organizações. Ou seja, são as que criam novos valores; geram nova visão; incentivam novos comportamentos. Geram oportunidades para que as pessoas evoluam, inovem, arrisquem-se. Por isso, os líderes são, antes de tudo, agentes de mudanças.

   A.4.2. **Oportunidade de Motivação:** Motivação não se transfere. Bons gerentes, assim, geram oportunidades para que as pessoas motivem a si mesmas. Motivadas, as pessoas compreendem e comprometem-se com os objetivos da organização, cuja transferência para os subordinados se dá por obra do gerente. Sem motivação, não há como garantir esforços consistentes no sentido de alcançar essas metas.

   A.4.3. **Gestão da Informação:** São as ações relacionadas à coleta, organização e distribuição das informações. Este componente gerencial requer conhecimento técnico, objetividade, poder de síntese, capacidade de selecionar o que é (do que não é) relevante; uniformidade da comunicação, entre outras características.

   A.4.4. **Dinamismo:** Esta característica implica a capacidade de movimentar-se conforme as necessidades do momento. Requer energia e vitalidade. Dinâmico é o gerente que se move por conta própria, com o uso de suas próprias forças, sem ser empurrado por quem quer que seja. Este componente do perfil inclui, ainda, agilidade, capacidade de percepção rápida e precisa da realidade, presteza, celeridade e desenvoltura em suas ações.

   A.4.5. **Ação organizada:** Pelas próprias características da Gestão da Qualidade, o gerente deve ser exemplo de ação planejada, organizada e bem estruturada. Isto inclui tanto a vida pessoal quanto as atividades profissionais, já que a primeira tem decisivo reflexo nas segundas. Dito de outro modo: para introduzir o hábito do Planejamento da Qualidade, é necessário que o gerente atue de forma "planejada", até como forma de mostrar, aos outros, a importância e as vantagens do trabalho com planejamento.

B) CARACTERÍSTICAS DESEJÁVEIS

B.1. **Conceito:** Trata-se do conjunto de características relevantes para a ação do gerente da qualidade, aquelas que fazem parte das suas atividades essenciais.

B.2. **Decorrência:** Sem essas características, o profissional não assumiria a função gerencial da qualidade. Ocorre, contudo, que elas podem ser adquiridas, isto é, ser transferidas ao gerente, via formação, atualização ou qualificação.

B.3. **Avaliação:** A avaliação destas características pode ser feita por meio de testes, provas, simulação de situações práticas, ensaios ou experimentos aplicados em processos formais. É uma questão de saber se foi bem-sucedido o processo de transferência de informações.

B.4. **Características:**

B.4.1. **Competência técnica:** Refere-se ao conhecimento técnico em qualidade, ou seja, a capacidade de projetar, viabilizar, implantar e avaliar o sistema da qualidade da organização.

Envolve atividades operacionais (como a seleção de equipamentos); táticas (como a avaliação dos métodos de trabalho); e estratégicas (como as relações da organização com o mercado). Definição de conceitos da qualidade, viabilização da infraestrutura da qualidade e forte capacidade de influência na formulação de políticas da qualidade são também itens que compõem esta característica do perfil do gerente.

B.4.2. **Conhecimento da organização:** Diz respeito ao conhecimento tático (cultura organizacional) e estratégico (formas de atuação da organização no mercado). Consideram-se como desejáveis estes itens porque podem ser adquiridos, embora em intervalos diferentes de tempo. Conhecer a cultura da organização, por exemplo, leva mais tempo do que qualquer outro elemento deste item do perfil. Normalmente, tal conhecimento tem sido denominado visão horizontal da organização. Em geral, é um conhecimento exigido de todos os funcionários da organização, sendo matéria principal dos programas de integração de novos funcionários. O que difere o conhecimento usual do conhecimento requerido pela Gestão da Qualidade é, sobretudo, a visão objetiva, precisa e bem caracterizada da cultura da organização, ou seja, de seus valores.

B.4.3. **Conhecimento do produto e do processo:** Trata-se do conhecimento operacional, ou seja, das causas (processos) e seus efeitos ou resultados (produtos). Sem conhecer o processo, é impossível estruturar o modelo de Gestão da Qualidade no Processo aqui discutido, isto é, o direcionamento para o mercado de todos os esforços que são feitos nas operações produtivas. Como o produto decorre do processo, este conhecimento garante que o processo possa operar de forma a refletir, no produto, os elementos que sustentam sua adequação ao uso.

C) CARACTERÍSTICAS NECESSÁRIAS

C.1. **Conceito:** É o conjunto de características imprescindíveis para a ação do gerente da qualidade, sem as quais não há como exercer a função. São insubstituíveis.

C.2. **Decorrência:** Dificilmente são transferíveis, porque envolvem atributos de caráter e personalidade dos ocupantes da função. Não são compensatórias.

C.3. **Avaliação:** A avaliação dessas características só pode ser detectada em processos de monitoramento que se estendem por longos períodos de observação. Requer, também, o acompanhamento das atividades do dia a dia das pessoas. Testes, provas ou avaliações objetivas dificilmente revelam o grau de aptidão de um candidato a gerente nestes casos.

C.4. **Características:**
- C.4.1. **Relacionamento humano:** É o componente da função que espelha a capacidade do gerente de interagir com outras pessoas, levando-as a assumir valores, comportamentos e posturas compatíveis com o conceito da qualidade que se quer adotar na organização. Vai além do repasse das formas que garantam a adesão ao programa da qualidade, devendo atingir o comprometimento das pessoas com o programa por considerá-lo um valor. A dificuldade maior da função talvez esteja no estabelecimento de limites para a ação do gerente da qualidade, ou seja: o gerente deve integrar pessoas em esforços coletivos, sem que isto pareça uma ingerência indevida em áreas da organização ou valores pessoais. Além de integrar as pessoas no esforço pela qualidade, o gerente da qualidade precisa qualificar a contribuição delas, tornando-a eficiente (máxima rentabilidade) e eficaz (direcionada para o cliente). Esta característica compreende, ainda, superar resistências e conflitos, sobretudo porque se requer a alteração de comportamentos, hábitos, atitudes e valores. O viés mais visível do relacionamento humano diz respeito à capacidade de interação do gerente. Esta capacidade inclui um componente formal, qual seja, a relação com a hierarquia organizacional, de modo a influenciar positivamente suas decisões, caso típico das políticas da qualidade. E inclui, também, um componente informal, mais delicado (e cansativo), que se refere ao relacionamento com todos os recursos humanos da organização, uma atitude abrangente e cheia de especificidades.
- C.4.2. **Capacidade de compreensão do mercado:** O conhecimento do mercado é uma característica transferível no perfil do gerente da qualidade. Ninguém nasceu sabendo como o mercado se comporta diante de determinados produtos. Já a sensibilidade para entender como o mercado poderá se comportar diante de determinado estímulo é inata. A capacidade de percepção, neste caso, é um diferencial, porque é inerente a cada pessoa. Estes dois itens são considerados simultaneamente aqui: tanto a definição do que é qualidade na visão do mercado quanto a percepção de quais itens têm maior impacto em uma ação inovadora (que, portanto, ainda não possui histórico). O componente da sensibilidade inclui captar posições de clientes que não sabem o que querem ou, caso mais comum e mais complexo, não sabem expressar o que querem. Isto significa dizer que os clientes são flexíveis: eles se deixam influenciar, o que representa notável oportunidade para a empresa. O conhecimento do mercado e a visão de suas tendências são os referenciais mais críticos para a definição da ação do gerente da qualidade em relação ao desenvolvimento do processo produtivo (KARUNA, 2018; JOHNSON, 2019).

D) *UMA VISÃO INTEGRADA – CARACTERÍSTICAS MÍNIMAS*

D.1. **Conceito:** É possível traçar uma visão única, integrada, dos elementos que constituem o perfil de um gerente da qualidade. Esta visão integrada inclui os cinco componentes que são considerados críticos, ou seja, o número mínimo de itens que devem estabelecer os contornos da função. Aliás, deve-se observar que as características que compõem o perfil de um gerente da qualidade não são isoladas, mas, ao contrário, integram-se perfeitamente. Por exemplo: se o gerente não conhece o mercado, não pode direcionar o processo para atendê-lo de forma adequada; se não conhece o processo, não há como ajustá-lo para atender às especificações do cliente. Por isso, parece compreensível a afirmação de que o gerente da qualidade tem uma ação que deve constituir-se em um todo harmonioso, com os diversos componentes do perfil igualmente atendidos e complementando-se uns aos outros.

D.2. **Decorrência:** Há elementos transferíveis e outros, inatos. Assim, o perfil mínimo inclui características técnicas e de natureza pessoal. Nem todas são compensatórias.

D.3. **Avaliação:** A avaliação destas características envolve processos de monitoramento, no caso dos aspectos pessoais, e testes práticos que permitam revelar suas feições técnicas. De modo geral, o acompanhamento das atividades do dia a dia do gerente é o caminho mais consistente para se obter uma avaliação segura de seu perfil.

D.4. **Características:**

D.4.1. **Liderança:** Mantém-se, aqui, o conceito de que líderes são as pessoas que alteram valores das pessoas. Esta característica tem componentes inatos e outros adquiridos. Quase sempre resulta da junção do ambiente de ação (o contexto transfere a liderança) com os elementos pessoais do líder.

D.4.2. **Conhecimento técnico em qualidade:** Trata-se de um item totalmente transferível, já que competência pode ser adquirida. A aptidão só facilita o processo.

D.4.3. **Conhecimento da organização:** Inclui o conhecimento do processo produtivo e do produto, bem como a familiaridade com a cultura da organização. Os dois primeiros aspectos são transferíveis. A perfeita compreensão da cultura organizacional depende de boa dose de sensibilidade (inata).

D.4.4. **Conhecimento do mercado em que a organização atua:** Depende de domínio técnico (adquirido – algo como 75%) e de sensibilidade (inata – algo como 25%).

D.4.5. **Relacionamento humano:** Trata-se de componente totalmente inerente à pessoa do gerente. É uma característica congênita; logo, não transferível.

UMA ANÁLISE CONCLUSIVA

- Em busca de um modelo ainda mais mínimo para o perfil do gerente da qualidade, pode-se pensar que a liderança é um atributo do relacionamento humano. Assim, ficariam apenas quatro itens, mais exatamente os últimos quatro.
- O perfil mostrado ressalta a necessidade de avaliar, com cuidado e atenção, as características de possíveis candidatos à função de gerente da qualidade. Para tanto, têm sido desenvolvidos modelos, estando mais em evidência os que confrontam o perfil desejado e o perfil do candidato, determinando a distância entre ambos. Candidatos para os quais essa distância é a menor possível são selecionados. Um modelo deste tipo pode ser encontrado em Paladini (2004).

As características do perfil revelam, ainda, que o gerente da qualidade tem sido considerado o elemento mais crítico do processo de implantação de programas da qualidade nas organizações. Isto se deve ao nosso modelo cultural, afeito à ação de líderes que tenham papéis de condutor. Em se tratando de fator cultural, pode-se concluir tratar-se de uma situação que não sofrerá alterações em futuro próximo.

3.4 ENVOLVIMENTO DOS RECURSOS HUMANOS NO ESFORÇO PELA QUALIDADE

A ação dos recursos humanos no esforço pela qualidade tem merecido redobrada atenção dos estudiosos no assunto. Isso pode ser observado em versões mais clássicas dos grandes autores da qualidade, caso de Lobos (1991), Townsend e Gebhardt (1993) e Moller (2001), como também em publicações mais recentes, caso de Adrian (2009), Norton e Sussman (2009), Laman (2008), Luria (2008) e Evans e Lindsay (2008), que, como se observa, focam tanto a motivação do processo de envolvimento como os métodos para viabilizá-lo.

A análise dos recursos humanos começa pela constatação de que eles desempenham papel bastante específico na produção da qualidade nas organizações. Na sua forma mais visível, sua ação os torna agentes de transformação, ou seja, os que mudam efetivamente a história das organizações em termos da qualidade.

Além da especificidade do papel desempenhado, os recursos humanos são dotados de características muito particulares.

De fato, é sempre muito difícil avaliá-los; é sempre complicado compreendê-los; é um notável desafio envolvê-los; são os recursos que exigem mais investimentos, mais empenho e mais tempo para gerar resultados consistentes; e são os mais complexos dos recursos da organização.

ATENÇÃO A ESTES PONTOS

- É possível que boa parte destas questões decorra de fato simples: as pessoas se movem, com frequência, em função de razões subjetivas que, em geral, não podem ser descritas por dispositivos teóricos ou procedimentos analíticos.
- Aliás, seus mecanismos de evolução (essência da noção da qualidade) são reflexos do próprio processo de aprendizagem, que, por sua vez, depende da motivação pessoal, o que pode acelerar ou retardar, de forma intensa e pouco previsível, todas as reações ao conhecimento transmitido.
- Além disso, diferentes de máquinas, os recursos humanos possuem vontade própria, que nem sempre coincide com a vontade daqueles que os dirigem.
- Possuem capacidade de proceder a análises críticas relevantes, desaguando em ações absolutamente inovadoras.
- Seu engajamento pode depender de estratégias de formação e de motivação cujo resultado efetivo só aparece depois de um longo tempo.

Diante dessas dificuldades, fica a pergunta:

Vale a pena tanto empenho?

Cabe aí analisar o outro lado da moeda: os recursos humanos geram altas taxas de retorno.
Com efeito:

▶ *Os Recursos Humanos:*
- São os únicos que geram soluções criativas.
- São os que propõem formas mais eficientes de atuar.
- São os que têm capacidade de sugerir métodos de trabalho mais rápidos, mais baratos e mais eficazes.
- São os que mais bem agregam eficiência e eficácia em suas ações.
- São os que conseguem direcionar suas atividades a objetivos específicos.
- Preveem situações particulares em processos e produtos.
- Interpretam tendências.
- Criam ações preventivas.
- Buscam novos objetivos.
- Superam novos desafios.
- Têm condições de criar inovações.

Muitos recursos na organização conseguem trabalhar com eficiência; mas não todos. Criar condições de determinar o modo mais eficaz de direcionar as ações para atingir objetivos específicos é algo que, talvez, metade dos recursos da organização consegue fazer. Prever situações que se configurem em ameaças e oportunidades para a organização e desenvolver meios para evitá-las ou aproveitar a sua ocorrência é coisa que poucos recursos da organização conseguem. Ser criativo, inovar, abstrair e envolver-se com objetivos continuamente novos são coisas que nenhum outro recurso da organização consegue – exceto os recursos humanos. Conclui-se, assim, que os recursos humanos são aqueles que oferecem maiores e melhores retornos.

Em uma visão integrada, a complexidade de lidar com recursos humanos e a certeza de que podem oferecer elevadas taxas de retorno sempre constituíram um grande desafio para qualquer gerente e para qualquer pesquisador da área da administração. Na Engenharia de Produção, esse fenômeno é visto sob uma perspectiva do confronto entre custo e benefício, ambos situados em elevados níveis.

Talvez por isso, lidar com recursos humanos é o maior desafio gerencial. Inclusive, e principalmente, da Gestão da Qualidade (GUTIERREZ-GUTIERREZ; MOLINA; KAYNAK, 2018).

Isso porque a experiência ensinou que, sem o efetivo envolvimento dos recursos humanos da organização, não se produz qualidade. Desta forma, investe-se tempo não em discutir sobre a importância dos recursos humanos para a qualidade, mas, sim, nos processos que possam determinar seu envolvimento no desafio de produzir qualidade.

Há um princípio que guia o processo de envolvimento dos recursos humanos no esforço pela qualidade e que decorre de uma constatação prática. Há quem diga que os recursos humanos são extremamente complicados. Também se diz que é muito simples mover pessoas em uma determinada direção. Ambos os comportamentos são equivocados. O ser humano é, apenas, um recurso com características próprias. Esse princípio já está consagrado (principalmente, pela prática).

Dito de outro modo: os recursos humanos não são recursos quaisquer da organização, mas também são recursos diferenciados de tudo o que existe. Assim, a forma mais adequada para envolvê-los no empenho de produzir qualidade é considerá-los como eles são – com suas especificidades e características. Nem mais, nem menos.

UM PROGRAMA DE ENVOLVIMENTO DOS RECURSOS HUMANOS NA PRODUÇÃO DA QUALIDADE

O modelo aqui proposto já foi aplicado em diferentes situações desde 2010, com resultados bastante satisfatórios.

O modelo divide o processo de envolvimento em dois grupos: pré-requisitos e ações. São pré-requisitos: objetivos, ambientes e meios. As ações são: alterações de posturas e de estrutura, treinamento, motivação e relações de reciprocidade. A operação do modelo é descrita a seguir, nela incluídas as alterações determinadas pela prática.

A) *PRÉ-REQUISITOS BÁSICOS DO PROGRAMA DE ENVOLVIMENTO*

- **A.1. Objetivos:** Definir o que fazer. Esta fase gera o direcionamento das ações da organização em termos da qualidade.
- **A.2. Meios:** Com o que fazer. Esta fase garante a viabilidade das ações decorrentes ou requisitadas pelo envolvimento.
- **A.3. Ambientes:** Onde fazer, ou seja, o contexto onde ocorrerá o envolvimento.

B) *AÇÕES BÁSICAS DO PROGRAMA DE ENVOLVIMENTO*

- **B.1. Alterações comportamentais e institucionais:** Criação de referenciais para as ações das pessoas. Esta fase inclui os exemplos pessoais e institucionais necessários para guiar as ações das pessoas.
- **B.2. Treinamento:** Transferir o "como fazer". Garantir, para as pessoas, o "saber fazer". Esta fase gera as competências.
- **B.3. Motivação:** Determinar "por que fazer". Motivadas, as pessoas querem fazer. Fase que gera os motivos para as ações.
- **B.4. Reciprocidade:** Definidos os benefícios para fazer. É a fase da negociação.

Passa-se a detalhar esses elementos.

PRÉ-REQUISITOS BÁSICOS DO PROGRAMA DE ENVOLVIMENTO

PR1: Objetivos

O processo de envolvimento começa definindo direções para as ações das pessoas, ou seja, o que deverá ser feito. Este é o elemento mais importante do envolvimento. Conhecendo qualidade a partir da visão do consumidor e tendo familiaridade com a organização, não chega a ser difícil definir seus objetivos estratégicos mais relevantes. Por sua importância no direcionamento de todo o programa, este é um pré-requisito que requer cuidados especiais.

Em geral, os objetivos dependem apenas de decisões. Claro que há cenários e situações que não são controláveis e que impactam decisivamente nos objetivos a estabelecer. Aí, a flexibilidade do sistema organizacional entra com compreensível peso. Por exemplo: a área responsável pela Gestão da Qualidade pode alterar sua estratégia por causa da ação dos concorrentes e, com isso, criar novos objetivos.

Fixados os objetivos, o passo seguinte consiste em envolver os recursos humanos no seu alcance. Este processo será facilitado sempre que for estabelecida a identidade entre objetivos pessoais e objetivos organizacionais, ou seja, se for possível garantir, a cada pessoa, que os objetivos propostos coincidem com seus próprios objetivos, concorrem para eles ou são determinantes para tanto. É fundamental conciliar esses dois conjuntos de objetivos para a produção da qualidade. Cabe à Gestão da Qualidade cuidar para que, inicialmente, não se estabeleçam conflitos entre objetivos individuais e organizacionais; a seguir, para que haja mútua interação entre eles.

ALGUNS PONTOS IMPORTANTES NESTA QUESTÃO, DITADOS PELA PRÁTICA

1. É impossível envolver pessoas no alcance de determinado objetivo se elas não aceitam a meta definida. Esta aceitação é pré-requisito para que as pessoas se empenhem em alcançá-lo.
2. Um objetivo só poderá ser fixado se for possível definir mecanismos precisos para avaliar se ele foi alcançado ou não. Neste sentido, o uso de indicadores da qualidade e da produtividade tem sido extremamente útil.
3. Os referenciais mais importantes para a fixação de objetivos são as políticas da qualidade: os objetivos apontam a direção em que deverão ser concretizadas.

Determinados os objetivos, buscam-se os meios para viabilizá-los.

PR2: Meios

Não há como criar envolvimento efetivo de pessoas em um processo se não forem disponibilizados os meios para que elas exercitem as ações que conduzem ao resultado esperado. Sem ações, não há resultados; sem meios, não há ações.

Os meios dependem de investimentos, embora em níveis totalmente diversos em natureza e em montante. A natureza depende do tipo de esforço a ser desenvolvido; o montante depende do conjunto de estratégias traçado para a ação da empresa no mercado e das disponibilidades existentes. Muitos meios não são assegurados por não existirem, ainda, condições para concretizá-los. É o caso das limitações do processo produtivo causadas por ausência de tecnologias apropriadas a certas inovações.

É visível a relação dos níveis de investimentos com as políticas da qualidade, sobretudo se for considerado que essas políticas são estruturadas em conformidade com a realidade da organização, que é o limitante básico dos meios a disponibilizar.

PONTOS A DESTACAR

- Um papel importante da Gestão da Qualidade neste item diz respeito à ampliação dos meios ou de seus efeitos multiplicadores.
- É o caso da obtenção de níveis ótimos de eficiência no uso de equipamentos ou materiais, reduzindo custos com sua utilização (o que gera receitas para novos investimentos), ou aumentando seu desempenho (o que também afeta as receitas). Igualmente, busca-se obter, dos recursos humanos, o melhor aproveitamento possível dos meios disponibilizados.
- A falta de atendimento a este item – que, em última análise, significa otimização do processo produtivo e é parte da Gestão da Qualidade no Processo – pode comprometer a busca da qualidade. Restrições tecnológicas, utilização inadequada de equipamentos e níveis salariais defasados constituem exemplos que podem ser citados aqui.

A gestão de meios é inerente à Engenharia de Produção, sobretudo em termos da relação entre custo e benefício. A maior restrição ao uso desta análise está na dificuldade em quantificar certos tipos de benefício, principalmente em situações nas quais, por exemplo, o recurso requer investimento inicial considerado elevado para a realidade da empresa ou não se caracterizam claramente a justificativa técnica, a necessidade, a prioridade ou simplesmente a conveniência da empresa em disponibilizar determinados meios. São situações críticas, que requerem cuidado e atenção.

Excetuadas as situações limitantes (investimentos, tecnologia, conjunção adversa de cenários externos, falta de domínio de determinadas técnicas etc.), a disponibilidade de recursos é problema de decisão. Algumas dessas restrições atingem todas as organizações (o viés tecnológico, por exemplo).

Outras são próprias da organização (caixa apertado). No primeiro caso, trata-se de um problema global, que atinge concorrentes também, o que pode significar uma oportunidade de diferenciação para quem descobrir "o caminho das pedras". Já o segundo requer análise específica, para determinar sua influência nas estratégias competitivas da organização.

Desta forma, pode-se considerar que a determinação dos meios define uma forma de atuação da organização e é uma decisão crítica na produção da qualidade.

PR3: Ambientes

Um ambiente adequadamente estruturado é elemento que motiva a participação, o engajamento e o envolvimento. O contrário também é verdadeiro.

Há dois componentes na análise dos ambientes adequados ao envolvimento das pessoas no esforço pela qualidade: o espaço físico e o clima organizacional.

ESPAÇO FÍSICO:

- Caracteriza a interação das pessoas com a organização.
- Em particular, são as condições de trabalho que a organização oferece aos seus empregados.
- Estão incluídos aqui aspectos como higiene e segurança do trabalho, conforto ambiental, condições de proteção à saúde, integridade física ou mental etc.

CLIMA ORGANIZACIONAL:

- Decorre da interação entre as pessoas.
- O processo de convivência (dentro e fora da organização) gera um ambiente informal, abstrato, que não pode ser precisamente definido. Mas seu impacto sobre os níveis de produtividade é bem conhecido.
- Em seu viés positivo, o clima organizacional aproxima pessoas, cria espírito de grupo e gera forte impacto motivacional sobre elas.
- Um clima organizacional favorável gera colaboração entre companheiros de trabalho no desempenho de suas atividades, sejam usuais ou novas.

ATENÇÃO A ESTES PONTOS

- Note que o espaço físico, na composição do ambiente de trabalho, é questão de decisão. De fato, o ambiente físico envolve a forma como a organização estruturou as áreas de trabalho.
- O mesmo já não ocorre com o clima organizacional.
- Uma forma eficiente de avaliar estas áreas refere-se à ocorrência de erros por inadvertência.

Como se sabe, existem três tipos clássicos de erros observados na ação da mão de obra no processo produtivo:

1. ERRO TÉCNICO:

- Decorre da falta de capacidade, de competência, de habilidade ou de aptidão.

2. ERRO INTENCIONAL:

- Gerado propositadamente.

3. ERRO POR INADVERTÊNCIA:

- Decorre, em geral, de desatenção, falta de concentração, pequenos deslizes, distração ou equívocos cometidos inadvertidamente, sem que se possa caracterizar intenção ou negligência. Exemplo: um operador de máquina que não percebe uma peça que passou sem o devido encaixe.

Considera-se que o erro por inadvertência é inerente ao comportamento humano. Pode ser produto de situações individuais, momentâneas, que decorrem de causas psicológicas ou falhas de percepção. Entretanto, é fortemente determinado pelo ambiente de trabalho, ou seja, o espaço físico concorre para o aumento dos níveis de distração, para a falta de concentração ou para pequenos deslizes.

▶ *Exemplos de Situações Favoráveis ao Erro por Inadvertência:*

- Barulho intenso.
- Poeira no ar.
- Fluxo muito grande de pessoas.
- Janelas que permitem visão da rua.
- Luminosidade deficiente.
- Momentos de funcionamento acelerado do processo produtivo.
- Aumento exagerado da carga de trabalho.
- Necessidade de atender pedidos extras etc.

Esses casos determinam um ambiente de trabalho nervoso, estressante.
Neste último caso, há problemas de planejamento de produção. Mas também se observam:

- Falhas estruturais no projeto do ambiente de trabalho, como no caso de *layout* inadequado.
- Falta de flexibilidade do processo produtivo para atender situações emergenciais (porém, não incomuns) devidas a alterações do planejamento da produção.

▶ *Ações a Tomar para Minimizar este Tipo de Erro:*

- Alterações no processo produtivo (para obter uma determinada garantia de funcionamento).
- Alterações no processo de execução do trabalho (lugares mais adequados, mais tempo para executar tarefas mais complexas, menos perturbações).
- Utilização de equipamentos de proteção visual ou sonora; melhor organização do *layout* etc.
- Estruturação de ambientes de trabalho que favoreçam a atenção, facilidade de observação e capacidade de concentração.
- Permanente análise do cenário onde se desenvolve o processo de produção.

A ação da Gestão da Qualidade, neste caso, aponta para a otimização do processo produtivo (Gestão da Qualidade no Processo) a partir do espaço físico. Já no caso do clima organizacional, o desafio é maior. É tarefa da Gestão da Qualidade, aqui, incentivar e zelar pela convivência adequada das pessoas, o que favorece a criação de um clima de cordialidade indispensável para o bem-estar de todos.

Embora mais difícil no caso do clima organizacional, à Gestão da Qualidade cabe definir as formas de avaliar quantitativamente os reflexos do ambiente de trabalho sobre as pessoas. Esta avaliação define benefícios que justificam investimentos requeridos. É importante ressaltar que nem todos os benefícios listados incluem valores financeiros – com frequência, eles têm alcance maior que estes.

UMA ANÁLISE CONCLUSIVA

- Gerar um ambiente de trabalho adequado ao envolvimento é, em grande parte, um problema de decisão.
- De fato, no caso do ambiente físico, isso depende fundamentalmente de investimentos.
- Estes investimentos costumam ser justificados pela necessidade de conferir bem-estar à mão de obra (não é necessário listar argumentos para defender este aspecto) e pelos reflexos, já devidamente comprovados, da inadequação do ambiente de trabalho sobre os níveis de produtividade e, por extensão, sobre a qualidade.
- Eventualmente caberia aqui um estudo da relação entre o custo da alteração do ambiente e os benefícios dela decorrentes.

Ocorre, porém, que, com frequência, é difícil quantificar esses benefícios; além disso, investe-se em certas alterações sem maiores discussões por respeito à mão de obra e pela evidente necessidade que elas exibem (proteção contra acidentes, por exemplo). Já a criação do clima organizacional nem sempre depende de decisões, sendo, assim, um problema mais complexo a lidar.

AÇÕES BÁSICAS DO PROGRAMA DE ENVOLVIMENTO

As seguintes ações básicas garantem o desenvolvimento do programa.

B1: Alterações Comportamentais e Institucionais

Em qualidade, vale (muito) a velha máxima: a palavra convence; o exemplo arrasta. Dito de outro modo: ações de envolvimento (sobretudo do pessoal da área operacional) só serão consistentes se incluírem, como base de sustentação, alterações efetivas nas políticas organizacionais, de modo a se tornarem visíveis em posturas, atitudes, comportamentos e posições assumidos pelo corpo gerencial, que representa, em última análise, a organização. Essas alterações são críticas por servirem de modelo, referencial e guia para os demais recursos humanos da organização.

Não se pode comparar o impacto de ações induzidas por exemplos com o de outros tipos de ações: aquelas alardeadas em palestras, incluídas em programas de conscientização, transformadas em incentivos, divulgadas em diretrizes ou, até mesmo, em normas compulsórias. É a diferença, clássica, bem conhecida, entre teoria e prática, entre retórica e resultado. Comportamentos assumidos pela administração da organização são fatos concretos.

Essas condutas são indicadores visíveis de mudanças. Elas transcendem promessas. E passam a ideia de que as transformações vão além de uma carta de intenções, migrando para uma situação irreversivelmente consolidada.

Há exemplos destas mudanças de postura no âmbito organizacional e alterações no âmbito pessoal (comportamento dos gerentes). Note que as segundas são, em regra, decorrentes das primeiras.

Exemplos de ações institucionais:
- Modelos transparentes de gestão.
- Plano de cargos e salários bem caracterizado e conhecido.
- Distribuição de benefícios claramente associados a melhorias de desempenho.
- Processos de promoções baseados em regras claras e critérios quantitativos.
- Modelos de acesso e de ascensão funcional baseados em oportunidades iguais para todos.
- Espaços físicos uniformemente distribuídos, sem distinções em áreas de estacionamento, restaurantes e outros ambientes coletivos da organização.
- Programas formais de sugestões, abertos a todos os empregados, com regras transparentes.
- Investimentos efetivos no trabalho em equipe; mecanismos formais de reconhecimento aos bons resultados obtidos.
- Orçamentos setoriais participativos.
- Ampla delegação de autoridade e modelos de gestão que investem em interação, participação e distribuição de responsabilidades.

Exemplos de ações gerenciais:
- Participação do corpo gerencial nas reuniões da área operacional, nas ações sociais da empresa envolvendo funcionários e nas ações sociais da empresa envolvendo a comunidade externa.
- Posturas gerenciais participativas, que investem em ações compartilhadas.
- Ação interativa mais direcionada para ouvir do que falar; bom relacionamento pessoal entre gerentes e subordinados.
- Gerentes que sabem os nomes de seus subordinados e os tratam com informalidade.
- Ação reflexiva em relação a erros, falhas e deslizes (discuti-los antes de qualquer coisa).
- Atividades mais organizadas e comportamento mais próximo de um time de vôlei do que de jogadores de tênis.

Todas estas ações – comportamentais ou estruturais – têm impacto na qualidade, em maior ou menor grau. Mas, talvez, o mais importante esteja na consistência que elas conferem ao programa da qualidade. Como já se diz há muito tempo: nenhuma outra ação tem tanto reflexo na intensidade do envolvimento quanto o exemplo; nenhuma outra ação possui carência tão sentida quanto esta.

B2: Treinamento

Há três modalidades de treinamento em uso nas organizações:

1. **Treinamentos compulsórios:** são necessários para adequar a organização (ou partes dela) a uma situação para a qual se migrou por razões estratégicas, por exigências legais, de terceiros (consumidores específicos) ou para viabilizar o acesso da empresa a novos ambientes de atuação. É o caso do treinamento de operadores de equipamentos recém-adquiridos, da introdução do atendimento a normas internacionais, da adequação da organização a normas ambientais, da atenção a determinadas exigências legais na área de tributação, ou expedidas pela Vigilância Sanitária etc.
2. **Treinamento por oferta:** trata-se do treinamento viabilizado pela organização a partir do entendimento da gerência de que ele é necessário. Em sua forma mais simples, o gerente age como o pai de um garoto de sete anos: o pai empurra o menino para a escola, sem discutir com ele se vale a pena ou não. O pai entende que um menino de sete anos não tem que ponderar, argumentar ou refutar a decisão, e sim aceitar uma determinação de quem tem capacidade (maior que a sua) de raciocinar. Quando o treinamento é feito nesta modalidade, o gerente imagina estar fazendo o melhor pelos seus subordinados.
3. **Treinamento por demanda:** o treinamento é viabilizado a partir da solicitação dos próprios interessados, operadores em sua maioria.

O QUE A PRÁTICA TEM ENSINADO

- O treinamento compulsório deve ser ministrado e não há o que discutir.
- O treinamento por oferta prejudica o envolvimento das pessoas no esforço pela qualidade. Trata-se de um treinamento imposto, seja pela disponibilidade de pessoas que podem realizar o treinamento, seja porque algum gerente ou algum diretor entendeu que determinado curso se faz necessário.
- O treinamento torna-se um instrumento positivo de envolvimento se ele for planejado, desenvolvido e aplicado a partir da demanda. Ou seja, o treinamento contribui efetivamente para o engajamento das pessoas se ele resulta de carências observadas pelos próprios interessados, que, assim, solicitam o treinamento para minimizá-las.

Desta forma, a utilidade do treinamento é maior se sua configuração for uma resposta ao interesse que as pessoas manifestaram sobre certas questões.

▶ *Qual o papel da Gestão da Qualidade nesse processo?*

Ao gerente caberá, sutilmente, induzir as pessoas a procederem a permanente avaliação de suas atividades, de forma a identificar, nelas, carências, lacunas, dificuldades, eventuais erros, deficiências ou simples necessidade de realizar melhorias. Também como decorrência dessa avaliação, espera-se que as pessoas sejam incitadas à busca de permanente atualização, ao conhecimento de conceitos novos, à procura de técnicas recentes ou de novas posturas e estratégias gerenciais. Da mesma forma, o gerente da qualidade pode influenciar as pessoas a transcenderem conhecimentos básicos (formação) para adquirirem noções mais avançadas (qualificação). Estes aspectos definem o perfil do treinamento a ser viabilizado.

Observe como se pode traçar uma visão integrada, associando o item precedente (alterações comportamentais e estruturais) com o atual (treinamento):

- A ação de um gerente que usa uma planilha específica, acessa determinado *site*, emprega algum *software*, cita certo livro ou faz uso de um diagrama para planejar e executar uma atividade que integra a lista de suas atribuições pode ser suficiente para induzir as pessoas a solicitarem um dado treinamento.
- Mais em geral, é importante considerar o processo de treinamento informal, considerado essencial nos processos de consolidação da qualidade. De fato, mais do que qualquer curso ou programa de treinamento, é o exemplo do dia a dia que evidencia o engajamento das pessoas no esforço pela qualidade. Este exemplo chama a atenção para as vantagens que a qualidade traz para pessoas e organizações.

O processo, assim, começa com o interesse das pessoas por determinado treinamento. A seguir, é fundamental definir a forma como ele se dará.

PONTOS A DESTACAR

- A meta do treinamento é criar competência, por meio da ampliação da capacidade, do realce de habilidades, da qualificação das ações etc.
- Para que se adquira competência, é necessário acionar a arte e a ciência de transferência de informações, que inclui, principalmente, os agentes dessa transferência.
- Esses agentes tanto são os instrutores quanto as formas, os ambientes, os mecanismos e as estratégias de treinamento, seja ele formal ou informal.
- Cabe à Gestão da Qualidade a tarefa fundamental de selecionar os agentes, tendo em vista obter os que mais bem se adaptam à natureza da mão de obra envolvida com conteúdos, situações, contextos, experimentos, *cases*, enfim, com o modelo de processo de formação e qualificação.

COMO AVALIAR UM TREINAMENTO?

- Uma avaliação essencial do treinamento diz respeito à sua aplicação prática.
- Considera-se que um treinamento é útil não pela quantidade de horas que ele comporta ou requer, mas pela capacidade que tenha de, rapidamente, viabilizar a aplicação prática efetiva do conteúdo transmitido.
- Este é um dos indicadores mais relevantes para o treinando também.

- Não se considera um indicador da qualidade listar o número de horas de treinamento que um operador cumpriu, mas, sim, as aplicações feitas a partir do conteúdo discutido no treinamento, aplicações estas que tenham determinado melhorias efetivas.
- Ou seja:

> *A associação direta do treinamento com aplicações práticas relativas às situações da empresa é considerada como um indicador da qualidade do treinamento.*

Também é considerado como um indicador da qualidade do treinamento o tempo transcorrido entre a transmissão das informações sobre uma técnica, por exemplo, e sua utilização efetiva (BAERNHOLDT; FELDMAN; DAVIS-AJAMI, 2019).

Espera-se, assim, que os treinamentos estejam sempre relacionados à realidade com a qual o treinando está acostumado, ao seu dia a dia na empresa. Não há como deixar de notar que este item fica mais facilmente atendido sempre que o treinamento decorre de solicitação feita pelos operários. Se bem estruturado, o treinamento deve permitir imediata aplicação das técnicas discutidas. Isso gera uma ideia clara de que as técnicas da qualidade realmente são úteis, podem ser usadas com facilidade e geram bons resultados.

B3: Motivação

A motivação sempre foi considerada o fator determinante (causador) do envolvimento. Sua importância pode ser observada nos muitos estudos feitos sobre ela ao longo do século passado, desde quando as primeiras teorias administrativas e as primeiras escolas clássicas da área ganhavam corpo e adquiriam consistência.

Em sua forma mais simples, motivação significa o motivo que leva à ação.

$$MOTIVAÇÃO = MOTIVO + AÇÃO$$

Ou seja: sem ação, não há motivação. Este é o componente dinâmico, essencial à definição. Assim, a motivação se refere ao motivo pelo qual as pessoas fazem as coisas, o porquê de seu envolvimento em dado esforço.

A motivação é inerente às pessoas. Por isso, um conceito muito aceito é o seguinte:

$$MOTIVAÇÃO = ENERGIA INTERNA$$

- Em física, energia é a capacidade de produzir trabalho.
- A energia gera nas pessoas a capacidade de produzirem ações.
- O fato de ser interna mostra que a motivação é uma característica própria à pessoa, que vem de dentro dela.

- Despertar motivação em uma pessoa, assim, não é um processo que dependa de outras pessoas, mas dela mesma.

> **PONTOS A DESTACAR**
>
> - Esta é a característica mais crítica do processo motivacional: este processo não depende de decisões (como no caso dos meios) ou de transferência (como no caso de conhecimento técnico repassado via transferência de informações).
> - A motivação é um processo mais complexo, que não depende da vontade de quem quer motivar, mas, sim, da disposição intrínseca daqueles a quem se dirige a estratégia motivacional.

Em resumo: a motivação não é transferível. Uma pessoa altamente motivada não consegue, automaticamente, contagiar as pessoas que a rodeiam, por exemplo. Por isso entende-se o conceito de "energia interna" das pessoas, ou seja, uma força que brota delas e as faz moverem-se em direção a um objetivo.

Como a motivação não é transferível, cabe à Gestão da Qualidade criar condições favoráveis para que ela ocorra. Essas condições geram uma visão integrada do que foi considerado até aqui. De fato, objetivos, meios, ambientes, exemplos e treinamento podem contribuir decisivamente para que as pessoas motivem-se à produção da qualidade. Em função das características próprias de cada um destes itens, criam-se estratégias adequadas a cada grupo de pessoas da organização.

Assim:

*Estratégias determinam ações → Ações geram resultados →
Resultados devem ser avaliados de forma objetiva →
As avaliações feitas determinam as melhorias*

As melhorias detectadas permitem definir tanto o grau atual de motivação quanto a evolução deste processo. São exemplos de indicadores de avaliação da motivação aqueles decorrentes da participação do pessoal em projetos individuais ou sua adesão espontânea a atividades específicas ou, ainda, sua contribuição a equipes informais ou grupos formais da organização.

Outra conotação para essa mesma visão integradora: juntando-se as abordagens consideradas, produz-se um resultado muito mais consistente. De fato, motivado, um funcionário pode requerer treinamento em determinada área e, assim, melhorar consideravelmente suas atividades. Essa motivação pode ter sido gerada no funcionário a partir do exemplo de um gerente. Durante um treinamento bem executado, pode ser criada, no funcionário, a motivação para produzir uma melhoria em dada atividade. O funcionário pode estar participando do treinamento pela influência da ação de um gerente. Juntam-se, assim, a disposição para fazer e a competência, ambas respaldadas em um referencial concreto – o comportamento gerencial.

Para gerar um ambiente que crie condições favoráveis a que as pessoas se motivem, têm sido sugeridas variadas técnicas. É possível classificá-las em cinco grandes grupos, que, resumidamente, são mostrados a seguir.

1. ABORDAGEM PARTICIPATIVA

Nesta estratégia, considera-se que a participação é o instrumento de motivação. A ideia que sustenta a estratégia é simples: o esforço pela qualidade é tarefa de todos, evidenciando-se que só a participação e o empenho de todos garantem o sucesso desse esforço. Assim, parte-se da hipótese de que todos têm inteligência e criatividade, independentemente da posição hierárquica que ocupem. Além disso, acredita-se que quem melhor conhece os problemas é quem lida com eles no dia a dia, podendo-se esperar propostas viáveis de soluções daqueles que sofrem mais diretamente o impacto de tais problemas.

A abordagem participativa é aplicada sob a forma de Programas Integrados da Qualidade, que envolvem a criação de grupos de trabalho como o instrumento básico de envolvimento do pessoal nas atividades. Aos participantes desses grupos será oferecido treinamento adequado como parte integrante do Programa, e ficará evidenciado, desde logo, que existe apoio por parte da administração da empresa ao seu trabalho.

Adotar-se-á, como filosofia da abordagem, o desenvolvimento das pessoas, ou seja, deseja-se contar com a participação, e não o uso, das pessoas numa atividade que dará reflexo positivo para elas mesmas. Os participantes de um Programa Integrado da Qualidade trabalham em equipe, procurando resolver problemas e não apenas identificá-los. As equipes apresentam características específicas, com estrutura bem definida, elementos determinados e sua implantação segue um roteiro que vai da descoberta da estratégia até a revisão periódica de todo o programa.

▶ *O que a experiência prática revela desta abordagem?*

PONTOS POSITIVOS	DEFICIÊNCIAS
▪ Desenvolvimento das pessoas. ▪ Tendência de envolver todos. ▪ Boa integração. ▪ Adaptação fácil, sem mudar a estrutura da empresa. ▪ Maior conscientização e reflexos paralelos em outras áreas. ▪ Minimização de conflitos. ▪ Comunicação mais eficiente entre pessoas. ▪ Incentivo ao trabalho em equipe. ▪ Foco na resolução de problemas, não apenas na identificação. ▪ Como a abordagem cobra participações individuais, é bom lembrar que "a gente" gosta do que cria.	▪ Demora de respostas concretas. ▪ Distorções devidas à independência da hierarquia. ▪ Nível dos funcionários, que, às vezes, exige disciplina. ▪ Exigência de treinamento a custos altos. ▪ A abordagem parece explorar o empregado (não reconhece o empenho). ▪ Nem sempre retribuir a quem mais se esforça. Possibilidade de a discussão desviar-se para outros assuntos. ▪ Pode-se ter certo desprezo pela hierarquia formal.

Essas deficiências tendem a ser minimizadas em um processo gerencial bem conduzido, que também permita realçar pontos positivos.

2. ABORDAGEM CLÁSSICA

A abordagem anterior busca a participação efetiva do empregado no esforço pela qualidade. Ela contrasta com o enfoque clássico, que está ancorado em cinco pontos que devem ser aplicados diretamente aos responsáveis pelos serviços:

1. Destaque ao prejuízo da má qualidade: os subordinados devem compreender o impacto do custo de matérias-primas, de operações precedentes, de despesas com administração, enfim, o custo no qual se incorre quando há rejeições.

2. Atenção ao dano à atuação da empresa no mercado: evidencie-se que a má qualidade pode ter, como consequência, reclamações, devoluções, perda pura e simples de clientes e a queda nas vendas.

3. Atenção ao dano à folha de serviços do empregado: observe-se a perda de oportunidades de promoção, má reputação do empregado e, enfim, a possibilidade de perda do emprego.

4. Atribuição da responsabilidade pessoal da sua atividade ao próprio empregado: cada funcionário deve entender que é dele a responsabilidade de suas atividades, cabendo a ele, portanto, o controle delas.

5. Utilização de medidas corretivas: identificados os responsáveis por maus serviços, recomenda-se aplicar medidas corretivas gradativas, começando na repreensão e atingindo o desligamento da empresa.

Esta abordagem inclui, ainda, o contato com a pessoa ou com as pessoas responsáveis por causas de defeitos, buscando tornar bem claras as causas de defeitos e as formas de evitá-los. Para casos de reincidência, o acompanhamento de perto é requerido até que ele volte ao normal. Recomenda-se ainda distinguir operários exemplares e divulgar o seu desempenho para toda a fábrica.

PONTOS A DESTACAR

- A disciplina, aqui, é o meio de motivação.
- O modelo de gerenciamento é o clássico, aquele voltado para mandar.
- Parece, assim, um enfoque superado e fora da realidade do nosso tempo.

▶ *O que a experiência prática revela desta abordagem?*

PONTOS POSITIVOS	DEFICIÊNCIAS
▪ Ênfase à disciplina.	▪ A motivação parece decorrer da coação.
▪ Criação de uma boa relação entre causa e feito, resultado e benefício, erro e correção.	▪ A indução é feita pelo medo.
	▪ Há clara limitação da criatividade e da autogestão.
▪ Apoio à estrutura formal da organização.	▪ Dá-se preferência à hierarquia, não havendo chances iguais para todos.
▪ Promoção de contato mais direto entre pessoas.	▪ Pode-se, com frequência, criar um clima organizacional fortemente desfavorável.
▪ Boa divulgação de informações.	
▪ Incentivo à especialização.	▪ Pode induzir à fraude, encobrimento de erros.
▪ Geração de um conjunto de mecanismos de controle mais eficiente.	▪ Insatisfação gerada pela perspectiva de punição.

3. ABORDAGEM PROMOCIONAL

Esta é a abordagem que busca promover a qualidade de todas as formas. Em particular, são geradas campanhas motivacionais a fim de chamar a atenção das pessoas para a necessidade de produzir qualidade. Assim, apela-se para artifícios promocionais, obtendo a motivação de pessoas para determinadas atividades pela fixação de sua atenção nestas ações.

Os pontos fundamentais desta abordagem são:
- A hipótese básica de uma campanha para motivar para a qualidade é a de que todo empregado tem uma contribuição útil a fazer.
- Ele pode reduzir seus próprios erros; pode apontar deficiências no processo; pode dar ideias criativas para melhoramentos.
- Ele deixa de fazer estas contribuições porque as considera sem importância, ou está percebendo pouco interesse da administração nestas coisas.

Assim, uma série de eventos chamará a atenção, despertará interesse nas pessoas, e desta forma incentivará um novo nível de ação. Em geral, a campanha destina-se a garantir novas atividades do pessoal de produção.

Deste modo, cabe à administração operacional planejar a campanha, dando e recebendo comunicações, revisando resultados e estimulando ações.

ATENÇÃO A ESTES PONTOS

- Todas as estratégias disponíveis para chamar a atenção são úteis, mas não se pode fixar apenas nisto a abordagem.
- Torna-se necessário convencer o pessoal envolvido da importância específica que a qualidade desempenha para a empresa e para si mesmo.

- Pode-se destacar esta importância por meio da realização de competições que visam descobrir *slogans* e frases sobre qualidade, divulgando-se as melhores, além de premiá-las.

O passo seguinte é deixar claro para todos que algo precisa ser feito para melhorar a qualidade, identificando-se áreas (produtivas ou administrativas) onde se darão implantações experimentais de ações que visem minimizar erros.

Competições entre setores, caixas de sugestões e premiação de desempenhos são também estratégias associadas a esta abordagem.

A campanha pode convidar o empregado a participar na análise para descobrir causas de defeitos. O sistema convencional de sugestões estimula ações para tanto.

Entretanto, a chamada "abordagem participativa da qualidade", vista anteriormente, sugere que um programa de treinamento é necessário, antes que os empregados se tornem produtivos em suas análises.

▶ *O que a experiência prática revela desta abordagem?*

PONTOS POSITIVOS	DEFICIÊNCIAS
▪ Redução de erros por inadvertência. ▪ Polarização da atenção. ▪ Resultados mais rápidos. ▪ Certa evidência de confiança no funcionário.	▪ Excesso de publicidade conduz à saturação. ▪ Colaboração obtida de forma artificial. ▪ Participação induzida, não espontânea. ▪ A colaboração e o envolvimento parecem estar restritos à existência de recompensa. ▪ Em muitos casos, o incentivo massacra o público-alvo, obtendo-se o efeito contrário ao desejado.

4. ABORDAGEM PROGRESSIVA

Esta abordagem busca motivar pelo desafio de transpor obstáculos sucessivos, apresentados sob forma de provocações à capacidade de reação.

Assim, estipulam-se índices que devem ser superados, níveis a obter, limites móveis a transpor, de forma que o grupo responsável pelas atividades relativas à obtenção desses valores sinta-se motivado a melhorá-las.

Tem-se, assim, uma progressiva melhoria da qualidade observada por meio de índices a atingir e superar.

Os pontos básicos desta abordagem são:

- A aplicação desta abordagem requer, preliminarmente, a fixação de bases objetivas da Avaliação da Qualidade e a plena conscientização do pessoal de que não basta obter melhorias no seu desempenho, mas é preciso assegurar o que se conquistou.
- Desejam-se índices melhores, mas só pode-se partir para sua obtenção quando estão garantidos aqueles já alcançados (progredir quando se está certo que não se regredirá no futuro).

São índices usuais desta abordagem:
- Níveis da qualidade.
- Pleno atendimento às especificações do projeto.
- Índices de eficiência de processos.
- Processos mantidos sob controle.
- Custos crescentemente menores.

A utilização da abordagem progressiva é dificultada pela determinação correta dos valores dos índices que serão apresentados para o pessoal produtivo como "desafio" a vencer. Por isso, exige-se uma adequada base teórica para que se possa implementar tal enfoque.

▶ *O que a experiência prática revela desta abordagem?*

PONTOS POSITIVOS	DEFICIÊNCIAS
▪ Índices objetivos de avaliação.	▪ Visão muito estreita de valores a superar.
▪ Base consistente de análise.	▪ A produção parece trabalhar "aos solavancos", motivada exclusivamente por sinalizadores que devem ser atingidos e suplantados.
▪ Determinação, por parte do pessoal envolvido, em buscar novas e mais racionalizadas formas de desenvolver o trabalho.	
▪ Permanente necessidade de apelar para a criatividade como forma de superar os novos desafios apresentados.	

O risco maior, como se observa, consiste em melhorar o desempenho sem assegurar o que se conquistou.

5. ABORDAGEM ADERENTE

A abordagem aderente parte da hipótese básica de que é preciso desenvolver um modelo de Sistema da Qualidade adaptado à realidade específica do processo, utilizando-se, para tanto, algum elemento que permita adequar um ao outro. Assim, a abordagem sugere identificar especificidades do processo a partir das quais o Sistema da Qualidade pode ser estruturado. Desta forma, considerará alguns pontos críticos do processo e a eles dará total ênfase, priorizando os recursos disponíveis para utilizá-los nesses pontos.

A principal utilização desta abordagem refere-se à determinação de normas de controle a partir das adaptações, feitas ao processo, do Sistema da Qualidade. Estas normas são determinadas considerando-se, por exemplo, a eficiência do processo, seus custos, níveis usuais da qualidade e riscos usualmente aceitos.

Os pontos básicos desta abordagem são:
- Munir o programa da qualidade de um sistema de informações que mantenha arquivados todos os dados dos diversos itens controlados, além dos custos do processo, riscos tolerados e dados sobre a qualidade do processo.

- Utilizar, como elemento básico de adequação do sistema de controle da qualidade ao processo produtivo, os custos associados aos métodos e técnicas de inspeção, os de aceitação de peças defeituosas e os de rejeição – incluindo reposição ou reparo – dessas peças.
- Enfatizar, como estratégia de desenvolvimento do sistema, uma "visão teórica a partir de aspectos práticos", que inclui a constatação da realidade da empresa, de suas características e necessidades; a utilização de recursos teóricos consagrados, transparentes ao usuário quando da utilização do sistema; a administração simples e objetiva; uma faixa significativa de flexibilidade e alto poder de adequação, além de resultados estáveis a médio e longo prazos.

A abordagem aderente não chega a ser uma abordagem motivacional no sentido estrito do termo. É muito mais um enfoque no qual se procura considerar as especificidades do processo produtivo, antes de se definir qual o tipo adequado de programa da qualidade a ser utilizado. O enfoque, em si, pode parecer excessivamente abrangente e ambicioso.

No entanto, verifica-se que ele leva em conta as características de cada processo, bem como pode ser estruturado em termos de objetivos simples, que são vistos como etapas do objetivo maior: a perfeita aderência do programa da qualidade à realidade da organização.

O QUE A PRÁTICA TEM ENSINADO

- A colocação em prática desta abordagem permite concluir que ela criou uma nova forma de organizar o programa e o controle da qualidade.
- Gerou, também, uma nova maneira de desenvolver as atividades normais a eles referentes, qual seja, a ênfase ao processo em si; ao processo deverá se ajustar o programa da qualidade.

Em última análise, este sistema levará a uma nova organização do próprio processo produtivo.

UMA VISÃO INTEGRADA

Todas as abordagens apresentam características específicas que, em função do caso sob estudo, podem transformar-se em vantagens e desvantagens. Parece mais lógico observar que, na prática, o que se utiliza efetivamente é uma mistura de dois ou mais enfoques, de maneira que, considerando-se a organização em questão, procura-se aplicar as técnicas que trazem mais vantagens ou minimizam as desvantagens.

Esta conclusão é, em si mesma, recomendação de postura a adotar, pois, em última análise, o que se procura é definir uma política motivacional que atenda aos objetivos da qualidade esperada, aliada ao retorno previsto.

Há de se ressaltar, entretanto, que a combinação de duas ou mais estratégias que pertencem a enfoques diferentes pode trazer resultados diversos do que se esperaria se elas fossem usadas isoladamente. A conclusão parece óbvia se for considerado, por exemplo, o uso das abordagens participativa e clássica, onde num instante se oferece chance de que o empregado ofereça sugestões e participe de decisões e noutro, a seguir, se deixa claro que quem decide mesmo é o chefe...

De modo geral, todas as abordagens procuram motivar para a qualidade, a partir de um conjunto de atividades no qual se concentra total atenção aos recursos humanos.

Também se busca gerar motivação no ambiente de trabalho sem alterá-lo de forma muito significativa. Costuma-se mesmo dizer que a ação conjunta das abordagens parte da mesma ideia central: produzir qualidade. A estratégia, em todos os casos, é agregar a qualidade às atividades usuais, priorizando-a.

UMA ANÁLISE CONCLUSIVA

- Pelo que foi descrito, as abordagens mais bem caracterizadas (e também mais empregadas) são a participativa, a promocional e a clássica.
- Note que a abordagem participativa procura motivar pela participação, pela discussão em conjunto, pelo debate em grupo.
- Já a promocional motiva pela atenção, efeitos visuais e apelo publicitário, enquanto a clássica faz valer a obediência e a disciplina, privilegiando a hierarquia formal da empresa.
- Há, também, nítidos pontos divergentes entre elas: analisando-se a participativa e a clássica, observa-se que a primeira considera que melhor que o argumento de força é a força dos argumentos.
- Confrontando-se a participativa em face da promocional, observa-se que melhor do que induzir pela publicidade é obter a adesão pelo diálogo.
- Observando-se a promocional e a clássica, constata-se que melhor que forçar pela disciplina e obediência é aderir por indução.

Não se sabe ao certo qual o futuro dos processos motivacionais nas organizações. Muita gente aposta que eles serão substituídos por um mecanismo muito mais objetivo de envolvimento de pessoas, que é o caso dos processos de reciprocidade.

B4: Reciprocidade

A mais objetiva das ações de envolvimento é a reciprocidade. Também é a mais simples, pelo menos, em termos de sua concepção.

A ideia é de que o envolvimento decorre dos benefícios diretos que os resultados das ações trazem para aqueles que desenvolveram tais ações. Se o esforço estiver associado a uma vantagem bem definida, e este benefício for compensador para o agente do esforço, pode-se esperar empenho na busca de um dado resultado. Caso contrário, não.

Cria-se, assim, um processo de negociação: a empresa informa ao seu colaborador o que ela deseja dele. O colaborador formula uma expectativa em termos de retribuição (benefício) para atingir o objetivo proposto. Se as partes entrarem em acordo, pode-se esperar plena inclusão do colaborador na ação proposta e, assim, o resultado é obtido.

Como se percebe, a negociação está sendo desenvolvida com base em um processo de reciprocidade entre as partes. O modelo é assim formulado:

Necessidades:	▪ A organização tem necessidades em relação aos seus recursos humanos. Estes, por sua vez, têm necessidades em relação à empresa.
A organização:	▪ A organização exige de seu pessoal competência, vontade, entusiasmo, motivação, entendimento pleno e total adesão aos objetivos da organização. ▪ Com estes elementos, garante-se, da mão de obra, uma contribuição eficiente, eficaz e ajustada à organização.
Os colaboradores:	▪ As pessoas requerem que a empresa lhes ofereça oportunidade e estratégias de formação, qualificação e atualização; visão de médio e longo prazos; existência e disponibilidade de meios para que possam desempenhar as atividades e funções que lhes são confiadas; situações favoráveis à motivação; objetivos especificados, conhecidos e válidos; bom ambiente de trabalho; reconhecimento e retribuição compatível com a atividade e a responsabilidade confiadas a elas. ▪ Com estes elementos, estão garantidas as condições para que as pessoas desempenhem, de forma satisfatória, as responsabilidades que lhes forem atribuídas.
Gestão da Qualidade:	▪ À Gestão da Qualidade compete gerar condições para que ambos os conjuntos de necessidades sejam atendidos. ▪ A seguir, deve determinar meios de avaliar se o atendimento existe de parte a parte e tem evoluído de forma satisfatória.

A viabilização do modelo depende da formulação de vários indicadores para cada conjunto (organização e recursos humanos).

▶ *Exemplos de indicadores para a organização:*

- Menores custos de produção.
- Maiores níveis de eficiência.
- Fabricação de produtos melhores (em termos de maior aceitação pelo mercado).
- Trabalho mais produtivo (em termos, por exemplo, do uso racional de recursos).
- Contribuições individuais para a solução de problemas.
- Empenho transformado em melhorias.
- Produtos mais adequados ao uso.

▶ *Exemplos de indicadores para os recursos humanos:*

- Índices de rotatividade.
- Engajamento dos operários na filosofia de atuação e nos objetivos gerais da empresa.
- Pontualidade.

- Baixo absenteísmo.
- Comportamento participativo.
- Satisfação no trabalho (medida por paralisações, repreensões, distribuição de prêmios e pelo clima que as pessoas criam na organização).

A reciprocidade só pode ser implantada, com razoáveis chances de sucesso, se certos elementos básicos forem definidos. Estes elementos referem-se aos processos de interação entre a organização e seus colaboradores, e, também, entre eles.
A seguinte listagem exemplifica alguns elementos de interação:

- Políticas, diretrizes e normas coerentes com os valores das pessoas e da organização.
- Exemplos positivos da administração em termos da qualidade; existência de perspectivas de longo prazo para o empregado na empresa.
- Oportunidades de desenvolvimento pessoal e progresso funcional.
- Responsabilidade efetiva conferida pela empresa ao funcionário.
- Geração de oportunidades de participação para todos.
- Canais de comunicação permanentes, sejam formais (organização ← → colaboradores) ou informais (entre as pessoas).
- Acesso permanente às informações relevantes para a operação do processo.
- Retribuição concreta, oferecida pela empresa, a quem se esforça pela qualidade.
- Boas condições de qualidade de vida no trabalho.

Como a ideia que a sustenta é simples, pode-se acreditar que a reciprocidade tem facilidades na implantação. Infelizmente não é bem assim. Criaram-se, assim, fatos e mitos em torno de questões envolvendo negociações, como aqueles listados a seguir. Note que, em muitos casos, há dificuldades práticas acentuadas.

	Dificuldade	Avaliação	Observação prática
1	Há histórica falta de tradição em negociações entre patrões e empregados no Brasil.	Correto.	Já são muitos os casos relatados de empresas que possuem bons processos de negociação com seus empregados no Brasil. Além disso, com o fim do modelo de emprego como conhecemos hoje cada vez mais perto, é bom começar a negociar.
2	As empresas insistem em considerar que o maior benefício que ela pode conceder ao empregado é a manutenção do emprego.	Não é mais uma posição universalizada.	Quem acha que o emprego é benefício está disponibilizando, aos seus funcionários, o mínimo. Neste contexto, só pode esperar, como ação de reciprocidade, o mínimo de esforço. Não haverá empenho por melhorias. Este contexto determina uma situação estática, sem perspectivas de evolução efetiva. Perdem ambos – empresa e colaborador.

(continua)

(continuação)

	Dificuldade	Avaliação	Observação prática
3	A negociação aumenta custos de produção.	Correto. No início do processo.	Se bem conduzida, a negociação gera retorno, podendo (mais tarde) reduzir custos e aumentar lucros. Vale a pena investir.
4	Negociação torna o processo gerencial mais difícil.	Não necessariamente.	Difícil só no começo. Pelo que se observa, as coisas podem se encaminhar rapidamente para um modelo de rotina.
5	A negociação torna o empregado muito forte na empresa.	Bobagem	Qualquer negociação pode enfraquecer ou fortalecer um dos lados. Depende de como é feita.
6	Não se sabe o que propor de benefícios.	Correto	Invista em criatividade.
7	Não se sabe se o benefício é elevado em relação ao resultado do trabalho.	Correto	Aprenda a lidar com análises custo *versus* benefício.
8	Não se sabe quantificar resultados.	Correto	Faltam indicadores da qualidade e da produtividade mais bem definidos.

O processo de negociação envolve, evidentemente, o problema de reconhecimento pelo empenho das pessoas. Há muitas dúvidas sobre como criar um sistema de reconhecimento. Mas a experiência prática já permite formular algumas recomendações e propostas, como as seguintes:

▶ *Ações a Eliminar:*

- Modelos do tipo "o ganhador leva tudo". Isto pode gerar disputas entre os grupos – com perdedores sabotando vencedores.
- Objetivos conflitantes. O sistema de retribuição não pode criar mecanismos que criem conflitos entre pessoas, setores ou entre estes elementos e a organização.
- Repreender, punir ou premiar pessoas.
- Considerar salários e benefícios como uma só forma de retribuição.
- Processos de premiação cujos resultados despertam dúvidas quanto à avaliação aplicada.
- Benefícios difíceis de serem medidos.
- Resultados momentâneos ou localizados.

▶ *Ações a Enfatizar:*

- Sistema de retribuição formulado de forma a garantir iguais chances de participação em projetos que envolvam algum tipo de recompensa imediata.
- Para os casos de prêmios abertos a toda a fábrica, devem ser criados critérios iguais para todos.

- Fixar, divulgar e evidenciar o uso de normas de participação claras, objetivas e compreensíveis.
- Premiar grupos de pessoas, de forma que os projetos bem-sucedidos sejam produtos de trabalho em equipe e não de esforços individuais.
- No começo do programa, criar retribuição imediata para ações específicas, isoladas, limitadas, de resultados de curto prazo. No médio prazo, porém, a premiação deve estar associada a projetos mais abrangentes.
- Separar claramente o que são benefícios concedidos a todos os funcionários (como salários, planos de saúde, vale-transporte ou alimentação) dos benefícios relativos a resultados de ações e projetos específicos.
- Estruturar sistemas objetivos de avaliação de resultados.
- Identificar com clareza os benefícios que serão distribuídos.
- Coletar sugestões entre os envolvidos sobre os benefícios a conceder. Muitas vezes, eles são mais simples (e baratos) do que pensa a alta administração.
- Todo o projeto de distribuição de benefícios deve fazer parte de um esforço de melhoria contínua, evolução constante, progresso permanente.
- Manter um processo aberto de análise, com os envolvidos, sobre eventuais falhas, injustiças ou distorções do modelo de avaliação de resultados. Isto evita que sejam geradas e propagadas informações contrárias ao projeto.

▶ *Princípios Básicos como Diretrizes para a Implementação da Reciprocidade:*

A. Os benefícios da qualidade são para a organização; eles se transferem para as pessoas: os ganhos da qualidade revertem para quem se esforça em conquistá-la.
B. É fundamental a consolidação de um processo de melhoria contínua, que incentive a evolução permanente das pessoas, indo além de um simples troca-troca.
C. A reciprocidade dispõe de um modelo de gestão mais simples e objetivo do que os processos motivacionais.
D. A negociação é o caminho natural das relações de trabalho. É tendência consolidada.

Em uma visão que integra as quatro ações listadas (exemplos, treinamento, motivação e reciprocidade), observa-se que gerentes podem dar exemplo negociando tarefas de pequeno porte com benefícios cuja concessão esteja em sua alçada. Podem, mesmo, desenvolver um programa de treinamento sobre processos de negociação, por solicitação do pessoal que já está envolvido informalmente no processo ou pretende nele ingressar. Técnicas que visam criar condições para a motivação podem incluir as relações entre esforço e benefício. Note que a reciprocidade é a ação mais objetiva, mais direta, mais efetiva. Não depende de muitos elementos. Mas não dispensa os pré-requisitos listados.

O projeto de envolvimento proposto enfatiza alguns elementos básicos e reconhece a importância crítica destes elementos, embora não exclua outros aspectos. De fato, algumas vezes, relações hierárquicas bem definidas, confiança dos subordinados para com chefes e vice-versa e estruturas informais fortemente enraizadas e bem conhecidas podem constituir-se em ações prioritárias em dado momento da administração da organização, pela importância que se conferiu a elas ou a quaisquer outros fatores. Mas, em uma análise abrangente e consistente, tendem a permanecer como elementos dos quais a qualidade depende nas ações básicas do programa de envolvimento: (1) exemplos, (2) treinamento, (3) motivação e (4) reciprocidade. Falta apenas garantir a efetiva transformação da qualidade em valor.

3.5 CULTURA DA QUALIDADE

Os elementos que compõem o projeto de um programa da qualidade são bem conhecidos. As opções de estruturas para dar suporte ao programa, também. Envolvimento de pessoas, modelos de gestão, estratégias de avaliação, enfim, as características que compõem o desenho de um bom programa da qualidade são passíveis de identificação. Essas características colocam o programa em pé. Mas como mantê-lo assim? Esta é a grande questão prática para a qual se procuram respostas.

A discussão sobre a consolidação dos programas da qualidade começa com uma análise prévia: quais são os elementos realmente relevantes para a efetiva implantação de programas da qualidade nas organizações e quais os que têm reflexo mais intenso na sua manutenção e crescimento?

Há várias respostas mapeadas por estudiosos da área. As mais comuns:

- Normalização.
- Otimização de recursos.
- Rígido controle de custos.
- Gestão adequada à organização.
- Visão estratégica.
- Gestão ajustada às características do mercado.
- Ênfase à ação dos recursos humanos.
- Estratégias de gestão (que um dia foram inovadoras, mas, hoje, são recorrentes – caso da reengenharia, QFD, *just in time* etc.).

Todas estas respostas estão corretas. Elas serão válidas, contudo, em função de fatores como os conceitos da qualidade adotados pela organização; o contexto em que a organização se situa; o momento vivido pela empresa; os objetivos gerais traçados; a realidade do mercado; e assim por diante.

Há, contudo, um item que tem chamado constantemente a atenção por sua crescente importância e também pelo fato de estar presente em todos os demais elementos: a cultura da organização. A experiência prática em qualidade tem apontado este aspecto como o mais crítico, especialmente na consolidação dos programas da qualidade.

▶ *O que Significa Cultura?*

- O conceito adotado aqui é o de Schein, enriquecido por Fleury e Fleury (1995): "Cultura organizacional é um conjunto de valores, expressos em elementos simbólicos e

em práticas organizacionais, que em sua capacidade de ordenar, atribuir significações, construir a identidade organizacional, tanto agem como elemento de comunicação e consenso, como expressam e instrumentalizam relações de dominação".
- De outra parte, muitos autores consideram, em diferentes contextos, a importância da cultura.
- Em termos de evolução e aprendizagem, Fleury, A. e Fleury, M. T. afirmam que "compreender as formas de interação, as relações de poder no interior das organizações e sua expressão ou mascaramento, por meio de símbolos e práticas organizacionais, é fundamental para a discussão de como acontece o processo de aprendizagem na organização" (FLEURY; FLEURY, 1995).

De forma mais simples, cultura é o conjunto de valores e crenças de uma sociedade. O mesmo conceito se aplica às organizações. Por sua vez, a cultura da qualidade é obtida quando se consegue transformar a qualidade em valor.

Ou seja: cria-se a cultura da qualidade quando a organização (representada pela alta administração) e seus integrantes (representados por seus funcionários) consideram a qualidade como algo relevante. Por extensão, a cultura da qualidade visa introduzir a qualidade na cultura da organização, ou seja, inseri-la no conjunto de valores e crenças da organização.

Este conceito define o que talvez seja a mais importante atribuição da Gestão da Qualidade: incluir a qualidade na cultura da organização, ou seja, transformar a qualidade em valor para todos. Em outras palavras: fazer com que as pessoas se tornem intimamente convencidas de que a qualidade vale a pena.

Este aspecto pode ser analisado tanto no ambiente onde a organização atua quanto em seu interior.

VALORES EXTERNOS ÀS ORGANIZAÇÕES

Um breve histórico para obter resposta à seguinte questão: quem pode transformar a qualidade em um valor no contexto, por exemplo, de um país? Algumas respostas historicamente obtidas pela experiência prática, sobretudo no Japão, Estados Unidos e América Latina:

1. Atores responsáveis pelo incentivo à qualidade: governos.

▶ *A qualidade gerada por programas institucionais da qualidade.*

Por que estes agentes não deram certo?
- Em primeiro lugar, pela falta de exemplo. Os governos não têm sido exemplos da qualidade. Seus modelos administrativos, que envolvem tanto políticas, estratégias, decisões e ações, quanto suas avaliações e controles, não podem ser vistos como referenciais. Há diferentes razões e variados contextos que poderiam ser analisados, mas pode-se concluir pela inadequação desta hipótese pelo simples fato de que o governo não prioriza a qualidade em suas próprias atividades e, por isso, é difícil considerar-se válido qualquer incentivo para a qualidade que parta dele.

2. Atores responsáveis pelo incentivo à qualidade: os empresários.

▶ *A qualidade gerada por programas organizacionais da qualidade.*

Por que estes agentes não deram certo?
- Em primeiro lugar, porque não sofreram pressão externa e não viram por que investir em qualidade. Quem dirige uma empresa tem como meta torná-la rentável, para garantir sua sobrevivência. Se hoje a empresa está em boas condições, se seus resultados garantem sua permanência no mercado e até sinalizam o crescimento de sua atuação, não há por que mudar nada. Em geral, o empresário não muda por mudar – ele só altera sua rota se for forçado para tanto, por exemplo, pela ação de concorrentes. Costuma-se dizer que o empresário se ajusta ao mercado e move todas as suas decisões com base nesse ajuste. Se o mercado não é exigente, o empresário se acomoda.

3. Atores responsáveis pelo incentivo à qualidade: os funcionários.

▶ *A qualidade gerada por esforços pessoais.*

Por que estes agentes não deram certo?
- Primeiro porque não tiveram apoio da alta administração das organizações. Nem participação, nem envolvimento, nem sequer incentivo. Como o mercado parecia não exigir qualidade, ficava a impressão de que programas da qualidade baseados em ações isoladas eram, na verdade, fontes de aumento de custos e gastos.

4. Atores responsáveis pelo incentivo à qualidade: os mercados.

▶ *A qualidade gerada por exigência dos consumidores.*

Por que estes agentes não deram certo?
- Em primeiro lugar, porque os consumidores nem sempre tinham opções. Muitos mercados eram, na verdade, monopólios disfarçados, oligopólios ou, simplesmente, ambientes restritos e protegidos (reserva de mercado). Protecionismos de todos os tipos impediam a livre concorrência e não ofereciam oportunidades para que os consumidores pudessem testar produtos, serviços ou organizações alternativos.

5. Atores responsáveis pelo incentivo à qualidade: a sociedade.

▶ *A qualidade gerada por exigência social.*

Por que estes agentes não deram certo?
- Na verdade, não se pode dizer que esta opção tenha falhado. Não há agente da qualidade mais consistente do que a própria sociedade que, em última análise, engloba os mercados. A sociedade decide de quem vai e de quem não vai comprar

E esta seleção determina o comportamento do empresário. Por outro lado, quem define a composição do governo é a sociedade. Se ela votar corretamente (e se as eleições forem em condições de lisura e igualdade de oportunidades entre os concorrentes), ela rejeita quem faz governos inadequados a seus objetivos e mantém os grupos que estão fazendo um bom trabalho. Então qual é a restrição a este agente? A mesma do item anterior – muitas sociedades não exercem seu direito de pressão porque não têm (ou não criam) opções.

6. Atores responsáveis pelo incentivo à qualidade: concorrência.

▶ A qualidade gerada por pressão de ambientes competitivos.

Por que estes agentes deram certo?
- Porque a concorrência gera as opções para mercados e, mais em geral, para toda a sociedade.

Assim, a concorrência é um pré-requisito porque possibilita aos consumidores as opções que faltam em mercados fechados.

Observa-se em muitas situações, entretanto, que, mesmo quando este pré-requisito é atendido, a qualidade não é priorizada. Por que isso ocorre?

Exatamente por causa da cultura da qualidade: as pessoas (mercados) não consideram que a qualidade seja algo efetivamente relevante. Assim, a existência de concorrência é condição de necessidade, mas não de suficiência para a qualidade.

Há quem diga, inclusive, que a transformação da qualidade em valor seria a condição de suficiência, porque sociedades que priorizam qualidade pressionam governos, empresários e mercados em geral, eliminando barreiras que impactem sobre a livre concorrência.

Concluindo: se toda a sociedade adquirir a cultura da qualidade, a implantação de valores que privilegiam a qualidade no país estará garantida. Este foi o caminho escolhido pelo Japão. Porque, na prática, nota-se que valores sociais de uma comunidade migram para a empresa – mas o inverso quase sempre é falso.

O QUE A PRÁTICA TEM ENSINADO

- Transformar a qualidade em valor social é um desafio e tanto.
- Pressupõe a mudança de valores, prioridades, preferências, desejos.
- A qualidade não costuma trilhar caminhos fáceis.
- Por isso, é necessário, primeiro, evidenciar, deixar absolutamente claro, que a qualidade vale a pena.
- Quando a sociedade exige qualidade, na verdade está exercendo um direito que é seu: ser bem atendida.
- E, além disso, está gerando fontes de muitos benefícios efetivos para si própria.
- Tem-se, assim, um ciclo positivo que confere consistência aos esforços para produzir qualidade.

VALORES INTERNOS ÀS ORGANIZAÇÕES

Sabe-se que já existe no Brasil uma cultura da qualidade. Ela decorre de dois conjuntos de fatores:

- O primeiro consiste nas variáveis externas às organizações. É o caso do aumento da concorrência, das facilidades de acesso à informação, do aumento do grau de exigência do consumidor, de acentuada mudança de valores (que prioriza questões como preservação ambiental e qualidade de vida, por exemplo) etc.
- O segundo grupo envolve variáveis internas às organizações. Trata-se dos modelos de Gestão da Qualidade no Processo, da visão estratégica da qualidade, da qualificação crescente dos recursos humanos, do avanço tecnológico desenvolvido em níveis locais etc.

As duas variáveis externas mais relevantes – concorrência e mudança de valores da população – desempenham notável impacto sobre o desenvolvimento da cultura da qualidade no ambiente interno às organizações. Este é um processo mais ou menos natural. Mas o inverso também ocorre: os níveis da qualidade atingidos por muitas organizações determinam diferenciais consideráveis em certos produtos.

Cria-se, assim, a ideia de que esses produtos dispõem de "valor" diferenciado. Os produtos concorrentes precisarão, naturalmente, se ajustar a este novo nível da qualidade – ou ficarão fora do mercado. Note: não é o nível da qualidade dos produtos que determina estas mudanças – é o conceito que a sociedade atribui a eles (valor).

O QUE A PRÁTICA TEM ENSINADO

- O processo de atribuição de valor à qualidade no âmbito interno das organizações pode ser decorrência de estímulos externos (muitos tidos como compulsórios).
- Este é o caso da maioria das organizações.
- Mas pode decorrer, também, de uma decisão estratégica, que determina a completa diferenciação dos produtos de uma empresa em relação aos demais disponíveis no mercado.
- Este é o caso de um número de empresas não muito grande. São as organizações inovadoras. Ainda são minoria, mas este número vem crescendo (até por razões de sobrevivência...).

Seja por razões externas, seja por decisão da própria organização, o fato é que as mudanças envolvem diretamente a cultura da organização. E elas se processam exclusivamente por mudança de cultura – a qualidade passa a ser considerada um valor (ou porque a organização optou por isto, ou porque foi obrigada a....). A única estratégia viável para viabilizar a alteração cultural da organização é a alteração cultural das pessoas que a integram.

Para iniciar o processo, é necessário, primeiro, avaliar os valores, hábitos e atitudes usualmente considerados pela mão de obra, ou seja, avaliar a realidade existente.

Para tanto, têm sido utilizados processos de diagnóstico flexíveis, na medida em que a cultura local é formada por aspectos dinâmicos, cuja ordem de prioridade e atenção tende a variar de forma rápida ao longo do tempo – às vezes, de forma pouco racional. Tais processos flexíveis de diagnóstico costumam ser desdobrados em três fases:

1. *Monitoramento permanente das condições institucionais.*

    - Esta fase visa tanto determinar as características da realidade local como as tendências imediatas, bem como aquelas mais de médio e longo prazos. Como se deseja uma avaliação permanente, sugere-se evitar dispositivos específicos ou muito relacionados a contextos ou períodos de tempo bem definidos, investindo-se em modelos de avaliação que trabalhem com históricos mais amplos.

2. *Monitoramento permanente dos recursos humanos da organização.*

    - Esta etapa trabalha com estratégias que estejam diretamente relacionadas à mão de obra, ou seja, busca-se conhecer características particulares dos recursos humanos da organização. Entrevistas, questionários, observação *in loco* são instrumentos úteis para que se possa identificar valores realmente considerados como tal pelas pessoas. Como se deseja o pleno conhecimento das características das pessoas, sugere-se evitar dispositivos de pesquisa que não sejam bem compreendidos tanto por quem deve responder-lhes quanto por quem deve interpretar os resultados obtidos.

3. *Monitoramento do processo de transformações.*

    - Esta fase investe na análise da dinamicidade própria do ambiente da organização e das pessoas. Em particular, estuda as interações entre pessoas e as interações entre pessoas e organizações. Como se deseja conhecer a forma como as coisas vão acontecendo, sugere-se evitar dispositivos que não estejam atualizados ou até mesmo que estejam em uso já há muito tempo.

Determinados e identificados os valores locais, estará estruturada a cultura, digamos, em vigor. O trabalho a desenvolver aqui tem um modelo de ação totalmente diverso do projeto conceitual da reengenharia. Em vez de ignorar o que existe, partindo-se para o que se quer, propõe-se exatamente partir do que existe para, de forma lenta e gradual, implantar uma nova realidade na organização. Ou seja: partir do que se tem. A experiência em empresas brasileiras nos últimos dez anos leva a crer que este caminho é mais lento; oferece, porém, resultados mais consistentes, de retorno mais efetivo e concreto.

As três fases citadas são, neste ponto, acionadas mais uma vez. Só que agora não mais para descobrir as características da realidade atual, e sim com a finalidade de identificar as formas mais adequadas para promover as mudanças desejadas, introduzindo, assim, novos valores na organização. Tem-se, pois, uma utilidade a mais para a mesma ferramenta. Como se trata de um programa da qualidade, é evidente que o atendimento aos consumidores acaba se tornando o grande referencial para a definição dos novos valores da organização.

O modelo de diagnóstico flexível, com dois conjuntos de três etapas (as mesmas, na verdade, só que com ênfases diferentes nos dois momentos da pesquisa), evidencia o uso do planejamento no processo de consolidação da cultura da qualidade. As razões que justificam esta opção são as mesmas já apontadas quando se discutiu a importância do planejamento da qualidade. A elas acresce-se o fato de que as ações aqui propostas visam à alteração de hábitos antigos, de conceitos arraigados e de valores concretamente solidificados, talvez, mais pela ação do tempo. Não se consegue uma mudança deste porte, com esta complexidade, com ações improvisadas. Considera-se que, na verdade, a nova cultura vai introduzir novas prioridades em decorrência de novos valores.

A cultura é o elemento que mais bem materializa, de forma estável, a qualidade nas organizações. Justamente por se tratar de uma mudança crítica de valores, o processo de mudanças aqui é lento, progressivo, cuidadoso. Não se trata, apenas, de crescer ou ampliar. Trata-se de mudar de uma realidade que já existe, e está solidamente instalada, para uma situação nova. É um processo penoso, mas que gera retornos consideráveis. Ou até melhor que isso: talvez seja esta a única opção para consolidar a qualidade nas organizações.

QUESTÕES PRÁTICAS

1. Em última análise, qual o objetivo básico dos sistemas de gestão?
2. Por que os sistemas de gestão tendem a apresentar características gerais e elementos particulares que lhes conferem um modelo conceitual diversificado?
3. Por que os sistemas de gestão não atingem seus objetivos se não forem suportados por boas estruturas organizacionais?
4. Quais as características da Gestão da Qualidade em nível global (macro)?
5. Quais as características da Gestão da Qualidade em nível local (micro)?
6. Como a Gestão da Qualidade em nível macro impacta sobre a Gestão da Qualidade em nível micro? Por que a Gestão da Qualidade não consegue atingir seus objetivos se, antes, as políticas da qualidade não forem definidas?
7. Quais as características gerais de uma política correta da qualidade? A quem cabe fixar as políticas gerais da qualidade da empresa?
8. Que características compõem um bom perfil para o gerente da qualidade?
9. Em termos práticos, como se viabiliza o envolvimento das pessoas no empenho em produzir qualidade via atendimento ao pré-requisito básico: atendimento aos objetivos?
10. Em termos práticos, como se viabiliza o envolvimento das pessoas no empenho em produzir qualidade via atendimento ao pré-requisito básico: viabilização de meios?
11. Em termos práticos, como se viabiliza o envolvimento das pessoas no empenho em produzir qualidade via atendimento ao pré-requisito básico: estruturação de ambientes?
12. Em termos práticos, como se viabiliza o envolvimento das pessoas no esforço de produzir qualidade pelo desenvolvimento das alterações de posturas e de estrutura?
13. Em termos práticos, como se viabiliza o envolvimento das pessoas no esforço de produzir qualidade pelo desenvolvimento dos processos de treinamento?

14. Em termos práticos, como se viabiliza o envolvimento das pessoas no esforço de produzir qualidade pelo desenvolvimento das ações de motivação?
15. Em termos práticos, como se viabiliza o envolvimento das pessoas no esforço de produzir qualidade pelo desenvolvimento das relações de reciprocidade?
16. Qual fator, na área de Relações Humanas, determina, fundamentalmente, a motivação à qualidade?
17. O que significa introduzir uma "cultura da qualidade" na empresa?
18. De onde emana a motivação para se criar uma cultura da qualidade?
19. Por que é importante considerar os dois ambientes para gerar cultura da qualidade – o interno à empresa e o externo a ela?
20. Por que a cultura da qualidade é um processo consistente de envolvimento dos recursos humanos no esforço pela qualidade?

PARTE 2

AVALIAÇÃO DA QUALIDADE

O PROCESSO DE AVALIAÇÃO DA QUALIDADE

4

OBJETIVOS DO CAPÍTULO
- Discutir as características gerais da Avaliação da Qualidade.
- Evidenciar o caráter estratégico da Avaliação da Qualidade.
- Listar e analisar os referenciais básicos e os elementos que, nos níveis estratégico, tático e operacional, estruturam a Avaliação da Qualidade.

A Avaliação da Qualidade hoje ocupa função estratégica nas organizações produtivas. Essa constatação fica evidente se observarmos que da plena aceitação pelo mercado e pela sociedade dos bens tangíveis e serviços produzidos depende a sobrevivência da empresa.

Por isso se afirma que tão importante quanto produzir qualidade é avaliá-la corretamente. Este capítulo, assim, parte do fato de que, reconhecida a importância da Avaliação da Qualidade, devem-se considerar os vários elementos requeridos para estruturá-la de modo adequado. E para transformá-la em um processo contínuo, eficiente, técnico, organizado e, sobretudo, direcionado para elementos estratégicos das organizações.

4.1 AS CARACTERÍSTICAS ESTRATÉGICAS DA AVALIAÇÃO DA QUALIDADE

Tal qual ocorre com a própria qualidade, os processos de Avaliação da Qualidade sofrem reflexos do momento atual, quando descortinamos a terceira década de um novo século. Tão célere quanto o tempo, as alterações nos mais diversos cenários vão se processando. Em todos os contextos – sociais, produtivos, científicos, tecnológicos ou econômicos.

No ambiente produtivo, as transformações vão sendo observadas nas diversas conjunturas, seja na produção de bens ou na geração de serviços. Até como consequência desse fato, os contextos em que atuam as organizações vão registrando alterações conceituais contínuas, o que determina novas formas de entender, viabilizar, gerenciar, avaliar e controlar o projeto, o desenvolvimento e a gestão dos sistemas de produção.

É evidente que em áreas como a Gestão da Qualidade, mais sensíveis às variações de elementos e de cenários externos às organizações (como as tendências dos mercados e os novos valores e crenças da sociedade, por exemplo), as mudanças são mais sentidas. O que evidencia aquilo que sempre se soube: a Gestão da Qualidade é uma área em contínua evolução.

A extrema dinamicidade de conceitos e métodos da Gestão da Qualidade se reflete na Avaliação da Qualidade. Assim, há sempre, a cada momento, novas informações e novas análises a fazer. Abordagens inéditas sempre são acrescentadas às abordagens tradicionais. Mudanças de valores e de práticas na situação e no momento atuais sempre são incorporadas nas ações da Avaliação da Qualidade e, por isso, a adaptação e a inovação são ações comuns nesta área.

EXEMPLOS

- O barril do petróleo já custou 20 dólares em mercados livres da Holanda. Mais recentemente, custava US$ 130,00. Depois, caiu para 40 dólares, subiu para 70 e baixou para 50. Nos últimos tempos passou a apresentar um viés de alta por causa do aquecimento contínuo do motor chinês (China? Quem falava nela há alguns anos?).
- Já houve época, no país, em que a inflação estava em dois dígitos; mais tarde, aproximou-se de zero. Em meados de 2010, ela voltou a preocupar, tanto que o governo estudava, naquele momento, um plano de desaquecimento da economia. No passado, a meta era exatamente o contrário: aquecer sempre mais o cenário econômico. Chega-se, assim, a um tempo em que o governo quer frear a atividade econômica do país com medo de uma hiperinflação causada pelo excessivo aumento da demanda. A crise econômica estabelecida no país a partir de 2016 reverteu drasticamente o cenário.
- Mudanças macroeconômicas costumam gerar alterações em todos os setores produtivos. E em todas as áreas que estudam os processos produtivos. Já houve períodos em que mecanismos básicos do Planejamento e Controle Estatístico de Processos bastavam. Ultimamente, é preciso falar em seis sigma.
- Já houve tempos em que Juran era o primeiro e único – hoje há uma multidão de especialistas derramando *expertise* na área.
- Houve ocasiões em que só a inspeção era suficiente para garantir a qualidade. Hoje, credenciam-se fornecedores.
- Houve uma época em que controlar era tudo; hoje, agrega-se valor.

E por aí vai.

São todos reflexos de transformações no todo que afetam as partes; tendências globais que se refletem em comportamentos particulares.

De forma mais geral:

Os valores sociais refletem diretamente na definição dos perfis de mercados; logo, são essenciais à qualidade. Seja na sua gestão, seja na sua avaliação.

A relação da Avaliação da Qualidade com o momento vivido ou com os ambientes de atuação das organizações a torna estratégica. Aliás, esse é um item ao qual se deve conferir muito destaque: o perfil estratégico da Avaliação da Qualidade. E isso é coisa relativamente recente. De simples complemento à Gestão Operacional, hoje a Avaliação da Qualidade distingue e individualiza a ação das organizações produtivas, ou seja, ela cria diferenciais.

Logo, a ação de definir o padrão de operação em termos de Avaliação da Qualidade é uma ação estratégica.

Referências bibliográficas mais recentes conferem à Avaliação da Qualidade um papel crescentemente relevante na gestão estratégica das organizações e investem no desenvolvimento de ferramentas e métodos com características de uso e alcance menos pontuais e mais amplos (ou seja, menos operacionais; mais táticos e mais estratégicos). Essas abordagens podem ser vistas em referências como Box e Narasimhan (2010); Kukor (2010); Hayes et al. (2010); Beckford (2010); Joseph e Melkote (2009); e Kolesar (2009).

ATENÇÃO A ESTES PONTOS

- Essa caracterização estratégica determina novas diretrizes para o desenvolvimento da Avaliação da Qualidade.
- De todo modo, contudo, alguns princípios gerais da área parecem nunca mudar.
- Um exemplo (aqui, não há muitos): não se pode fixar um objetivo se não houver meios efetivos para avaliar seu alcance.
- Outro (mas muito relacionado ao anterior): essa avaliação deve ter caráter quantitativo.

Pode-se argumentar que essas são questões mais gerais, aplicáveis em todo o campo da administração. Mas são particularmente válidas nos processos de avaliação. E quando se considera que tão importante quanto produzir qualidade é avaliá-la de forma adequada, o que se tem, na verdade, aqui, é a versão técnica do princípio visto acima: ninguém pode fixar um objetivo para a qualidade se não for capaz de comprovar seu alcance. E é a Avaliação da Qualidade que desempenha esse papel. Ou cumpre essa função.

O elo entre a gestão estratégica da qualidade e a avaliação estratégica da qualidade é, exatamente, a própria dimensão estratégica da qualidade – enquanto produzida ou avaliada. Ou seja: gestão e avaliação são elementos cruciais no processo de sobrevivência das organizações. Desse modo, juntando novidades e componentes tradicionais, o que o presente capítulo objetiva é apresentar, analisar e consolidar conceitos gerais relativos aos processos de Avaliação da Qualidade e às formas de implementá-los, sempre enfatizando o viés estratégico que a Avaliação da Qualidade desempenha no gerenciamento das organizações. É exatamente desse modo que se costumam formatar os conceitos da qualidade.

A análise estratégica da Avaliação da Qualidade começa com uma questão básica: o que, exatamente, a justifica?

4.2 O QUE JUSTIFICA A AVALIAÇÃO DA QUALIDADE?

A ênfase conferida à Avaliação da Qualidade sempre existiu. Ela tornou-se mais crítica, contudo, à medida que as organizações produtivas foram se inserindo em ambientes crescentemente competitivos. Afinal, são os mecanismos da Avaliação da Qualidade que medem o grau de diferenciação de processos produtivos, de bens tangíveis e de serviços.

E a diferenciação é a principal característica estratégica das organizações hoje.

POR QUE AVALIAR A QUALIDADE?

As características próprias da Avaliação da Qualidade fornecem justificativas práticas para desenvolvê-la.

De fato, produzir qualidade é uma atividade que envolve sempre *grande número de variáveis*, o que por si só requer análise permanente do processo.

Além disso, trata-se de uma *ação essencialmente dinâmica* – ou seja, há sempre elementos novos que surgem no ambiente interno (inovação tecnológica, por exemplo) ou externo (mudança de hábitos de consumo, por exemplo).

A importância da Avaliação da Qualidade fica mais evidente quando se percebe que variados conceitos de Gestão da Qualidade investem nessa direção, isto é, consideram que a ação de avaliação é, em muitos casos, a própria razão de ser do processo gerencial da qualidade.

Duas definições clássicas de Gestão da Qualidade que enfatizam explicitamente a questão da avaliação são as seguintes:

- "A Gestão da Qualidade Total é um processo que envolve o monitoramento e a avaliação do alcance de objetivos, utilizando métodos de medição da melhoria e da verificação do funcionamento das ações de processo" (BOHAN; BECKER, 1994);
- "A Gestão da Qualidade Total é um conjunto de métodos quantitativos para acompanhar e melhorar processos da organização e mecanismos de atenção aos clientes hoje e no futuro" (RYAN, 1995).

Observa-se, assim, que, enquanto processo de avaliação, a Gestão da Qualidade refere-se a um conjunto de estratégias que visam a acompanhar as ações em desenvolvimento na organização, exatamente para monitorá-las quanto ao alcance de objetivos gerais, isto é, da própria empresa, ou específicos, isto é, das próprias ações sob análise.

(MUITA) ATENÇÃO A ESTES PONTOS

- Os conceitos listados deixam claro que a avaliação é um processo contínuo e permanente.
- Mostram também tanto a importância dos objetivos da avaliação quanto a preocupação com a melhoria – na primeira definição, mais restrita, em termos de processo; na segunda, mais ampla, em termos igualmente de processos, mas também de consumidores e clientes.

Fica evidente, assim, que a Gestão da Qualidade confere aos procedimentos de avaliação importância comparável à do processo de planejamento – até porque, na verdade, é a avaliação que determina se os resultados da implantação das ações de produção da qualidade conferem viabilidade ao planejamento, além do pleno alcance dos objetivos a que se propuseram aqueles que o elaboraram e com ele se comprometeram.

PONTOS A DESTACAR

- É interessante observar, contudo, que nem sempre essa importância refletiu-se no desenvolvimento de estratégias voltadas especificamente para a avaliação do processo gerencial da qualidade.
- Nota-se, mesmo, que estas estratégias nem sempre enfatizaram a Gestão da Qualidade como mecanismo de avaliação da própria qualidade.
- De fato, a maioria das estratégias da Gestão da Qualidade, enquanto avaliação, pode ser reunida em dois grupos básicos: ou compõem as bem conhecidas técnicas de avaliação de processos produtivos e, em particular, do Controle Estatístico de Processos (CEP), ou envolvem procedimentos de Inspeção da Qualidade.

No desenvolvimento das estratégias da Avaliação da Qualidade, optou-se, no mais das vezes, por desenvolver métodos com duas características:

1. Os modelos apresentavam um conteúdo teórico sofisticado, inacessível para a maioria dos operadores de processo, o que parece compreensível pela natureza relativamente complexa dos conceitos e técnicas da Estatística Descritiva ou da Inferência Estatística.
2. Os modelos mostravam notável isolamento em relação ao contexto de produção da qualidade, tratando de verificar melhorias pontuais.

O QUE A PRÁTICA TEM ENSINADO

- Observa-se, hoje, que a prática do dia a dia das empresas não dispensa (aliás, nunca dispensou) o rigor teórico dos instrumentos minimamente importantes do processo – seja a forma como se queima um azulejo, o modo como se isola o cobre de uma pedra bruta ou ainda como se define a melhor forma de ventilar um ambiente de trabalho ocupado por grande número de pessoas.
- Ocorre, contudo, que esse rigor teórico deve ficar **transparente ao usuário**, de forma que o modelo de implementação seja simples e operacionalmente atraente.

Para minimizar as restrições aos modelos clássicos da Avaliação Estatística da Qualidade, sempre se evidenciou a preocupação com a praticidade de uso desses modelos, sem descuidar-se do rigor teórico. Essa ênfase está presente, por exemplo, nos gráficos de controle da média, da amplitude ou da fração defeituosa. Daí seu sucesso e larga utilização.

Já a questão de inserir instrumentos de Avaliação da Qualidade no contexto da organização é mais complexa.

AMPLIAÇÃO DOS RESULTADOS DA AVALIAÇÃO DA QUALIDADE

1. Em geral, os mecanismos de avaliação estão associados a pontos bem determinados do processo produtivo. Nesse ponto específico, eles medem uma variável do

produto que está sendo fabricado ou do processo em desenvolvimento (ou, ainda, da fase de geração do serviço). Observa-se que houve grande preocupação em fazer com que o procedimento avaliasse, com precisão, determinado ponto em particular.

2. Conferiu-se, também, forte relevância ao fato de que a avaliação forneça resultados confiáveis, claramente caracterizados. Mas sempre para determinado ponto.
3. Falta, na maioria dos instrumentos de avaliação, um projeto de inserção dessa análise pontual no restante do processo produtivo. Falta uma visão abrangente dos resultados da avaliação feita. Falta estudar o impacto dessa avaliação no restante do processo. Enfim, falta relacionar o resultado da avaliação com o ambiente macro em que o elemento do processo sob estudo se localiza.

Há quem diga que não é possível fazer esse tipo de análise, já que depende de cada processo.

O QUE A PRÁTICA TEM ENSINADO

- O desenvolvimento de um modelo abrangente de interpretação dos gráficos de controle (como o que será desenvolvido neste livro) mostrou que esta última constatação não é verdadeira: podem-se inserir instrumentos de avaliação de características específicas de processos (e de produtos) em um ambiente de análise amplo, que envolva tanto os elementos do processo que interagem com a característica considerada, como até questões de mais longo alcance – caso do modelo gerencial adotado na fábrica, por exemplo.

4.3 REFERENCIAIS BÁSICOS DA AVALIAÇÃO DA QUALIDADE

As colocações feitas anteriormente sugerem que a implantação de técnicas importantes para a Avaliação da Qualidade comporta alguma complexidade.

De fato, a dificuldade de análise de muitos elementos relevantes que afetam a qualidade parece estar em conflito com a maioria das ferramentas empregadas em programas da qualidade hoje em uso, que, por concepção e praticidade, costumam ser simples e operacionais.

De outra parte, a Avaliação da Qualidade, às vezes, parece estar centrada em itens muito particulares, perdendo-se a noção do todo, o que não é desejável de forma alguma.

Isso permite criar os dois primeiros referenciais para responder à questão "como avaliar a qualidade?".

▶ *Como Avaliar a Qualidade?*

- **REFERENCIAL 1:** Facilidade de operação dos mecanismos de avaliação (rigor teórico transparente ao usuário).
- **REFERENCIAL 2:** Inserção da avaliação de características de processo ou de produto em um modelo abrangente de avaliação que envolva toda a organização.

Considerando o conceito atual de Controle da Qualidade e o de Melhoria Contínua, podem-se obter novas justificativas e novos referenciais para a Avaliação da Qualidade. De fato, a ideia que se tem hoje de Controle da Qualidade – em última análise, comparação de resultados obtidos com padrões ou objetivos prefixados – exige ao mesmo tempo (1) planejamento (pelo qual são determinados padrões e objetivos a atingir) e (2) um modelo de avaliação baseado em valores quantitativos (única forma de confrontar o que foi planejado com o que foi produzido para verificar, por exemplo, o alcance dos objetivos propostos). Já a Melhoria Contínua enfatiza o monitoramento (processo de acompanhamento permanente) como mecanismo para avaliar até que ponto os processos estão movendo-se, etapa por etapa, em direção a um objetivo.

Há, assim, mais dois referenciais para a Avaliação da Qualidade.

▶ *Como Avaliar a Qualidade?*

- **REFERENCIAL 3:** A avaliação baseia-se em mecanismos mensuráveis.
- **REFERENCIAL 4:** A avaliação deve ser contínua.

Pela forma como tem sido definida, a Avaliação da Qualidade identifica-se com a avaliação dos processos de produção que, em última análise, são os elementos que possuem a capacidade de gerar qualidade. Com efeito, a qualidade dos bens tangíveis e serviços da empresa é determinada pelas atividades básicas de produção.

Daí a ideia, muito aceita, segundo a qual a forma mais eficiente de verificar se o processo produtivo atende aos objetivos da organização consiste em verificar se estão caracterizadas melhorias contínuas no esforço de adequar bens tangíveis e serviços da organização aos consumidores e aos clientes a eles associados.

Se tal avaliação indica que isso efetivamente ocorre, os objetivos gerais da organização (qualidade) estão sendo atingidos como decorrência do correto funcionamento do processo produtivo. A qualidade, assim, refere-se às atividades-fim da empresa, geradas com base nas atividades-meio da organização, isto é, o processo produtivo.

▶ *Como Avaliar a Qualidade?*

REFERENCIAL 5: A Avaliação da Qualidade enfatiza as atividades-fim (efeitos) das organizações, considerando-as como consequência da forma como se desenvolvem as atividades-meio (causas).

Pelo que se observou até agora, a qualidade não ocorre por acaso. Nem é fundamentada em decisões intuitivas, sem suporte técnico bem estruturado. Da mesma forma, a qualidade requer bases objetivas para sua avaliação efetiva. Por isso, a Avaliação da Qualidade exige informações claramente formuladas.

Essa exigência pode ser mais facilmente atendida ao se considerar a necessidade da mensurabilidade já mencionada. Mas como se trabalha com uma visão ampla do processo e das relações (internas e externas) da organização, chama-se a atenção para o fato de que a avaliação deve ser desenvolvida com base em informações que permitam caracterizar efetivamente todo esse cenário.

▶ *Como Avaliar a Qualidade?*

- **REFERENCIAL 6:** A Avaliação da Qualidade baseia-se em informações representativas.

Outro aspecto a considerar decorre da exigência de agilidade para os processos da empresa, imposta pelos ambientes de alta competitividade. De fato, tal agilidade é necessária para responder às mudanças detectadas no mercado, e até mesmo às mudanças que estão por vir.

▶ *Como Avaliar a Qualidade?*

- **REFERENCIAL 7:** A Avaliação da Qualidade utiliza mecanismos que sejam, por excelência, eficientes.

Em termos práticos, faz parte desse referencial investir em procedimentos que não exijam treinamentos de longa duração para sua implantação ou para a interpretação de seus resultados.

Em geral, a Avaliação da Qualidade costuma utilizar cinco elementos, definidos há algum tempo e válidos ainda hoje como os mais importantes para direcionar o processo de análise. O primeiro desses elementos, é claro, envolve o *consumidor* e o *cliente* – deseja-se determinar até que ponto a empresa os está atendendo; a seguir, consideram-se *características gerais da empresa*, seu *processo produtivo* e o *suporte* desenvolvido para ele, bem como a *mão de obra*, tida como o recurso mais crítico da empresa.

▶ *Como Avaliar a Qualidade?*

- **REFERENCIAL 8:** Os elementos básicos para os quais a Avaliação da Qualidade direciona suas ações são: consumidores e clientes; objetivos da empresa; processo produtivo; mão de obra; e suporte ao processo.

Costuma-se enfatizar que todo o processo de avaliação está direcionado para clientes e consumidores. Os demais elementos são relevantes à medida que conduzem a eles. Por sua importância, algumas considerações acerca de cada tipo de avaliação são feitas a seguir.

Dos cinco elementos básicos citados, dois são considerados estratégicos (consumidores e clientes; objetivos da empresa). Um é considerado operacional (o processo produtivo). E dois integram a Gestão Tática da Qualidade (recursos humanos e suporte ao processo).

4.4 ELEMENTOS ESTRATÉGICOS DA AVALIAÇÃO DA QUALIDADE

De início, cabe lembrar o que significa, exatamente, consumidor e cliente (ver Capítulo 2).

1. AVALIAÇÃO COM BASE EM CLIENTES E CONSUMIDORES

A Avaliação da Qualidade com base no mercado (atual e futuro) envolve os seguintes aspectos básicos:

- Trata-se do modelo de avaliação que visa determinar o nível de satisfação do *consumidor*. Com base nessa análise, pode-se definir o perfil de atendimento que será conferido aos *clientes*.
- O modelo, assim, além de monitorar os consumidores, acompanha com cuidado o perfil e as tendências dos clientes.
- O direcionamento básico do processo de avaliação está centrado no esforço de medir o grau de ajuste do produto à demanda.
- A ênfase da avaliação é a relação entre as expectativas de consumidores e de clientes e as características dos bens tangíveis e dos serviços oferecidos.
- Trata-se da avaliação mais relevante, porque envolve a própria sobrevivência da empresa, mas também tende a ser a mais difícil de ser feita, até porque envolve um contexto dinâmico, que se altera a todo o momento.
- O ponto de partida é a forma como a qualidade é percebida por consumidores e por clientes – como o consumidor considera suas necessidades satisfeitas e como o cliente vê perspectivas de ser atendido.
- Nesse modelo, confere-se muita importância às pesquisas motivacionais dos bens tangíveis e dos serviços.
- Costuma-se, aqui, centrar muita atenção no processo de fidelidade do consumidor, investindo-se na ideia de passar do nível de "consumidor satisfeito" para o de "consumidor maravilhado", isto é, do consumidor que *aceita* nosso produto para o consumidor que o *deseja*.

Parece fácil observar que essa é uma avaliação crítica. Possui procedimentos diretos de análise, que causam impactos fortes na empresa, em sua forma de atuar e de operar. Outras avaliações também visam a clientes e consumidores, mas, ao contrário desta, fazem-no de modo indireto.

2. AVALIAÇÃO COM BASE NOS OBJETIVOS

Esse modelo de avaliação envolve a confrontação de objetivos fixados – tanto nos três ambientes (processo, suporte a ele e relações com mercado) quanto na interação entre eles – com resultados fixados.

Compreensivelmente, é uma avaliação relevante. Tem características nitidamente estratégicas, à semelhança do primeiro modelo, que trabalha com clientes e consumidores, sobretudo porque envolve, em última análise, o exame do direcionamento da organização.

ATENÇÃO A ESTES PONTOS

- A forma como os objetivos são atingidos também é elemento fundamental para o processo de avaliação (valor da atividade desenvolvida).
- Trata-se de um aspecto que une a avaliação baseada nos objetivos à avaliação do processo e do suporte a ele (ver os próximos elementos da avaliação), em termos da análise da eficiência das operações desenvolvidas para que sejam alcançados os objetivos da empresa.
- Agrega-se esta avaliação à análise da mão de obra, em termos de eficiência de suas atividades e da eficácia com que elas causam impacto sobre produtos acabados.
- E, por fim, associa-se ao modelo que enfatiza clientes e consumidores (elemento de avaliação analisado anteriormente), até porque, em última análise, são eles os objetivos maiores da organização.

São elementos típicos a considerar neste tipo de avaliação:

- O comprometimento efetivo das pessoas com o esforço para atingir as metas traçadas. Cabe notar que o alcance dessas metas decorre da compatibilidade entre objetivos e recursos disponibilizados nas várias áreas envolvidas.
- A mensuração desses resultados.
- A aceitação do objetivo proposto (em relação, por exemplo, a valores locais).

Os objetivos também são avaliados, fundamentalmente, pela contribuição para melhor atendimento a consumidores e para gerar uma expectativa favorável aos clientes. Nesse sentido, cabe considerar uma avaliação mais ampla dos próprios objetivos. Afinal, se os clientes fazem parte da sociedade (e não apenas do segmento que denominamos *mercado*), é importante considerar a sociedade como alvo de nossos objetivos.

De fato, fixar como objetivo da qualidade apenas *adequação* ao uso pode ser uma postura que apresenta algumas restrições. Afinal, esse conceito cria uma relação direta entre quem produz e quem consome. E isso pode significar falta de zelo para com os outros componentes da sociedade.

O QUE A PRÁTICA TEM ENSINADO

- Uma moto que faz barulho ensurdecedor pode ser considerada adequada ao uso por quem a adquiriu, mas é um tormento para toda a sociedade.
- Isso pode gerar um risco estratégico para a empresa, por não se observar, entre os objetivos gerais da organização, a atenção à sociedade, de onde sairão novos consumidores.
- Se a empresa enfatiza apenas os consumidores que ela já tem, pode-se considerar que ela não tem preocupação com seu crescimento no mercado.
- Como se sabe, crescer é um elemento fundamental para a sobrevivência de qualquer dos seres vivos – entre os quais estão as organizações.

Assim, a diferenciação entre consumidores e clientes pode ser vista como a primeira generalização do conceito da qualidade. O que se segue é mais ou menos óbvio: a definição dos objetivos que envolvem qualidade causa impacto em toda a sociedade. Em outras palavras, toda a sociedade pode ser vista como um consumidor em potencial – ou não.

Além dessa visão (que não deixa de ser uma visão de mercado), existe outra questão a considerar. Não há como negar que as ações sociais da empresa se ligam, intimamente, à imagem que ela projeta na sociedade. E essa imagem é fundamental para a aceitação de seus bens tangíveis e de seus serviços. Ações sociais, assim, podem ser vistas como investimentos que a empresa faz em sua imagem, que costuma produzir resultados rápidos nas marcas de seus produtos.

UMA ANÁLISE CONCLUSIVA

- Como não se conseguem limitar muito bem os contornos do que seja sociedade, surgem as preocupações com a globalização da ação produtiva, que vem a ser a generalização do impacto de processos, de bens tangíveis e de serviços sobre todo o planeta.
- Numa época em que meios de transporte super-rápidos encurtam distâncias físicas e a Internet elimina distâncias para a transmissão de informações, não há como deixar de considerar que qualquer ação em uma parte do mundo tem reflexo rápido no restante do planeta.
- Por isso, a globalização deve ser considerada na fixação de objetivos da organização.

4.5 ELEMENTOS OPERACIONAIS DA AVALIAÇÃO DA QUALIDADE

Esta fase da Avaliação da Qualidade considera a operação do processo produtivo das organizações.

3. AVALIAÇÃO COM BASE NO PROCESSO

Essa é a avaliação mais simples de ser feita pela facilidade de obter medições diretas de desempenho. É também a avaliação que dispõe de estratégias e ferramentas de mais fácil utilização. Essas técnicas costumam portar mecanismos eficientes e objetivos para avaliar, quantitativamente, o impacto de mudanças no processo como decorrência de algumas ações desenvolvidas em todo o processo ou em uma ou algumas de suas partes.

ATENÇÃO A ESTES PONTOS

- A Avaliação da Qualidade com base no processo integra uma área fundamental da chamada Gestão da Qualidade no Processo.
- Esse modelo gerencial foi estruturado com base numa ideia simples: a qualidade é gerada com base no processo produtivo. Esse é o modelo mais relevante historicamente: de fato, a produção da qualidade nasceu de esforços de melhoria nos processos produtivos.

Foi para o processo que se dirigiram as primeiras ferramentas da qualidade, como os clássicos Gráficos de Controle de Shewhart. Foi no processo que sempre se concentraram as estratégias gerenciais mais notáveis da década de 1970. E foi no processo que se conseguiram os primeiros e mais vistosos resultados que impulsionaram a consolidação da era da qualidade nas empresas.

Observa-se, contudo, que nem sempre houve o entendimento segundo o qual gerar a qualidade no processo deve ser o ponto de partida dos programas da qualidade nas empresas. Ainda persiste a ideia de que é suficiente conferir confiabilidade na avaliação de produtos e serviços (resultados do processo). Justifica-se essa postura por serem esses os elementos que aparecem como os mais visíveis para o consumidor final.

PENSE NISTO

- Deve-se observar que centrar a análise da qualidade no produto é, em primeiro lugar, um procedimento ineficiente.
- De fato, como o produto decorre do processo, trabalhar no produto significa atuar no efeito.
- Pode-se ter uma situação curiosa aqui: por maior que seja o esforço em corrigir defeitos de produtos, esse esforço tende a ser eterno, porque não se atingem as causas.
- A descoberta, à primeira vista bastante evidente, de que a ação no processo resolvia dois problemas ao mesmo tempo – as causas e os efeitos – ainda não é percebida em muitos casos.

Nota-se, assim, existirem ainda hoje empresas que investem em modelos sofisticados de inspeção do produto acabado, em métodos de classificação e de rotulagem do produto na porta de saída da fábrica, na avaliação do serviço prestado e assim por diante. Esse é um caso de custo elevado em ações de discutível reflexo prático. Cria-se, dessa forma, o primeiro movimento da Gestão da Qualidade no Processo: gerar melhorias no processo produtivo. O impacto dessas ações será observado e avaliado no produto acabado.

Como se trata da qualidade, é evidente que a figura do consumidor externo deve ser considerada e, até mais do que isso, enfatizada com indiscutível prioridade. Isso cria um novo direcionamento para as próprias ações de processo, que passam agora a incluir objetivos estratégicos da organização e não apenas os operacionais.

Em resumo:

- Os movimentos da Gestão da Qualidade envolvem eficiência e eficácia.
- Note que o segundo movimento inclui o primeiro.

EXEMPLO

- Se o processo gera defeitos no produto, não há como adequá-lo ao uso. Por outro lado, a ausência de defeitos não significa ajuste do produto ao uso (um terno, perfeito, sem defeitos, tamanho 40, não serve para uma pessoa que veste tamanho 52). Daí a importância do esforço integrado processo/produto para gerar qualidade.

Nesse contexto, define-se **Gestão da Qualidade no Processo** como o direcionamento de todas as ações do processo produtivo para o pleno atendimento de consumidores e de clientes.

Essas ações incluem a eficiência de operações, que elimina defeitos e agrega valor ao produto, e a eficácia dessas mesmas operações, isto é, a produção de bens tangíveis e serviços ajustados à demanda a que pretendem satisfazer.

A avaliação do processo costuma englobar três elementos básicos:

1. Eliminação de perdas (passo inicial que visa erradicar defeitos, desperdícios, falhas, erros etc.).
2. Otimização do processo (fase que visa consolidar os mecanismos destinados a evitar defeitos e melhorar continuamente o processo).
3. Inserção da avaliação do processo nos objetivos globais da organização (quando se direciona todo o processo de avaliação para os objetivos gerais da organização).

Cada conjunto de procedimentos tem características bem definidas, conforme mostram os quadros a seguir.

FASE 1: ELIMINAÇÃO DAS PERDAS

Atividades típicas	Natureza das atividades	Prioridades	Direcionamento
■ Eliminar defeitos, erros, refugos, retrabalho, desperdícios, falhas de equipamentos etc. ■ Reduzir custos de produção devidos a operações desnecessárias. ■ Eliminar esforços inúteis ou repetidos em operações. ■ Eliminar procedimentos de utilidade discutível ou notadamente inúteis.	Corretiva.	Minimizar desvios do processo produtivo em relação a objetivos traçados, eliminando custos que a ocorrência desses desvios traz.	As ações visam a elementos específicos do processo. A meta é restrita. Buscam-se resultados imediatos.

FASE 2: ELIMINAÇÃO DE CAUSAS DE PERDAS

Atividades típicas	Natureza das atividades	Prioridades	Direcionamento
• Estudo de como ocorrem defeitos, erros, falhas, desperdícios etc., em termos de onde, quando e em que circunstâncias tais defeitos emergem. • Determinação das situações favoráveis à ocorrência de defeitos. • Determinação da frequência de ocorrência de defeitos. • Controle Estatístico de defeitos, associando-os aos dados conhecidos sobre sua ocorrência. • Estruturação de projetos de experimentos voltados para a relação causa/efeito dos desvios considerados. • Criação de mecanismos específicos para monitorar a produção (sistemas de informações, controle de resultados por operação etc.).	Preventiva.	Eliminar causas de desvios durante o processo, evitando a ocorrência de situações que conduzam a alguma falha ou erro. Eliminam-se, assim, elementos que podem gerar alguma condição inadequada de operação. Buscam-se novos níveis de desempenho.	Corrigir o mau uso dos recursos. As ações direcionam-se a áreas, a setores ou a partes das linhas de produção.

FASE 3: OTIMIZAÇÃO DO PROCESSO

Atividades típicas	Natureza das atividades	Prioridades	Direcionamento
• Aumento da produtividade e da capacidade operacional da empresa. • Racionalização (melhor uso possível) de recursos da empresa, sejam humanos (alocação de pessoal, por exemplo), sejam materiais, equipamentos, tempo, energia, espaço, métodos de trabalho, influência ambiental etc. • Adequação do processo aos projetos que lhe servem de referencial. • Estruturação de sistemas de informação perfeitamente adaptados às necessidades de gerenciamento do processo.	Consolidar ações.	Priorizam-se os pontos fortes e potencialidades do processo de produção, buscando melhorá-los mais. A meta, assim, é agregar valor ao processo e, por consequência, ao produto.	Ações abrangentes, direcionadas para todo o processo, enfatizando contribuições e resultados pontuais e, principalmente, a interação entre eles.

Estas fases mostram um processo evolutivo no conceito de defeito e também no conceito da qualidade:

EVOLUÇÃO DO CONCEITO DE DEFEITO	Fase 1	**Defeito** → Desvio.
	Fase 2	**Defeito** → Ação que não agrega valor ao produto.
	Fase 3	**Defeito** → Ação que não produz impacto sobre a melhoria do processo.
EVOLUÇÃO DO CONCEITO DA QUALIDADE	Fase 1	**Qualidade** → Ausência de defeitos no produto.
	Fase 2	**Qualidade** → Ausência de defeitos no processo.
	Fase 3	**Qualidade** → Ajuste do produto ao uso pelo atendimento às expectativas mínimas do consumidor.

Em termos de ações:

- **Fase 1**: Apenas para eliminar o que se faz de errado.
- **Fase 2**: Mais difícil de implantar e de avaliar, começa a gerar melhorias na qualidade.
- **Fase 3**: Consolida resultados e preocupa-se com o ajuste do produto ao uso.

Uma característica importante do conjunto das três fases é o esforço de *integrar o processo aos objetivos de toda a organização*.

Em particular, o processo passa a ser direcionado para atender, da melhor forma possível, aos consumidores e aos clientes, ainda mais considerando que esse é (ou deveria ser) o objetivo capital da empresa.

A Gestão da Qualidade no Processo possui, assim, um roteiro evolutivo de ações, que começam na eliminação dos defeitos, passam para as causas dos defeitos e, a seguir, buscam a otimização do processo. Atuando dessa forma,

1. inicialmente, viabiliza o produto para uso;
2. a seguir, viabiliza a garantia de que o produto estará apto para uso;
3. por fim, agrega ao produto suas máximas eficiência e eficácia para uso.

Por isso, percebe-se que a Gestão da Qualidade no Processo desenvolve sua ação com base em objetivos bem definidos, evolutivamente estruturados, que envolvem ações bem caracterizadas. Por isso, requer planejamento, mas, ao mesmo tempo, possui mecanismos de avaliação facilmente definidos.

UMA ANÁLISE CONCLUSIVA

- Tanto pela facilidade de desenvolvimento quanto pelo impacto positivo e visível que provoca, costuma-se considerar que gerenciar Programas da Qualidade com base em uma bem estruturada Gestão da Qualidade no Processo é um começo de elevado poder de motivação para todos os elementos envolvidos e com perspectivas reais de sucesso para todo o programa.

4.6 ELEMENTOS TÁTICOS DA AVALIAÇÃO DA QUALIDADE

Aqui se inserem o envolvimento dos recursos humanos da organização no esforço pela qualidade e as ações de suporte ao processo produtivo.

4. AVALIAÇÃO COM BASE NA MÃO DE OBRA

Essa é a avaliação mais abrangente, que envolve tanto o processo de produção quanto o suporte a ele, bem como as relações da empresa com o mercado. É importante considerar esses três ambientes, porque, em geral, a mão de obra opera na interação deles.

Os modelos que atuam nessa área costumam considerar como ocorre a relação entre:

1. O que a empresa requer da mão de obra; e
2. O que a mão de obra necessita da empresa.

ATENÇÃO A ESTES PONTOS

- Como se sabe, há *recursos* (disponibilizados pela empresa), *resultados* (gerados pela mão de obra) e *expectativas* (de ambas as partes).
- Daí a necessidade de centrar a avaliação nessas relações.

A avaliação, aqui, requer que se considere a cultura local, enfatizando os valores e os comportamentos usualmente adotados. Em geral, esses itens costumam ser referenciais importantes para a ação da mão de obra.

■ Elementos que a **empresa** tende a considerar básicos na avaliação da mão de obra	■ Competência. ■ Motivação. ■ Aceitação e adesão aos objetivos da organização.
■ Elementos que mostram como a empresa contribui para atender às expectativas da *mão de obra*	■ Investimentos em formação, qualificação e atualização. ■ Viabilização de recursos. ■ Acesso aos objetivos. ■ Estruturação de ambientes adequados à produção dos resultados requeridos. ■ Estratégias motivacionais ajustadas à realidade das pessoas que integram a empresa.

Esses dois conjuntos de itens são os elementos fundamentais a considerar no processo de avaliação. Em termos de avaliação:

▪ Avaliação da ação da mão de obra	▪ Confronto entre resultados obtidos e objetivos fixados. ▪ Indicadores de desempenho (como menores custos de produção ou a racionalização do uso de recursos).
▪ Avaliação da ação da empresa	▪ Formas de envolvimento da mão de obra no esforço de produzir qualidade (seja por ações simples, como a redução de defeitos, ou mais complexas, como o desenvolvimento de ações que visem otimizar o processo produtivo).

Outros elementos relevantes a considerar costumam ser:

- Processo de retribuição a esforços feitos.
- Comunicação entre a empresa e as pessoas e, também, entre as próprias pessoas.
- Delegação de responsabilidades.
- A viabilização de chances efetivas de participação e de promoção (plano de cargos e salários bem estruturado, com critérios precisos e claros de promoção, por exemplo).
- As perspectivas de longo prazo.
- O modelo gerencial iterativo.
- Mais em geral, a chamada qualidade de vida no trabalho.

5. AVALIAÇÃO CENTRADA NO SUPORTE AO PROCESSO

As ações de suporte são sempre avaliadas pela atividade-fim a que se destinam. A avaliação, nesse caso, costuma ser "indireta".

EXEMPLO

▪ A manutenção não é avaliada em si mesma, mas a avaliação do processo inteiro inclui a avaliação da manutenção, ou seja, a manutenção (ação meio) só pode ser avaliada se o processo (ação fim) opera adequadamente, sem quebra de equipamento em determinado período.

O referencial para a avaliação da área de suporte, assim, centra-se no desempenho de suas atividades em termos da contribuição prestada aos setores com os quais interage.

Esse modelo de avaliação enfatiza a necessidade, a oportunidade e a importância de considerar a avaliação das melhorias da qualidade também em termos das chamadas atividades *off-line*.

> **ATENÇÃO A ESTES PONTOS**
>
> - É relevante observar que a área de *projeto* costuma ser o elemento mais importante a avaliar aqui. Isso ocorre, fundamentalmente, porque essa área cria a interface entre processos produtivos e consumidores.
> - Além disso, é a área que mais impacta o processo de produção, pois determina, em última análise, o que deve ser feito.
> - Talvez exatamente em função do fato de que essa interface direciona as ações da empresa, a área de projetos oferece contribuição estratégica crítica para a organização.

Cabe registrar ainda um modelo de avaliação muito em uso nas empresas hoje, chamado de Modelo Holístico. Ele centra-se na avaliação da integração entre elementos, como os discutidos anteriormente. Essa é uma avaliação estratégica, porque envolve análises abrangentes, de longo alcance.

Ainda não existem métodos para fazer esse tipo de avaliação que possam ser considerados como técnicas consolidadas por decorrência do uso prático efetivo (única forma possível de validar uma ferramenta ou uma estratégia). Todavia, o modelo holístico chama atenção para um item importante: a avaliação do impacto de elementos que interagem entre si para atingir dado objetivo global.

4.7 POSTURAS A ADOTAR E A EVITAR NA AVALIAÇÃO DA QUALIDADE

Com base no que foi discutido neste capítulo, pode-se traçar uma visão geral do processo da Avaliação da Qualidade. A partir de pontos a considerar, algumas posturas podem ser adotadas ou evitadas nos métodos gerenciais da Avaliação da Qualidade.

A. PONTOS A CONSIDERAR

- A Avaliação da Qualidade é um processo *abrangente*, que envolve vários elementos e costuma exigir uma visão ampla do processo para poder ser útil e válida. Por isso, estratégias pontuais de avaliação devem ser incluídas em análises de maior alcance.
- A avaliação deve ser *contínua*, permanente. E, é claro, progressivamente deve envolver maior quantidade e maior profundidade em seus elementos de análise.
- A avaliação do processo é a mais *fácil* de ser feita. Além de possuir utilidade em si mesmo, esse tipo de avaliação serve como aprendizagem e como motivação para avaliações mais complexas.

B. POSTURAS A ADOTAR

- O sucesso das estratégias de Avaliação da Qualidade está diretamente relacionado com a *praticidade* de operação dos mecanismos empregados para tanto (rigor teórico transparente ao usuário).

- Como mecanismo crítico da Gestão da Qualidade, é fundamental que o processo de avaliação lance mão de procedimentos que sejam essencialmente *eficientes*.
- A inspeção é uma forma excelente para *começar* a Avaliação da Qualidade.
- A Avaliação da Qualidade costuma ser realizada em *atividades-fim*. Com frequência, a verdadeira meta aqui é medir como se comportam as *atividades-meio*, cujo reflexo direto são as atividades em que a avaliação se centrou.
- Toda Avaliação da Qualidade enfatiza a maneira como a empresa relaciona-se com seus *consumidores* e *clientes*. Qualquer outra avaliação é uma fase intermediária para chegar a esta.

C. POSTURAS A EVITAR

- Estratégias de Avaliação da Qualidade *sem rigor* teórico têm pouca chance de funcionar. Isso não quer dizer que precisem ser sofisticadas em termos de uso.
- Não se devem utilizar processos de avaliação que sejam complexos, a ponto de exigir *longos treinamentos*. É adequado começar sempre por mecanismos simples. A complexidade deve apenas ser decorrente da necessidade de evoluir no processo de avaliação.
- *Informações pouco representativas* prejudicam a visão que se tenha do processo. Deve-se evitar utilizá-las como fonte de avaliação.
- Não parece adequado criar *mecanismos unilaterais* de avaliação. Não se pode avaliar, por exemplo, o esforço da mão de obra se não há como avaliar a retribuição a esse esforço.
- Os mecanismos de Avaliação da Qualidade não podem ser *subjetivos*, mas devem ser essencialmente mensuráveis. Não se consideram válidas, assim, técnicas baseadas apenas em intuição, preferências pessoais ou meros palpites.
- Não é recomendada a adoção de mecanismos de avaliação centrados nas *atividades em si mesmas*. Há que se considerar sempre seus efeitos e, principalmente, como essas atividades provocam impacto sobre a ação da empresa no ambiente externo.

Como se observa, a prática da Avaliação da Qualidade tem mostrado que seus **resultados dependem, fortemente, de como ela é executada**.

QUESTÕES PRÁTICAS

1. Que razões práticas justificam a Avaliação da Qualidade?
2. Qual a importância estratégica da Avaliação da Qualidade?
3. Qual a importância tática da Avaliação da Qualidade?
4. Qual a importância operacional da Avaliação da Qualidade?
5. Por que é fundamental que a Avaliação da Qualidade seja baseada em mecanismos mensuráveis?
6. Como a característica essencialmente dinâmica do mercado afeta a Avaliação da Qualidade?
7. Por que é crítico para o processo gerencial da qualidade que a Avaliação da Qualidade seja um processo contínuo?
8. O rigor teórico é nocivo para a Avaliação da Qualidade? Como tratar essa questão (o impacto do rigor teórico nas estratégias e ferramentas da Avaliação da Qualidade)?
9. Por que é importante inserir a avaliação de características de processo ou de produto em um modelo abrangente de avaliação, que envolva toda a organização?
10. Costuma-se direcionar a Avaliação da Qualidade para as atividades-fim (efeitos) das organizações, considerando-as como consequências da forma como se desenvolvem as atividades-meio (causas). Esse direcionamento é relevante?
11. A Avaliação da Qualidade com base nos objetivos da organização é mesmo um procedimento crítico? Por quê?
12. Por que se tem observado notável facilidade para desenvolver a Avaliação da Qualidade baseada no processo?
13. Quais as características básicas do esforço de eliminação de perdas na Avaliação da Qualidade com base no processo? E no esforço de eliminar causas de perdas? E o que caracteriza a otimização do processo?
14. Por que é importante analisar as ações de suporte ao processo na Avaliação da Qualidade da organização? E qual o impacto dessas ações na empresa inteira?

INDICADORES DA QUALIDADE E DA PRODUTIVIDADE

5

OBJETIVOS DO CAPÍTULO

- Mostrar como os indicadores são ferramentas básicas para a Avaliação da Qualidade.
- Conceituar, caracterizar, estruturar e definir os indicadores da qualidade e da produtividade.
- Detalhar os componentes básicos dos indicadores da qualidade e da produtividade.
- Evidenciar as dimensões estratégicas, táticas e operacionais dos indicadores da qualidade e da produtividade.

A necessidade de desenvolver métodos objetivos de Avaliação da Qualidade tem determinado o crescente interesse das organizações em investir em mecanismos quantitativos, precisos, de fácil visibilidade e perfeitamente adequados a processos dinâmicos.

A meta aqui é analisar a evolução efetiva desses processos, um aspecto que se tem revelado fundamental no gerenciamento da qualidade.

Daí a ênfase conferida aos chamados indicadores da qualidade e da produtividade, cujo conceito e estrutura parecem atender perfeitamente às exigências dos modelos de Avaliação da Qualidade que possuem características como as que foram definidas no capítulo anterior.

5.1 OS INDICADORES COMO FERRAMENTA BÁSICA DA AVALIAÇÃO DA QUALIDADE

Como qualquer processo de avaliação, também a Avaliação da Qualidade se baseia em informações.

Daí decorre a necessidade de que sejam disponibilizadas informações adequadas para a viabilização das avaliações.

Ao gerar informações para a Avaliação da Qualidade, deve-se dispor de uma forma que envolva:

- O planejamento da coleta.
- A organização dos dados obtidos (de modo, é claro, que facilite a análise).
- A classificação das informações, sobretudo em termos de sua representatividade, confiabilidade e importância.

- A veiculação, seguindo um fluxo que favoreça a análise do valor de cada informação para cada destino, em cada momento e em cada contexto considerados.

Criou-se, assim, a ideia segundo a qual a Avaliação da Qualidade precisa ser formulada em termos de indicadores bem caracterizados.

> **PONTOS A DESTACAR**
>
> - Os indicadores da qualidade e da produtividade, dessa forma, são fundamentais para o processo de Avaliação da Qualidade justamente porque esse processo é baseado em informações.
> - Esse processo possui pré-requisitos básicos, que envolvem a coleta e o registro das informações, a representatividade que estas devem ter e a existência de um fluxo próprio para que elas sejam geradas e transmitidas.
> - Pode-se, então, considerar que os indicadores são os elementos básicos da Avaliação da Qualidade.

Em geral, mencionam-se indicadores da qualidade e da produtividade a fim de chamar a atenção para a diversidade de ambientes em que são gerados, utilizados ou aplicados.

Todavia, como se verá, há ainda um terceiro grupo de indicadores que envolve tanto qualidade quanto produtividade. Observe que os indicadores da qualidade são os mais abrangentes, até porque envolvem os demais.

5.2 CONCEITOS DE INDICADORES DA QUALIDADE E DA PRODUTIVIDADE

Os indicadores da qualidade e da produtividade, ou, genericamente, indicadores da qualidade, são mecanismos de avaliação formulados em bases mensuráveis, ou seja, são expressos de forma quantitativa. Os indicadores, deste modo, são sempre definidos por números, isto é, em valores associados a escalas contínuas.

> **ATENÇÃO A ESTES PONTOS**
>
> - Essa definição já parte de um pressuposto fundamental: todo indicador deve ter bases mensuráveis, ou seja, quantitativas.
> - Se não houver forma de expressar um elemento de avaliação desse modo, ele deixará de ser um indicador para ser outro modelo qualquer de avaliação.

Considera-se, por exemplo, que a redução de defeitos, a eliminação de horas de retrabalho, a minimização de custos com refugos são mecanismos de avaliação que podem ser expressos sob a forma de indicadores.

Já o aumento da conscientização do pessoal envolvido em uma campanha de prevenção de acidentes ou o acréscimo de motivação de operadores da linha de produção não são, em si mesmos, situações que imediatamente possam ser associadas a indicadores. Em primeiro lugar, porque não podem ser automaticamente traduzidas em valores quantitativos. De fato, essas situações expressam possíveis mudanças na forma de pensar, no modo de priorizar valores ou nas razões que determinadas pessoas têm para adotar certos comportamentos. Esses aspectos são intrínsecos às pessoas e nem sempre podem ser formulados quantitativamente. Devem, portanto, estar associados à outra forma de avaliação, sem envolver o uso de indicadores – pelo menos até que se possam expressar tais aspectos sob forma mensurável, em termos de resultados observados, por exemplo, ao longo de dado período.

Além disso, índices clássicos como *"estamos há 102 dias sem acidentes"* nem sempre podem ser considerados indicadores de melhoria, embora pareçam estar expressos de forma quantitativa.

De fato, esse número de dias não pode ser considerado um indicador de melhoria se não houve nenhuma ação concreta para que tal índice fosse obtido – esse período sem acidentes ocorreu mais devido à intercessão divina do que a resultado prático de uma campanha bem estruturada. Por isso, além de mensuráveis, exige-se que os indicadores tenham outras características bem definidas, como a de expressarem reflexos de ações claramente estruturadas, com objetivos bem definidos.

5.3 CARACTERIZAÇÃO DOS INDICADORES DA QUALIDADE E DA PRODUTIVIDADE

Atendida a definição básica (mensurabilidade), os indicadores da qualidade e da produtividade devem exibir um conjunto de características bem definidas, sendo as seguintes as mais importantes:

1. Objetividade.
2. Clareza.
3. Precisão.
4. Viabilidade.
5. Representatividade.
6. Visualização.
7. Ajuste.
8. Unicidade.
9. Alcance.
10. Resultados.

Detalhando cada característica:
1. **Objetividade**: cada indicador deve expressar de forma simples e direta a situação a que se refere a avaliação. É evidente que a mensurabilidade é a forma mais elementar de objetividade, já que expressar determinadas grandezas sob forma de número elimina a necessidade de descrições mais detalhadas.
2. **Clareza**: os indicadores devem ser perfeitamente compreensíveis, sem o uso de suporte teórico sofisticado. É importante observar que muitas pessoas, de diferentes

formações e de qualificações diversas, trabalharão, simultaneamente, com o mesmo indicador. Daí a necessidade de que os indicadores sejam suficientemente claros para todos.

3. **Precisão**: se munidos dessa característica, os indicadores não possuem duplicidade de interpretações, ou seja, são entendidos por todos os envolvidos da mesma forma.
4. **Viabilidade**: para serem corretamente estruturados, os indicadores não podem requerer informações ou procedimentos que não estão disponíveis agora nem estarão em médio prazo. Isso quer dizer que eles não se referem a alvos a atingir ou a propósitos de ações a desenvolver e nem a situações que nesse momento não podem ser viabilizadas. De certa forma, essa característica já aponta para outra, a seguir descrita, que se refere ao fato de que os indicadores não medem intenções, mas resultados já efetivamente obtidos.
5. **Representatividade**: os indicadores devem expressar exatamente o que ocorre na situação em que são aplicados. É relevante lembrar que, em geral, eles baseiam-se em amostras de processos ou de universos bem definidos. Por isso a necessidade de representarem, da forma mais precisa possível, o contexto do qual foram extraídos.
6. **Visualização**: até para viabilizar um modelo rápido e eficiente de avaliação, os indicadores devem garantir imediata visualização do processo sob avaliação. Por isso, com frequência, usam imagens (como gráficos, por exemplo) para expressar a realidade da situação sob análise.
7. **Ajuste**: considerando que a avaliação que está sendo implementada refere-se à organização em si, suas especificidades devem ser completamente respeitadas. Por isso, os indicadores devem ser adaptados à realidade da própria organização, ou seja, devem referir-se ao que efetivamente existe na organização. Essa característica ressalta o cuidado que se deve ter na seleção dos indicadores a utilizar em cada caso. Importações de modelos utilizados em outras empresas, que exibem realidades diversas, são práticas nocivas, que devem ser evitadas sob pena de comprometer todo o processo de avaliação.
8. **Unicidade**: como envolvem operações que se repetem em diferentes momentos, em diversos locais e distintos contextos, os indicadores não podem ser usados de forma diferenciada em situações similares. Normalmente, a falta de unicidade dos indicadores decorre de outros fatores listados aqui, como a falta de clareza ao serem definidos.
9. **Alcance**: ainda que centrados na análise de produtos, os indicadores sempre priorizam o processo que os gerou. A ideia é a mesma que fundamenta o controle de processos (ver Capítulo 6): a ênfase na avaliação das causas e não apenas dos efeitos dos processos produtivos.
10. **Resultados**: os indicadores sempre expressam resultados alcançados efetivamente e não projetos, planos ou metas para o futuro. Muito menos devem refletir o que se deseja fazer. Assim, enfatizam um processo de avaliação que parte sempre do que se tem efetivamente na organização – e não do que se

quer, do que se pretende ou do que se desejaria ter. Essa característica também envolve outro elemento básico que o indicador deve avaliar: até que ponto determinadas ações conduzem a determinados resultados. Aí, sim, justifica-se o uso de indicadores para medir, por exemplo, o número de dias em que não se registram acidentes em uma estrada como decorrência de um conjunto de melhorias feitas ao longo da pista (sinalização, alargamento de alguns trechos, construção de terceira via em subidas, colocação de controles eletrônicos de velocidade etc.). Nesse caso, os indicadores medem, na verdade, uma relação entre ação e reação e avaliam a evolução do processo com base em atividades realizadas ao longo de dado período.

Ao lado dessas características específicas, os indicadores da qualidade e da produtividade possuem uma característica considerada como **básica**, qual seja, a de sempre se referirem a consumidores e a clientes.

Logo, medem, na verdade, a satisfação de consumidores e a "probabilidade" de que clientes se transformem em consumidores. Isso pode ser feito de forma direta (pelo índice de aceitação de um produto no mercado, por exemplo) ou indireta (pelo impacto sobre o preço do produto acabado de pequenas modificações no processo produtivo).

PONTOS A DESTACAR

- Essa característica básica mostra que os modelos de avaliação voltados para a melhoria de operações da organização que nem sempre têm reflexo no produto acabado não podem envolver indicadores da qualidade e da produtividade.
- São modelos de avaliação sem reflexo direto na qualidade e que, por isso, não causam impacto estratégico sobre a organização. Daí não parecer adequado expressá-los sob forma de indicadores.

Um exemplo clássico, que pode ser citado aqui, é considerar como indicador da qualidade o tempo médio que uma patrulha da Polícia Rodoviária leva para atender a um acidente. Esse indicador deixa de ter validade como medida de qualidade porque, se ocorreu o acidente, a Polícia Rodoviária já falhou em sua função essencial – que é evitar que ocorram acidentes. Daí para frente, estão sendo consideradas apenas ações meramente corretivas em relação a falhas e a defeitos já ocorridos.

Os indicadores da qualidade possuem, assim, dois componentes básicos:
- Em função de seu conceito, devem ser sempre *mensuráveis*.
- Em função de sua ênfase (característica básica), medem o impacto das ações na satisfação dos **consumidores** e **clientes**.

Os indicadores costumam estar associados aos variados ambientes de produção da qualidade. Em cada ambiente há, ainda, que considerar algumas características específicas, como se verá a seguir.

5.4 AMBIENTES PARA A AVALIAÇÃO DA QUALIDADE COM O USO DE INDICADORES

Os conceitos de qualidade *in-line*, *on-line* e *off-line* foram introduzidos já há algum tempo (ver, por exemplo, Paladini, 2009).

A ideia que fundamenta esses conceitos é a de definir uma estrutura para a organização baseada em ambientes. Essa estrutura não é física, mas apenas conceitual, isto é, determina, na prática, a ênfase que devem mostrar as atividades dos diversos setores da organização.

Configurada em termos desses três ambientes, a organização passará a investir em três momentos distintos do esforço pela qualidade:

1. O processo produtivo em si (ambiente *in-line*).
2. O suporte ao processo (ambiente *off-line*).
3. As relações da organização com o mercado (ambiente *on-line*).

Para cada ambiente, em função de suas especificidades, serão associados indicadores bem caracterizados. Esses ambientes são brevemente descritos a seguir.

1. AMBIENTE DA QUALIDADE *IN-LINE*

A qualidade *in-line* enfatiza o processo produtivo em si. Esse ambiente possui seis características básicas:

1. Ausência de defeitos.
2. Capacidade de produção.
3. Estratégias de operação da empresa.
4. Produtividade.
5. Otimização de processos.
6. Atendimento às especificações.

Essas características podem ser identificadas como fases de um conjunto de ações bem organizadas, evolutivas e com finalidade bem determinada. Inicialmente, eliminam-se os defeitos do processo produtivo, até para que se possa conhecer sua real capacidade de operação (afinal, um sujeito gripado não pode ser avaliado em termos de sua capacidade de correr 100 metros em dado tempo – 15 segundos, por exemplo – justamente porque está gripado e apresenta condições físicas que não são nem sequer as normais).

ATENÇÃO A ESTES PONTOS

- As duas primeiras fases, assim, não acrescentam nada ao processo; apenas eliminam falhas, erros, desperdícios, defeitos etc.
- Com base nisso, contudo, pode-se definir a real capacidade de produção do processo sob análise.

Na terceira fase, surgem as decisões relativas ao que deve e ao que não deve ser fabricado; as quantidades a produzir de cada peça; as operações que devem ser mais enfatizadas etc. É óbvio que entra aqui a análise de mercado – o que permite observar a estreita ligação desse ambiente com o ambiente da qualidade *on-line*.

As duas fases seguintes visam à introdução de melhorias no processo produtivo. Primeiro, investe-se nos métodos elementares de *eficiência*. Aqui, entende-se por eficiência o esforço destinado a definir a melhor forma de utilizar os recursos das empresas, vale dizer, a eficiência envolve a otimização das atividades-meio das organizações.

Voltada exclusivamente para as operações de processo produtivo (fabricação, por exemplo), a eficiência incorpora o conceito de produtividade (vista, na verdade, como a própria eficiência de operações básicas de produção). A produtividade investe na otimização das operações. O gerenciamento integrado dessas operações implica a otimização de todo o processo.

Atinge-se, assim, o pleno atendimento às especificações dos projetos de produtos e serviços, uma fase que só pode ser obtida se o processo estiver nas mãos de quem o gerencia. A qualidade *in-line*, assim, busca exatamente a excelência das formas de produção.

O QUE A PRÁTICA TEM ENSINADO

- A qualidade *in-line* pode levar a um extremo: se a empresa priorizar apenas seu processo produtivo, deixará de considerar seus consumidores, com suas necessidades, suas preferências e suas conveniências.
- Esta restrição precisa ser levada em conta, mas a análise dos demais ambientes da qualidade vai minimizar tal risco.

De modo geral, pode-se observar que no modelo de qualidade *in-line* o produto é visto como o resultado dos esforços de produção. Por isso, processo e produto são igualmente relevantes. O processo é otimizado para atuar em sua melhor forma, evitando defeitos, desperdícios, retrabalho, erros etc. E o produto traz consigo os elementos que caracterizam claramente a empresa e a identificam no mercado, mostrando suas potencialidades e suas capacidades.

2. AMBIENTE DA QUALIDADE *OFF-LINE*

Esse ambiente enfatiza o conjunto de atividades que dão suporte ao processo produtivo.

Caracterizam o ambiente **off-line**, assim:
- As ações de suporte à produção (como manutenção, por exemplo).
- As atividades que influenciam ou afetam o processo produtivo (como o processo de planejamento e controle da produção, por exemplo).
- As áreas que organizam as atividades essenciais da empresa (como o projeto de *layout*); desenvolvem o processo de gerenciamento (como os modelos gerenciais); relacionam o processo produtivo ao mercado (projetos e marketing, por exemplo);

e atuam em interfaces críticas das operações da empresa (casos da segurança do trabalho, da proteção ao patrimônio, do recrutamento e seleção de pessoal, da qualificação etc.).

PONTOS A DESTACAR

- A qualidade *off-line* volta-se exatamente para a ação de pessoas, de setores, de operações e de serviços que não atuam precisamente no processo produtivo, mas que têm papel fundamental nele pelo suporte que a ele oferecem.
- Seriam como *funções indiretas* de produção.
- A qualidade *off-line*, assim, é gerada pela ação das áreas não diretamente ligadas ao processo de fabricação, mas relevantes para adequar o produto ao uso que dele se espera desenvolver.

3. AMBIENTE DA QUALIDADE *ON-LINE*

Esse ambiente enfatiza as relações entre a empresa e o mercado. Tais relações, contudo, são definidas de forma muito particular nesse contexto. Na verdade, o ambiente *on-line* define uma das formas como as relações devem ser processadas.

Caracterizam a qualidade *on-line* os seguintes elementos:
- Relação com o mercado.
- Percepção de necessidades ou conveniências de clientes e de consumidores.
- Pronta reação às mudanças.

Esta última característica parece ser a mais relevante, já que mostra que a sobrevivência de uma empresa depende exatamente da velocidade e da precisão dessa reação.

O ambiente da qualidade *on-line* viabiliza, em termos práticos, o direcionamento da empresa para o cliente. Nesse ambiente, há dois esforços fundamentais e quase simultâneos:

1. O esforço feito pela empresa para captar, o mais rapidamente possível, eventuais alterações em preferências, hábitos ou comportamentos de consumo.
2. O repasse dessas informações ao processo produtivo, de forma a adaptar, no menor espaço de tempo, bens tangíveis e serviços à nova realidade do mercado.

ATENÇÃO A ESTES PONTOS

- O modelo da qualidade *in-line* investe, essencialmente, na **eficácia** da organização.
- Entende-se aqui por eficácia o esforço para gerar resultados adequados ao consumidor. A eficácia avalia as atividades-fim da organização.
- Em geral, para garantir que esses resultados sejam os melhores possíveis, os modelos usuais de eficácia incorporam os procedimentos que enfatizam a eficiência do processo produtivo.

De fato, se puder ser gerado um produto adequado ao mercado e ainda mais barato (por conta de redução de custos de produção, por exemplo), se terá, sem dúvida, um resultado melhor. O objetivo básico do ambiente da qualidade *on-line* é gerar um produto sempre adequado ao consumidor (ou seja, sempre com maior eficácia). Considera-se que o mercado é extremamente dinâmico, mudando com frequência suas características. A sobrevivência da empresa, assim, depende de sua capacidade e de sua agilidade em gerar um produto permanentemente ajustado a ele.

O QUE A PRÁTICA TEM ENSINADO

- O ambiente da qualidade *on-line* requer processos flexíveis de produção, capazes de viabilizar, no menor tempo, as alterações que devem ser efetuadas no produto.
- Esse ambiente ainda exige que a empresa disponha de um sistema de informações permanentemente em funcionamento, captando informações do mercado.

O desdobramento natural do ambiente da qualidade *on-line* envolve o esforço da empresa para influenciar o mercado. Cria-se, assim, o modelo mais rápido possível de reação às mudanças – que é o de criar as mudanças. Nesse sentido, obtém-se uma nova definição de marketing no âmbito da qualidade *on-line*: marketing não é o esforço de vender o que se produziu, mas o de descobrir o que o mercado deseja que se produza.

Em virtude das características de cada um dos ambientes descritos, os indicadores da qualidade e da produtividade são definidos e identificados.

Considerando os ambientes de produção da qualidade, pode-se observar que existem três tipos básicos de indicadores:

- Indicadores de desempenho.
- Indicadores de suporte.
- Indicadores da qualidade propriamente ditos.

Cada um desses conjuntos está relacionado, respectivamente, à Gestão Operacional, Gestão Tática e Gestão Estratégica da Qualidade e será caracterizado a seguir.

5.5 A DIMENSÃO OPERACIONAL DOS INDICADORES

Como regra geral, a Gestão Operacional da Qualidade faz uso dos chamados indicadores de desempenho ou indicadores de produtividade.

INDICADORES DE DESEMPENHO

O primeiro grupo de indicadores refere-se ao *processo produtivo*. Por atuar nas ações de operação básica de fabricação e de produção de bens e serviços, procurando otimizar tanto as operações individualmente como o gerenciamento integrado delas, esses indicadores investem na eficiência das operações em si, ou seja, na produtividade. São os indicadores típicos do ambiente da qualidade *in-line*, já que atuam exatamente no processo de produção.

EM RESUMO:

- Referem-se ao **processo produtivo**.
- São conhecidos como indicadores da **produtividade**.
- Dizem respeito à qualidade *in-line*.

▶ *Características Básicas*

Os indicadores de desempenho possuem *características básicas* bem definidas. De fato, eles:

- Enfatizam o processo produtivo.
- Envolvem procedimentos de gestão operacional, mas podem envolver ações estratégicas, como as que determinam diferenciais de produção (capacidades de produção que podem ser fundamentais em relação aos concorrentes).
- Referem-se às características potenciais da empresa, ou seja, o que a empresa tem de melhor em relação a seus concorrentes e que pode transformar-se em diferencial competitivo (primeiro elemento do modelo competitivo clássico do planejamento estratégico).
- Evidenciam fragilidades da empresa, ou seja, pontos fracos que ela precisa considerar como prioritários em suas ações de otimização do processo (segundo elemento do modelo competitivo clássico do planejamento estratégico).
- Avaliam o desempenho do processo, incluindo-se aí todos os seus elementos, entre eles, é claro, o elemento humano.
- Possuem como meta básica medir a *eficiência* da organização.

Os indicadores de desempenho, assim, avaliam a qualidade com base no processo produtivo da organização.

5.6 A DIMENSÃO TÁTICA DOS INDICADORES

Como regra geral, a Gestão Tática da Qualidade faz uso dos chamados indicadores de suporte ou de ações de apoio.

INDICADORES DE SUPORTE

Os indicadores de suporte referem-se ao ambiente *off-line*. Podem atuar tanto no suporte ao processo produtivo em si (caso da manutenção, por exemplo) quanto no suporte às ações *on-line* (estruturando informações de mercado, por exemplo), ou, ainda, na relação entre ambos (caso do projeto do produto, por exemplo, que transforma os requisitos do cliente em especificações de produto). Os indicadores de suporte, assim, atuam em toda a organização.

EM RESUMO:

- Referem-se a *toda a organização*.
- São conhecidos como indicadores das *ações de apoio*.
- Referem-se à *qualidade off-line*.

▶ *Características Básicas*

Os indicadores de suporte:

- Enfatizam o suporte ao processo produtivo.
- Determinam procedimentos de gestão tática. Note, contudo, que esses indicadores podem adquirir características estratégicas ao determinar diferenciais competitivos em relação aos concorrentes em termos, por exemplo, de operações de troca rápida de ferramentas, agilidade na interpretação de informações do mercado e flexibilidade de adaptação de alterações de projeto seguindo tendências de consumo.
- Ampliam a capacidade da empresa em oferecer suporte às novas ações requeridas (pela necessidade de pronto atendimento ao consumidor, por exemplo) e a integrar elementos de diferentes áreas e de diversas funções.
- Evidenciam deficiências da empresa na ação conjunta de operações e de agentes de produção ou, ainda, no suporte ao funcionamento dessas mesmas operações e desses mesmos agentes.
- Avaliam o desempenho das ações de suporte ao processo produtivo e às demais ações fundamentais da empresa.
- Possuem, como meta básica, a capacidade de medir o *suporte* e o *apoio* aos modelos de eficiência e eficácia das ações gerais da organização.

Os indicadores de suporte, assim, avaliam qualidade com base no suporte oferecido ao processo produtivo da organização.

5.7 A DIMENSÃO ESTRATÉGICA DOS INDICADORES

Como regra geral, a Gestão Estratégica da Qualidade vale-se dos chamados indicadores da qualidade propriamente ditos, ou indicadores de sobrevivência.

INDICADORES DA QUALIDADE PROPRIAMENTE DITOS

Esses são os indicadores mais abrangentes, até porque incluem os demais. Referem-se à forma como a organização reage às mudanças do mercado, e ao modo como a empresa pretende influenciar ou, até mesmo, criar tais mudanças. São os indicadores da qualidade propriamente ditos, já que os demais indicadores estão também voltados para a qualidade, embora atuem em ambientes específicos: no primeiro caso, no processo produtivo;

e no segundo, nas ações gerais de suporte. Os indicadores da qualidade (propriamente ditos) atuam no ambiente *on-line*. São indicadores essencialmente estratégicos. Por isso, são conhecidos como indicadores de sobrevivência da empresa.

EM RESUMO:

- Referem-se às **relações da organização com o mercado**.
- São conhecidos como indicadores de **sobrevivência**.
- Referem-se à **qualidade on-line**.

▶ *Características Básicas*

Os indicadores da qualidade (propriamente ditos):

- Enfatizam as reações da empresa às mudanças do mercado, bem como a forma como a empresa influencia o mercado, gerando alterações adequadas a seus bens tangíveis ou a seus serviços. Evidenciam, também, a análise de tendências do mercado, que podem direcionar as atividades da empresa para criar reações proativas.
- Envolvem procedimentos de gestão estratégica. Podem incluir a gestão tática (direcionando a ação da média gerência para o pleno conhecimento e efetivo atendimento do mercado, por exemplo) e a gestão operacional (gerando mecanismos de influência do mercado com base, por exemplo, em potencialidades específicas do processo produtivo que não estão disponíveis nos concorrentes).
- Referem-se às oportunidades que a empresa identifica no mercado (terceiro elemento do modelo competitivo clássico do planejamento estratégico).
- Evidenciam ameaças externas à empresa, sobretudo em termos de concorrentes e de visão estratégica de bens tangíveis e de serviços (as características operacionais de nossos produtos, por exemplo, parecem estar ficando obsoletas). Note que essas ameaças (quarto elemento do modelo competitivo clássico do planejamento estratégico) são críticas, por afetarem diretamente a sobrevivência da empresa.
- Avaliam, assim, o impacto do processo e do suporte a ele no desempenho estratégico da empresa.
- Possuem como meta básica medir a *eficácia* da organização.

ATENÇÃO A ESTES PONTOS

- Os indicadores da qualidade (propriamente ditos) são os mais relevantes, tanto por suas características estratégicas como também por serem os mais abrangentes.
- De fato, esses indicadores incluem os demais e, por seus atributos básicos, colocam os outros indicadores a serviço da ação estratégica da organização.
- Por isso, quando se mencionam indicadores da qualidade e da produtividade, o que se deseja é chamar a atenção para os dois ambientes básicos – processo e relações com mercado. O terceiro tipo de indicadores – suporte – atua em ambos os ambientes e, por isso, não é mencionado explicitamente.

Conclui-se que a expressão *indicadores da qualidade* é suficiente para incluir os três tipos de indicadores – até de modo a chamar a atenção para o fato de que a qualidade ("adequação ao uso") é o que efetivamente mede qualquer avaliação corretamente definida.

5.8 RELAÇÃO DO INDICADOR COM O CONTEXTO DE AVALIAÇÃO

Um indicador fica perfeitamente definido se a ele forem associados dois conjuntos de dados:

1. A **relação** do indicador com o contexto de avaliação.
2. A **estrutura** do indicador.

Para caracterizar a **relação** de um indicador com o contexto de avaliação, é necessário associar a ele quatro *informações básicas*:

1.1. Objetivo.
1.2. Justificativa.
1.3. Ambiente.
1.4. Padrão.

Já a **estrutura** de um indicador envolve:

2.1. Elemento.
2.2. Fator.
2.3. Medida.

O primeiro grupo de informações será visto neste item; o segundo grupo, no próximo item.

A. OBJETIVO

Definir o objetivo do indicador significa direcionar toda a ação de Avaliação da Qualidade que se desenvolverá a partir dele. Por isso, embora pareça uma informação relativamente simples, determinar corretamente o objetivo do indicador é uma fase crucial de todo o processo de definição do indicador.

> *O objetivo do indicador determina **o que** deverá ser avaliado.*

Todo indicador está sempre associado um objetivo *geral*, qual seja, o de desenvolver a Avaliação da Qualidade de produtos (sejam bens tangíveis, sejam serviços), processos ou métodos de forma quantitativa. Isso significa que o indicador deverá fornecer uma análise mensurável associada à evolução do objeto da avaliação segundo determinado referencial.

Observa-se, assim, que os objetivos do indicador estão associados à própria dinâmica do processo sob avaliação, isto é, sempre se deseja saber se está havendo melhoria no desenvolvimento do processo em questão.

Ao lado do objetivo geral, existem objetivos *específicos* para determinado indicador. Eles referem-se a situações particulares para as quais a Avaliação da Qualidade deve ser feita.

Em geral, os objetivos específicos podem envolver:
- O estudo de um momento que a empresa está vivendo.
- A análise que se deseja fazer para fins de uma tomada de decisão.
- O monitoramento de dado processo para determinar que ações devam ser executadas para otimizar seu funcionamento.
- A análise de resultados obtidos de certas ações práticas.
- A seleção entre alternativas similares.

O QUE A PRÁTICA TEM ENSINADO

- Em nome da precisão que os indicadores devem ter, recomenda-se que os objetivos específicos sejam em pequeno número.
- De fato, se for suficientemente clara a definição do indicador, o objetivo parecerá relativamente evidente.
- Associar um indicador a uma lista enorme de objetivos específicos parece dar a impressão que se deseja atribuir ao indicador uma importância que ele, na verdade, não possui.

A definição dos objetivos é, como em qualquer modelo de planejamento, o passo inicial do processo de definição de um indicador.

E isso não se deve apenas a razões cronológicas, mas também ao fato de que todas as atividades que a avaliação pretende desenvolver começam exatamente nesse ponto e tomam determinada direção a partir daí.

E, como é comum em muitos processos de planejamento, embora sejam facilmente definidos e desempenhem um papel de extrema importância no processo de Avaliação da Qualidade, a definição dos objetivos para cada indicador é, com frequência, desconsiderada. Se assim for, todo o processo de avaliação já está fadado ao fracasso antes mesmo de começar.

▶ *Exemplos de Objetivos Associados a Indicadores:*

- Avaliar o desempenho de um equipamento em operação na linha de produção.
- Analisar o resultado da introdução de novas operações de produção em termos das peças produzidas.
- Determinar a adequação de número de pessoas alocadas em uma área de trabalho.
- Avaliar o reflexo de ações da gestão operacional no processo em termos de erros, de defeitos ou de desperdícios observados ao longo da linha de produção.

- Obter o valor real de produtos adquiridos de determinados fornecedores.
- Avaliar o estágio atual de penetração e aceitação de certos produtos no mercado nacional.

Definido o objetivo, o indicador já começa a ter sua caracterização claramente visualizada.

B. JUSTIFICATIVA

A justificativa do indicador refere-se à importância de se proceder a determinada avaliação. Se o objetivo determina *o que* será feito, a justificativa determina o *porquê* de fazê-lo.

Partindo-se da característica básica descrita na Seção 5.2 deste capítulo, pode-se considerar que todo indicador tem uma **justificativa geral**, qual seja desenvolver a Avaliação da Qualidade dos produtos – sejam bens tangíveis, métodos ou serviços – utilizando como referencial a forma como o mercado os tem aceitado. Isso significa que o indicador deverá fornecer uma análise mensurável da situação atual e da evolução do objeto de avaliação segundo a visão dos que consomem (ou pretendem consumir) determinados produtos.

PONTOS A DESTACAR

- As justificativas para estruturar dado indicador estão associadas à própria dinâmica do processo sob avaliação, isto é, sempre se deseja saber se está havendo crescente adequação ao uso no desenvolvimento do processo em questão.
- Quem julga essa adequação é o consumidor do processo, seja ele interno ou externo à organização.

Ao lado dessa justificativa geral existem justificativas *específicas* que determinam o emprego de dado indicador. Elas referem-se a situações particulares para as quais se requer que a Avaliação da Qualidade seja feita.

▶ *Exemplos de Justificativas Específicas*

- A necessidade de acompanhar o momento que a empresa está vivendo para determinar se é eventual (duração limitada) ou se pode tratar-se de um contexto cuja validade é de médio prazo.
- A urgência de uma tomada de decisão.
- A estruturação imediata de monitoramento em dado processo em função de particularidades observadas, como baixos níveis de produtividade.
- O cuidado que se deve ter com ações práticas que envolvem elevado investimento e que precisam, necessariamente, fornecer certos resultados em curto período de tempo.
- A dificuldade que se tem de observar as vantagens e as desvantagens de um conjunto de alternativas similares.

> **O QUE A PRÁTICA TEM ENSINADO**
> - Igualmente, em nome da precisão que os indicadores devem ter, recomenda-se que as justificativas específicas sejam em pequeno número.
> - Também aqui, associar um indicador a uma lista enorme de justificativas parece dar a impressão de que se pretende, a todo custo, atribuir ao indicador uma relevância que ele, na verdade, não possui.

Mesmo que seja clara a definição do indicador, nem sempre a justificativa para sua utilização parecerá evidente. Isso porque o objetivo envolve o que deve ser feito e, por isso, precisa ficar bem explícito. Todavia, a justificativa inclui razões que nem sempre são visíveis a partir da formulação dos objetivos. Além disso, muitas vezes, não se deseja que a justificativa real do emprego do indicador seja mostrada aos implicados no processo.

Por motivos compreensíveis: pode ser que os verdadeiros avaliados sejam os próprios envolvidos ou, então, nem sempre se deseja divulgar as razões reais da avaliação, como no caso da análise de desempenho de um grupo de pessoas cujo número deve ser reduzido (por processos de demissão, por exemplo).

Justificar o uso de um indicador é de importância óbvia se se considerar a necessidade de otimizar o próprio processo de avaliação. Não há por que desenvolver uma avaliação se não se sabe exatamente a razão para tal. Uma das piores justificativas, por exemplo, é a necessidade de ter dados cadastrados para eventuais situações que poderão surgir. Formular corretamente as justificativas para o emprego de dado indicador, assim, pode ser o primeiro passo para invalidar a conhecida Teoria da Utilidade Futura (TUF), segundo a qual um dia, num futuro remoto, determinada informação poderá vir a ser útil. Como se coletar dados, armazenar informações, trabalhar com elas, analisá-las e arquivá-las não fossem operações que envolvem custos, às vezes, elevados.

▶ *Exemplos de Justificativas Associadas a Indicadores*

- Avaliar o desempenho de um equipamento para determinar se ele deve ser substituído por um novo ou encaminhado à manutenção.
- Analisar a real validade de novas operações de produção e, a partir daí, avaliar o comportamento de gerentes e supervisores.
- Determinar a adequação do número de pessoas alocadas em uma área de trabalho para definir a redução ou o acréscimo de mão de obra nessas áreas.
- Avaliar o impacto imediato de ações da gestão operacional no processo em termos de melhoria de índices atuais de defeitos, por exemplo.
- Iniciar a avaliação de todos os fornecedores com vista em definir substituições de alguns e investimentos no desenvolvimento dos processos produtivos de outros.
- Avaliar a oportunidade de investir em novos produtos a fim de aumentar a participação da empresa no mercado nacional.

De forma geral, observa-se que a justificativa está associada ao valor que o indicador agrega à avaliação. Daí sua importância.

C. AMBIENTE

Todo indicador deve estar associado a um dos três ambientes descritos na Seção 5.4, ou seja, deve-se classificar o indicador em um dos três tipos a seguir:

1. Indicadores de desempenho (*in-line*).
2. Indicadores de suporte (*off-line*).
3. Indicadores da qualidade propriamente ditos (*on-line*).

Nessa fase do processo de definição do indicador, determina-se a natureza do indicador em relação aos três ambientes básicos de Avaliação da Qualidade, ou seja, classifica-se o indicador. Toda a análise feita anteriormente para os três ambientes – *in-line*, *on-line* e *off-line* – aplica-se aqui.

Parece evidente a importância de definir corretamente o tipo de indicador com o qual se está trabalhando. Basta considerar as características próprias de cada ambiente, com suas especificidades e suas ênfases, para se justificar a necessidade de que essa classificação seja a mais correta possível.

D. PADRÃO

O padrão de um indicador é o referencial utilizado para verificar se houve melhoria no processo sob avaliação. O indicador, assim, compara o resultado obtido com a meta estabelecida e avalia a possível melhoria produzida no processo sob avaliação.

Dessa forma, o primeiro passo para definir o padrão é definir o que seja melhoria.

MELHORIA

- Uma alteração em um processo, bem tangível, método ou serviço é uma melhoria se atende de forma mais adequada a determinado objetivo.
- Dito de outra maneira, quanto mais próxima a alteração estiver do objetivo a atingir, mais caracterizada fica a mudança como melhoria.
- Ambos (alteração e objetivo) devem ser mensurados em uma mesma escala.

O conceito de melhoria enfatiza o uso de indicadores. De fato, para definir uma melhoria é fundamental que o objetivo seja corretamente estruturado, o que reforça a importância da primeira informação básica que caracteriza um indicador. Ao mesmo tempo, é necessário garantir os meios para que seu alcance seja verificado. Essa questão pressupõe mensurabilidade, um aspecto que integra o próprio conceito de indicador. Cabe observar que objetivos mensuráveis podem ser facilmente avaliados: os números são associados a relações bem definidas, estruturadas em escalas contínuas. E permitem avaliar se uma mudança é, efetivamente, uma melhoria. De forma geral, assim, a melhoria fica caracterizada se as alterações determinam maior proximidade do alcance do objetivo, ou seja, o resultado obtido aproxima-se mais da meta estabelecida.

Nos ambientes de produção da qualidade, a melhoria é medida em termos de características próprias de cada um deles. Assim, as diferentes formas de medir a eficiência caracterizam os indicadores associados à qualidade *in-line*; os métodos diversos de avaliação da *eficácia* caracterizam os indicadores associados à qualidade *on-line*. Já a integração entre as atividades de suporte ao processo e às relações da empresa com o mercado identificam os indicadores associados à qualidade *off-line*.

Em resumo, tem-se:

> *Maior proximidade do resultado esperado → melhoria em termos de objetivo.*
> *Melhoria em ambientes in-line → maior eficiência.*
> *Melhoria em ambientes on-line → maior eficácia.*
> *Melhoria em ambientes off-line → maior integração.*

Os padrões associados aos indicadores, assim, definem as melhorias que se pretende obter nos diferentes ambientes. Para fixar um padrão, há quatro possibilidades: Podem ser utilizados:

D.1. Padrões naturais.

D.2. Padrões que definem proximidade em relação a determinadas metas.

D.3. Padrões fixados por *benchmarking* externo.

D.4. Padrões fixados por *benchmarking* interno.

Detalhando cada caso:

D.1. Padrões naturais

Nesse caso, a meta é definida naturalmente, isto é, os indicadores devem avaliar se o processo está-se desenvolvendo em direção a um valor que tem aceitação "universal", isto é, pelo senso comum. É o caso, por exemplo, dos indicadores que avaliam número de acidentes na linha de produção ou percentuais de peças produzidas sem defeitos. No primeiro caso, o padrão natural é zero; no segundo, 100%. Assim, o indicador mostra melhoria se, comparado com os valores obtidos no período anterior, exibe resultados, no primeiro caso, cada vez menores, ou seja, cada vez mais próximos de zero; e, no segundo, cada vez maiores, ou seja, cada vez mais próximos de 100.

PONTOS A DESTACAR

- Costuma-se chamar os indicadores que operam com padrões naturais de "indicadores evolutivos", porque, nesse caso, busca-se avaliar se houve evolução (transformação positiva) no processo.
- Note, contudo, que essa denominação é equivocada porque, a rigor, todos os indicadores são evolutivos, já que também os que analisam se o processo gera resultados próximos a dado valor (um intervalo de 30,01 cm a 30,03 cm, por exemplo, para o diâmetro de uma peça) são, também, indicadores evolutivos.

Esse tipo de padrão é típico na Avaliação da Qualidade por atributos, em qualquer de suas diferentes formas (percentual de defeitos em lotes ou em processos (p), número de defeitos por peça (d), número médio de defeitos em lotes ou processos (d) ou o número de defeitos em áreas determinadas do produto (c), por exemplo).

D.2. Proximidade em relação a determinadas metas

Esses são os indicadores mais fáceis de serem entendidos e também os mais comuns. Nesse caso, a meta não é evidente, como no caso anterior, e depende de cada processo ou do produto considerado. Em geral, essas metas são fixadas em termos de intervalos, de valores limites superiores ou inferiores ou, ainda, de valores médios. Esse tipo de padrão é típico da Avaliação da Qualidade por variáveis.

EXEMPLOS

- Intervalo aceito para o comprimento de uma peça [4,00 ± 0,1 cm].
- Valor limite superior para a temperatura de uma câmara fria [– 15 °C] ou para o aquecimento de uma turbina [300 °C].
- Valor limite inferior para o conteúdo de vitamina em um medicamento [85%].
- Granulometria média de pedras de carvão, medida em peso [250 g] etc.

Nessas situações, o padrão deve ser fixado pelo projeto do produto, por normas internas ou externas à empresa, por exigência de determinados consumidores etc.

D.3. Benchmarking *externo*

Nesse modelo, o padrão é fixado por organizações concorrentes, que atuam no mesmo mercado que o nosso ou em mercados similares, e que podem ser consideradas como as melhores na área.

EXEMPLOS

- Se uma empresa consegue obter, por exemplo, um metal com 98% de pureza, enquanto sua concorrente mal chega a 75%, esse valor (98%) passa a ser o padrão da

segunda, considerando que alguma organização produtiva que atua no mesmo setor já o alcança (é bom lembrar que, se hoje esse concorrente não atua no mesmo padrão, isso não quer dizer que, em futuro próximo, não possa vir a atuar).
- O padrão aqui reflete uma meta clara: atingir índices de qualidade do concorrente e, em seguida, superá-los.

Como se sabe, essa é a ideia básica do *benchmarking*. Traduzindo o termo, pode-se defini-lo como a fixação de objetivos em função de um referencial estabelecido, ou seja, de "marcas" já observadas.

O QUE A PRÁTICA TEM ENSINADO

- Na prática, o *benchmarking* é um processo de acompanhamento do desenvolvimento de métodos, de processos, de operações, de bens tangíveis ou de serviços, para que deles sejam extraídas ideias, rotinas de trabalho, informações ou estratégias que possam ser implementadas em novas situações ou adaptadas para situações já existentes.
- Assim, trata-se de um processo de melhoria no qual uma organização mede seu desempenho pela comparação com companhias consideradas *"as melhores em sua classe"*, determinando como estas empresas alcançaram tais níveis de *performance* e utilizando essas informações para melhorar seu próprio desempenho (QUALITY PROGRESS, 1992, p. 20).

D.4. Benchmarking *interno*

Trata-se de uma situação semelhante à anterior. Nesse caso, porém, os padrões são definidos por nós mesmos, isto é, nossa meta é melhorar nossos próprios índices.

EXEMPLOS

- Um corredor prepara-se para a Olimpíada por esse processo. Inicialmente, ele determina seus índices para, por exemplo, uma corrida de 100 metros. Depois de várias tentativas, percebe que sua média é 20 segundos.
- Ele sabe que esse índice não o qualifica para a Olimpíada, mas isso não o preocupa nesse momento. Ele passa, então, a perseguir a marca de 14 segundos. Quando obtém, verifica se é uma marca consistente (ele repete essa marca em várias tentativas seguidas). Se for, busca 13 segundos.
- Quando a nova marca passa a ser consistente, procura melhores valores e assim por diante. Esse processo pode ser interessante para determinar níveis de qualidade em ambientes nos quais existe baixa (ou até mesmo nenhuma) concorrência.
- Pode ser usado, por exemplo, como meta de produtividade em empresas estatais que querem reduzir custos ou ampliar faturamento ou até mesmo para incrementar a motivação de funcionários públicos (que, como se sabe, operam em ambiente cuja tradição cultural é a de eternidade no emprego).

A rigor, os quatro tipos de padrões não são mutuamente exclusivos e tampouco deixam de sobrepor-se. De fato, em qualquer caso, o segundo tipo é o mais abrangente e pode incluir todos os demais.

Os diversos tipos mostram, contudo, a diversidade de padrões que podem ser formulados, até como forma de motivar quem deseja atingir e transpor determinadas metas com a ajuda de indicadores que mostrem sua evolução, que, espera-se, seja contínua.

5.9 ESTRUTURA DE UM INDICADOR

A estrutura de um indicador envolve sempre três componentes básicos: elemento, fator e medida. Detalha-se, a seguir, cada componente.

A. ELEMENTO

- Trata-se da situação, do assunto ou da natureza que basicamente caracteriza o indicador.
- O elemento deve sempre definir as "condições de contorno" do indicador, vale dizer, as fronteiras que definem sua validade, sua aplicação ou sua utilidade.
- O elemento caracteriza a área do ambiente de avaliação onde o indicador é representativo.

EXEMPLOS:

- Desempenho de equipamentos.
- Operações de produção.
- Mão de obra.
- Gestão operacional.
- Fornecedores.
- Mercado.

B. FATOR

- Trata-se da combinação de componentes em um mesmo contexto.
- O fator relaciona duas ou mais variáveis em um mesmo elemento.
- De certa forma, o fator "afunila" o elemento, definindo os componentes básicos a serem considerados no mecanismo de avaliação. É típico da definição de um fator o uso da palavra *por*, no sentido de *em relação a*. Para um mesmo elemento pode haver vários fatores.

EXEMPLOS:

- Velocidade de processamento por unidade de tempo.
- Peças de determinado tipo produzidas por período.
- Pessoal alocado por área.
- Defeitos por área de processo.
- Custo por produto adquirido, por fornecedor, por região geográfica.
- Fatia de mercado por produto.

C. MEDIDA

- Unidades com as quais se medem os fatores. Em regra, tais unidades envolvem o sistema internacional de medidas.
- Adotam-se aqui, para os produtos, as unidades adequadas para cada caso, que podem ser expressas em termos do simples número de unidades, no caso de um produto discreto (por exemplo, carros), ou unidades de peso, de medida ou de volume, em caso de produtos que se apresentam sob a forma de agregados contínuos (areia, carvão, gases ou líquidos em geral, por exemplo).
- Para os serviços podem ser usadas unidades que envolvam a repetição do procedimento, como o tempo médio de atendimento. Note que os fatores nunca são definidos em termos de unidades. Fala-se, por exemplo, em períodos de tempo.
- A medida, assim, delimita o conceito de fator, fixando unidades para medir o fator.
- Para um mesmo fator, assim, pode haver várias medidas – o que é compreensível: medem-se folhas de papel em centímetros quadrados, casas em metros quadrados, e a superfície de um país em quilômetros quadrados. Seria pouco adequado medir o peso de um navio em gramas, as batatas que um consumidor comum compra no supermercado em toneladas e insetos em quilogramas.

EXEMPLOS:

- Número de componentes produzidos por hora.
- Número de peças do tipo a123 produzidas por turno de trabalho.
- Número de fiscais alocados por metro quadrado da área sob controle.
- Percentual de defeitos por dia de trabalho, por setor da fábrica.
- Preço médio (em reais) dos componentes adquiridos por mês do fornecedor a2.
- Percentual médio de mercado do produto r4 nos últimos 6 meses.

ATENÇÃO A ESTE PONTO

- Um indicador pode ser definido por um único elemento. Para este elemento, podem ser criados vários fatores. E a cada fator podem ser associadas diferentes unidades de medida.

5.10 ALGUNS EXEMPLOS PRÁTICOS DE INDICADORES

Para ilustrar o uso prático de indicadores da qualidade e da produtividade, são listados a seguir alguns exemplos.

A. Exemplos de Indicadores (na Organização)

A.1 RELAÇÃO DO INDICADOR COM O AMBIENTE DE AVALIAÇÃO

	Objetivo	Justificativa	Ambiente	Padrão
1	Definir níveis de perda no processo	Avaliar a responsabilidade da gerência nas perdas observadas	In-line	Zero
2	Determinar o tempo investido em procedimentos burocráticos	Reduzir a burocracia interna	In-line / Off-line	3% do tempo útil na empresa
3	Determinar o nível de ruído interno	Reduzir erros por desatenção	In-line	Valor aceitável em decibéis
4	Determinar o nível tecnológico da empresa	Desativar equipamentos obsoletos	In-line	Idade média dos equipamentos não superior a três anos
5	Determinar a participação espontânea do pessoal em equipes da qualidade	Determinar níveis individuais de participação em atividades de equipes	In-line / Off-line	No máximo 4% da mão de obra fora do trabalho em equipe
6	Avaliar o modelo de treinamento adotado na empresa	Definir o nível de utilidade prática dos treinamentos desenvolvidos	In-line	90% de conteúdo do treinamento aplicado em período inferior a uma semana após o término do curso
7	Avaliar o modelo de manutenção da empresa	Determinar o impacto de ações preventivas sobre o desempenho dos equipamentos	Off-line	Zero quebra
8	Analisar a emissão de ordens que contrariam diretrizes anteriores	Avaliar a gestão operacional da empresa	In-line / Off-line	Zero
9	Determinar o nível de envolvimento do pessoal em certos setores	Avaliar o processo de alocação do pessoal	In-line	Em média, três pessoas por operação

A.2 ESTRUTURA DOS INDICADORES

	Elemento	Fator	Medida
1	Desperdício, erros, falhas	Desperdício, falhas ou erros observados por período	Unidades por hora
2	Excesso de documentos	Tempo gasto por pessoa, por documento, por período	Percentual do tempo útil por pessoa, por mês
3	Níveis de ruído	Nível de ruído por área	Número médio de decibéis por área
4	Nível tecnológico	Idade dos equipamentos por setor	Valores médios de idade dos equipamentos por setor
5	Motivação	Pessoas que participam de equipes por setor	Número de pessoas por setor
6	Treinamento	Conteúdos aplicados por período	Percentual aplicado até uma semana após o curso
7	Manutenção	Quebras de equipamentos por período	Número de quebras por semana
8	Ordens contraditórias	Ordens contraditórias emitidas por período	Número de ordens contraditórias emitidas por semana
9	Nível de pessoal envolvido	Pessoal alocado por operação, por setor	Número de pessoas por operação, por setor

B. Exemplos de Indicadores (Relações da Organização)

B.1 RELAÇÃO DO INDICADOR COM O AMBIENTE DE AVALIAÇÃO

	Objetivo	Justificativa	Ambiente	Padrão
1	Determinar níveis atuais de rotatividade nas linhas de produção	Comparar a rotatividade com os concorrentes	In-line Off-line	Tempo médio de permanência de operadores na empresa superior a dois anos
2	Determinar níveis atuais de absenteísmo nas linhas de produção	Comparar o absenteísmo com os concorrentes	In-line Off-line	Zero para os operadores em dado período
3	Aceitação de produtos novos pelo mercado	Avaliar o desempenho do setor de projetos	On-line	No mínimo, 90%
4	Avaliar a participação no mercado	Determinar se está havendo evolução nessa participação	On-line	Atingir uma média de 25% em um ano
5	Analisar níveis de defeitos detectados pelo mercado	Determinar o desempenho do setor de classificação do produto acabado	In-line On-line	Zero
6	Definir níveis de ações sociais desenvolvidas pela empresa	Determinar o nível de aceitação social da imagem da empresa	On-line	85% de satisfação em pesquisas de mercado

CAPÍTULO 5 | INDICADORES DA QUALIDADE E DA PRODUTIVIDADE   **167**

7	Avaliar a eficiência da empresa em face dos concorrentes	Determinar pontos fracos a eliminar e pontos fortes a potencializar	*In-line*	Eficiência superior aos concorrentes em 80% dos casos estudados
8	Determinar os níveis atuais de segurança do patrimônio	Determinar pontos fracos em termos de segurança do patrimônio	*Off-line*	Zero ocorrência
9	Determinar níveis de aceitação da propaganda veiculada	Avaliar o trabalho da área de publicidade	*On-line*	100% de aceitação em pesquisas de mercado

B.2 ESTRUTURA DO INDICADOR

	Elemento	Fator	Medida
1	Rotatividade	Tempo de permanência dos operadores por setor	Anos por setor
2	Absenteísmo	Faltas por setor, por período	Percentual por setor por ano
3	Percepção do mercado	Produtos novos cujas vendas atenderam aos padrões por período	Percentual por ano
4	Participação no mercado	Parcela do mercado por produto, por período	Percentual por produto por semestre
5	Defeitos detectados pelo mercado	Defeitos detectados pelo mercado por período	Número de reclamações por mês
6	Ações sociais da empresa	Ações sociais bem aceitas pelo mercado, por período	Percentual por semestre
7	Padrões comparativos de eficiência	Volume médio de recursos utilizados por produto, por período	Valor médio em dólares por produto, por mês
8	Segurança patrimonial	Agressões externas ao patrimônio da empresa por período	Prejuízo das ocorrências por mês
9	Cultura organizacional	Propagandas aceitas por período, por área de análise	Percentual por mês, por área

OBSERVAÇÃO:

Por questões de praticidade, não há objeção em expressar o fator e a medida no mesmo componente do indicador.

QUESTÕES PRÁTICAS

1. Normalmente, os indicadores *in-line* costumam ser operacionais. Em que condições eles podem ser estratégicos? Dê um exemplo prático.
2. Normalmente, os indicadores *off-line* costumam ser táticos. Em que condições eles podem ser estratégicos? Dê um exemplo prático.
3. Normalmente, os indicadores *on-line* costumam ser estratégicos. Em que condições eles podem ser operacionais? Dê um exemplo prático.
4. Por que a Avaliação da Qualidade dispensa tanta atenção às informações de processo que servem de base para seu desenvolvimento?
5. Por que se insiste na característica da viabilidade para os indicadores da qualidade e da produtividade utilizados na empresa?
6. Qual a característica básica dos ambientes de qualidade *in-line*? E dos ambientes *off-line*? E dos ambientes *on-line*?
7. Qual a característica básica dos indicadores de desempenho? E dos indicadores de suporte? E dos indicadores da qualidade propriamente ditos?
8. Qual a diferença prática que existe entre o objetivo e a justificativa de um indicador?
9. Por que o conceito de melhoria é relativo?
10. Por que todos os padrões são associados, a rigor, a indicadores evolutivos?
11. Por que é importante fixar um padrão para cada indicador?
12. O que difere os padrões fixados por *benchmarking* externo dos padrões fixados por *benchmarking* interno?
13. Qual a forma equivocada de fixar padrões por *benchmarking* interno? Por quê?
14. Para os elementos abaixo, defina os fatores e medidas mais adequados para a estruturação dos indicadores:

    A. Gestão por objetivos.

    B. Alteração de métodos de trabalho.

    C. Fornecedores primários.

    D. Fornecedores secundários.

    E. Substituição de equipamentos.

    F. Substituição de pessoas.

    G. Envolvimento de pessoas em projetos de inovação.

    H. Lançamento de novos produtos.

    I. Abertura de novas filiais em uma rede de varejo.

    J. Fornecedores de alta tecnologia.

PLANEJAMENTO E CONTROLE DE PROCESSOS

6

OBJETIVOS DO CAPÍTULO
- Mostrar as características gerais e desenvolver as ferramentas básicas do Controle Estatístico de Processos.
- Discutir os métodos básicos de escolha, utilização e análise de resultados das ferramentas do Controle Estatístico de Processos.

O Controle Estatístico de Processos é uma das áreas mais conhecidas, mais tradicionais e de maior aplicação prática da Avaliação da Qualidade.

As ferramentas mais vistosas e mais aceitas neste contexto são os chamados "Gráficos de Controle", cujo projeto foi estruturado por Walter Andrew Shewhart, engenheiro americano (1891-1967) que, atuando nos laboratórios da Bell Telefones, desenvolveu ferramentas estatísticas para examinar, por exemplo, quando uma ação corretiva deveria ser aplicada a um processo (WOODALL, 2017). Agregando-se, explicitamente, a ação do planejamento, tem-se então o PCEP (Planejamento e Controle Estatístico de Processos). O PCEP tem como base modelos relativamente simples de Avaliação da Qualidade (e, por isso, com notáveis efeitos didáticos nas fábricas e nas escolas).

Esses modelos, contudo, servem de base para projetos mais ambiciosos de Gerenciamento da Qualidade, que podem ir, em certos casos, a complexas análises do desempenho de processos produtivos sofisticados. A justificativa para agregar o planejamento ao CEP decorre do fato de as ferramentas aqui utilizadas permitirem uma análise detalhada do processo produtivo. A partir daí, torna-se possível desenvolver ações (ou seja, planejar e implantar atividades) para a melhoria do próprio processo (uma melhoria planejada, como se percebe).

Por centrar-se na análise das causas das variações observadas nos processos e por estruturar um modo específico de gerenciar o próprio processo a partir dessas causas, e não apenas dos efeitos (que são mostrados nos gráficos), este conjunto de modelos de avaliação pode ser generalizado para uma abordagem gerencial própria da qualidade. Tem-se, aqui, as bases para a Gestão da Qualidade no Processo.

6.1 AS BASES HISTÓRICAS DO PCEP

A estruturação da área do Planejamento e Controle de Processos tem sua gênese na ampla utilização de ferramentas estatísticas básicas, dentre as quais se destacam os Gráficos de Controle. Estes gráficos são, na verdade, esquemas visuais desenvolvidos por Walter Shewhart, na década de 1920, com o uso de uma bem elaborada fundamentação estatística, transparente ao usuário.

Os gráficos especificam limites superiores e inferiores dentro dos quais as medidas amostrais associadas a uma dada população são plotadas. Os gráficos operam em perfeita harmonia com os conceitos de evolução da Gestão da Qualidade, já que trabalham com tendências da população, mostradas por uma linha central e por curvas que permitem visualizar:

1. O desenvolvimento histórico do comportamento do processo que originou os dados sob análise.
2. O estágio atual do processo.
3. Sua tendência em futuro próximo.

A definição de processo é antiga e bem conhecida: processo é "qualquer conjunto de condições, ou causas, que, agindo juntas, geram um dado resultado" (PALADINI, 1995). O Planejamento e Controle de Processos envolve as atividades (planejadas, desenvolvidas e implantadas) para conhecer o processo em estudo. Por utilizar instrumentos estatísticos em suas análises, emprega-se a expressão *Planejamento e Controle Estatístico de Processos* (PCEP) para designar esta área.

Historicamente, o PCEP nasceu e se criou como ferramenta mais ligada à Gestão Operacional da Qualidade. Envolvia ferramentas simples, cujo objetivo básico sempre foi o de conhecer o processo. Este "conhecimento", contudo, se dá por meio de um método bem estruturado, cujo desenvolvimento se fundamenta em sólidas bases científicas, contando, sobretudo, com conceitos e resultados da estatística clássica (NATARAJ; ISMAIL, 2017). Por determinar comportamentos específicos da mão de obra e, até mesmo, por induzir a novas posturas (cultura proativa, por exemplo), o PCEP acabou por migrar para a Gestão Tática da Qualidade. Nesse contexto, determinou novos modelos gerenciais.

O QUE A PRÁTICA TEM ENSINADO

- Muitos resultados do PCEP geram indicações a partir das quais se detecta que o processo produtivo das organizações pode ter características diferenciadas.
- Isso identifica seus produtos e permite individualizar marcas, conferindo a elas posições de destaque e de particularização em segmentos diversos do mercado.
- Essa situação mostra que os efeitos multiplicadores do PCEP transcendem ao processo produtivo, ampliando seu alcance para fora da organização.
- Assim, embora historicamente observe-se que esta não era a característica primeira do então (apenas) CEP, conclui-se que o PCEP tem implicações estratégicas nas organizações, servindo de base para a avaliação da postura de empresas situadas em ambientes altamente competitivos. Daí, compreensivelmente, decorre a possibilidade de incluir o PCEP na Gestão Estratégica da Qualidade.

As ferramentas básicas do CEP deram origem aos mais diversos desenvolvimentos teóricos e práticos na área da Avaliação da Qualidade e, mais especificamente, no Controle Estatístico da Qualidade.

EXEMPLOS

- Muitas ferramentas estatísticas, por exemplo, só são acionadas quando o processo já se encontra sob controle (BISGAARD, 2008; ANDERSON-COOK, 2017). Por isso, o CEP funciona como uma espécie de pré-requisito para essas aplicações.
- Outras técnicas partem de resultados do CEP, ainda que o processo não esteja em plena operação (BROWNE, 2010).
- Há mecanismos que sofisticam gráficos básicos para atender determinadas exigências do processo (CAPIZZI; MASAROTTO, 2010).
- Há ainda procedimentos que unem indicadores do CEP com outras áreas do Controle Estatístico da Qualidade (ITAY; YISRAEL; SCHECHTMAN, 2009).
- A preocupação em melhorar o uso do CEP tem incentivado o contínuo desenvolvimento de metodologias próprias para a aplicação dos gráficos de controle (VINNING, 2009).
- Mas o que se observa com mais frequência é o uso dos instrumentos do CEP em situações específicas, quer por novos aportes teóricos, quer por necessidades práticas nas mais variadas aplicações (SANIGA; DAVIS; LUCAS, 2009; ZHANG et al., 2010).

Estas constatações reforçam a importância de que se adquira um conhecimento consistente das bases do PCEP – afinal, é dessas ferramentas básicas que surgem desdobramentos, inovações e efeitos multiplicadores (WEESE et al., 2016).

6.2 OS PROCESSOS E SUAS VARIAÇÕES

De forma geral, pode-se observar que o PCEP detecta *variações* no processo produtivo. Além disso, pode determinar a natureza e a frequência dessas alterações, utilizando essas informações como base para a Avaliação da Qualidade do processo.

Como o PCEP visualiza essas variações de processo?

A ideia parece simples: as características da qualidade do resultado de processos produtivos (produtos, isto é, bens tangíveis ou serviços) estão sempre sujeitas a alterações resultantes das operações que compõem o processo. Essas alterações são normais e fazem parte do próprio processo. Daí a ideia de se criar uma imagem – qual seja, a de uma faixa dentro da qual são inevitáveis as variações nas características da qualidade.

Isso significa que, fora dessa faixa, ou desse intervalo, as variações só ocorrem por consequência de alguma causa identificável, que não faz parte do processo. O PCEP dispõe de mecanismos que não apenas identificam essas causas, mas também as classificam, separando as causas aleatórias das causas assinaláveis que afetam o processo. Isto é, separando as variações consideradas como normais daquelas que parecem anormais.

> **ATENÇÃO A ESTES PONTOS**
>
> - O que parece particularmente relevante no PCEP é que se executa, aqui, uma análise *mensurável* dessas variações, o que torna o conjunto de modelos extremamente preciso e útil.
> - O PCEP facilmente determina a consistência do processo produtivo e o nível médio da qualidade observado.

A ação do PCEP consiste em separar as causas de variações de processos, determinando quando as variações do processo se devem a causas aleatórias e quando decorrem de causas identificáveis.

▶ *Causas Aleatórias*

- Considera-se que as *causas aleatórias* são inerentes a qualquer esquema de produção e determinam variações inevitáveis nas características da qualidade de um produto.
- Se a variação for devida apenas a essas causas, ela pode ser considerada normal, e o intervalo de variação é aceitável; fora dele, tal variação deve-se a causas assinaláveis, passíveis de correção.
- Aí, a variabilidade do processo pode ser significativa, e é difícil fazer o processo operar de forma tal que gere produtos dentro dos limites de especificação (projeto).

Se as especificações não podem ser alteradas (digamos, o projeto refere-se a um produto sob encomenda ou a uma peça intercambiável), torna-se necessário:

> 1. Fazer uma mudança fundamental no processo produtivo para reduzir a variabilidade
>
> --- OU ---
>
> 2. Aceitar o fato de que será necessário separar os produtos bons dos produtos defeituosos (aqueles que não atendem às especificações).

A segunda opção costuma custar menos, mas nunca produzirá qualquer melhoria significativa para a empresa.

Analisando passo a passo:

1. O PCEP distingue *processos sob controle* (variabilidade devida a causas aleatórias) de *processos fora de controle* (variabilidade anormal, ou seja, as alterações nas características da qualidade são inaceitáveis e requer-se pronta intervenção).
2. Se a variabilidade do processo decorre apenas de causas aleatórias, diz-se que o processo está *sob controle*.

3. O processo passa para a classificação *fora de controle* sempre que sua variabilidade for anormal. Nesse caso, são intoleráveis as alterações nas características da qualidade. É o que configura a necessidade de imediata intervenção.
4. Os gráficos de controle, em suas diferentes modalidades, determinam se o processo está sob controle, tanto nesse momento quanto em futuro próximo.

Os gráficos de controle, assim, tanto fornecem um diagnóstico da atual situação do processo (como se obtivessem uma fotografia objetiva dele), como analisam como se comportará em futuro próximo, isto é, quais são suas tendências.

6.3 O CONCEITO DE CAPABILIDADE DO PROCESSO

Um dos conceitos mais importantes que o PCEP introduziu foi o de capabilidade.

O termo *capabilidade* define o comportamento normal de um processo quando operando em estado de *controle estatístico* (isto é, o processo está sob controle).

Nessa situação, o processo atua de forma perfeitamente previsível, o que só pode ser observado se ele estiver sob efeito de causas aleatórias, ou seja, se forem eliminados os diferentes impactos que causas externas (notáveis) determinam sobre ele.

O QUE A PRÁTICA TEM ENSINADO

- A prática do PCEP tem chamado, continuamente, a atenção para um fato crítico: a determinação da capabilidade de um processo só é possível se forem utilizados métodos científicos. Isso elimina a possibilidade de determinar a capabilidade via procedimentos baseados em métodos de tentativas (ensaio e erro) ou na intuição, ainda que essas ações sejam desenvolvidas por operadores que conhecem bem o processo.
- Cabe notar, aqui, que o problema não é apenas conhecer o processo, mas determinar características técnicas que podem descrever seu comportamento de forma objetiva, sobretudo em termos de suas tendências.

A análise da capabilidade permite determinar um diagnóstico preciso do processo.

Pode-se determinar, assim:

- Sua uniformidade de operação.
- A consistência com que produz certos resultados.
- Como o processo atende a determinadas especificações.
- Como se comporta em face de determinados estímulos.

A determinação da capabilidade é um método que se baseia na análise da natureza e da frequência das variações. Essas variações são vistas como reflexos de causas que estão atuando sobre o processo.

A análise, assim, seleciona as causas, determinando se são aleatórias (inerentes ao processo, e, portanto, revelando uma situação normal do processo) ou se são identificáveis (isto é, decorrem de fenômenos externos que afetam o processo e mudam seu comportamento).

▶ *Limites Naturais do Processo*

- A capabilidade determina os chamados *limites naturais do processo*.
- Estes seriam as especificações básicas do processo, ou seja, sua média e seus limites inferior e superior, quando o processo se encontra sob controle.
- A determinação dos limites naturais pelo PCEP é feita por meio de uma metodologia bastante específica.

Em resumo, pode-se observar que o PCEP emprega uma abordagem básica perfeitamente definida. A partir dela nota-se que, muito mais do que um simples conjunto de ferramentas, o PCEP gera um modelo gerencial bem específico para a qualidade, que envolve, além das ferramentas em si, noções consistentes que se transformam em conceitos bem elaborados e de notável utilidade prática.

De fato, parte-se do conceito de processo (qualquer conjunto de condições ou causas que, agindo juntas, geram dado resultado) para determinar o Planejamento e Controle de Processos (PCEP) como o conjunto de atividades planejadas, desenvolvidas e implantadas com a finalidade de conhecer o processo em estudo. Enquanto conjunto de técnicas, o PCEP busca, assim, analisar as alterações no processo produtivo, de modo a determinar tanto sua natureza quanto sua frequência de ocorrência.

A análise dessas alterações é feita em bases mensuráveis. Dito de outra forma, o Controle de Processos busca determinar a capabilidade de um processo e, a partir dela, os limites naturais do processo.

PONTOS A DESTACAR

- O estudo de capabilidade, a rigor, não aponta causas de defeitos ou a origem de desvios em torno de determinados valores. Na verdade, esse estudo mostra a presença ou a ausência de defeitos e, se a avaliação for desenvolvida por variáveis, determina-se a intensidade desse defeito.
- O estudo, assim, conclui se o processo é uniforme ou não; se possui consistência de desempenho ou não; se atende às especificações de projeto ou não. Mas não informa por que isso ocorre.

Esse é o papel dos projetos de experimentos. A prática mostra, contudo, que essa não é uma limitação relevante para a correta Avaliação da Qualidade de processos e de produtos.

De forma geral, observe que todo projeto de análise que envolve capabilidade de processos baseia-se em informações sobre o processo. Assim, toda e qualquer informação é, em princípio, relevante, principalmente porque é obtida em amostras que se pretende generalizar para a população em sua totalidade.

Daí a necessidade de alertar os envolvidos no processo para a importância de que não se omita qualquer informação e de que haja extremo cuidado e zelo em sua obtenção.

6.4 O MODELO BÁSICO DOS GRÁFICOS DE CONTROLE

O instrumento básico do PCEP são os *gráficos de controle*, que verificam se o processo está sob controle e também se ele permanece dessa forma por determinado período.

Os gráficos de controle têm forte suporte teórico, transparente ao usuário. Por isso, deve-se deixar claro aos operadores que o implementam que é crítico seguir exatamente as orientações de implantação e interpretação.

Um modelo geral de gráfico de controle é mostrado na Figura 6.1.

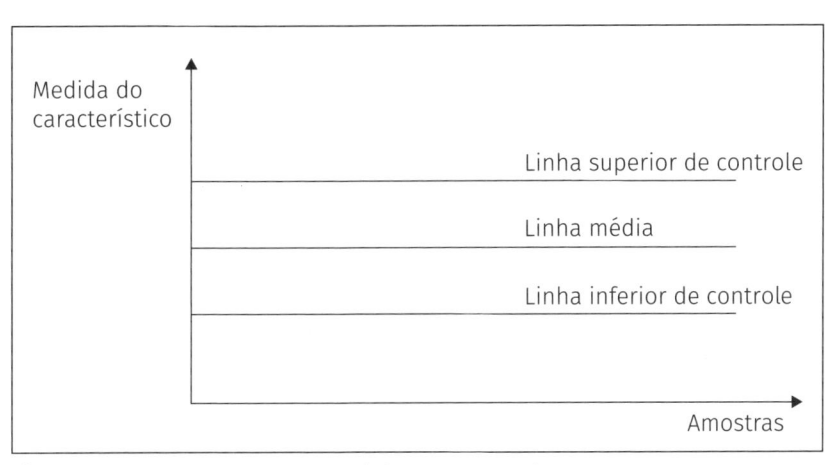

Figura 6.1 ▪ Modelo geral dos gráficos de controle.

Nos gráficos de controle trabalha-se não com características gerais da qualidade, mas com o característico da qualidade sob avaliação.

CARACTERÍSTICOS DA QUALIDADE

- Como se sabe, definem-se *característicos da qualidade* como os elementos de decisão que um consumidor elege para adquirir um produto.
- O característico da qualidade é visto como um elemento básico de controle no processo de produção, já que ele tem reflexo direto e fundamental na adequação do produto ao uso.
- Dito de outra forma, um característico da qualidade é tudo o que for relevante para o bem tangível ou o serviço, sendo, por isso, inerente a ele (isto é, possui a capacidade de caracterizá-lo, identificá-lo, individualizá-lo).
- Em geral, o característico da qualidade é um item qualquer do produto que requer atenção.

- Características da qualidade são formadas a partir de um conjunto de característicos.
- O sabor de um chocolate, por exemplo, é uma característica da qualidade, porque decorre do resultado de vários característicos (quantidade de açúcar, teor de leite, mistura de cacau etc.). Para mais detalhes, veja Paladini (2009).

Nos gráficos de controle, de construção bastante simples, associam-se aos eixos do gráfico as medidas definidas para o característico da qualidade sob avaliação (eixo das ordenadas) e as amostras retiradas do processo, em ordem sequencial, cronologicamente obtidas (eixo das abscissas).

Ao longo do gráfico será mostrada a situação do processo em cada fase de seu desenvolvimento, bem como sua tendência central. Além disso, a curva mostrará a variabilidade em torno do valor central, que é, em geral, a própria média do processo.

ATENÇÃO A ESTES PONTOS

- O elemento de maior importância nessa análise é a tendência do processo.
- Esse estudo informa se o processo tende a permanecer sob controle ou se pode sair dele.

Tendo em vista o modelo estatístico usado em cada caso, adota-se uma distribuição de frequências bem definida. Confrontando-se a distribuição em questão (que nada mais é do que o referencial teórico a ser utilizado aqui) com a natureza do processo (mostrada pela curva que o descreve), são definidos critérios que atestarão se o processo está sob controle (ou não).

Considerando as diferentes naturezas dos modelos de controle, é necessário separar os gráficos de controle que descrevem a Avaliação da Qualidade por atributos daqueles que mostram avaliações feitas por variáveis.

6.5 O MODELO BÁSICO DO PCEP PARA A AVALIAÇÃO POR VARIÁVEIS

O modelo de avaliação por variáveis é utilizado para situações nas quais os característicos da qualidade são diretamente mensuráveis. É o caso da análise de temperatura, pressão, volume, diâmetro, peso, altura, pH etc. Trata-se de uma análise quantitativa de possíveis desvios que determinadas medidas apresentam (até para verificar se esses desvios são, na verdade, defeitos).

Em geral, nesses casos, há interesse em determinar o defeito e sua intensidade; vale dizer, quanto determinado desvio de uma medida-padrão afeta o produto. Nesse caso, fazem-se medidas na própria peça sob estudo.

O modelo estatístico que serve de base à avaliação por variáveis é a distribuição normal, até por força do perfil que se deseja para a população de medidas que descrevem uma peça.

O esquema dos gráficos de controle por variáveis segue o esboço geral dos gráficos de controle. O eixo das abscissas, assim, mostrará o número de ordem das amostras, numa escala uniforme e cronológica, que reflete a ordem de retiradas dessas amostras. O valor medido (característico da qualidade sob avaliação) é associado ao eixo das ordenadas, onde, pelo chamado Sistema Americano, estão marcados três pontos importantes.

Esses três pontos são a *média*, que determina a linha média do gráfico, e os *limites de controle* (*superior e inferior*).

O gráfico fica, então, dividido em duas zonas:

- Zona I: interior aos limites de controle. Corresponde à faixa de normalidade ou de controle.
- Zona II: exterior aos limites de controle. Corresponde à faixa de anormalidade ou falta de controle.

Um modelo geral do gráfico de controle por variáveis é mostrado na Figura 6.2.

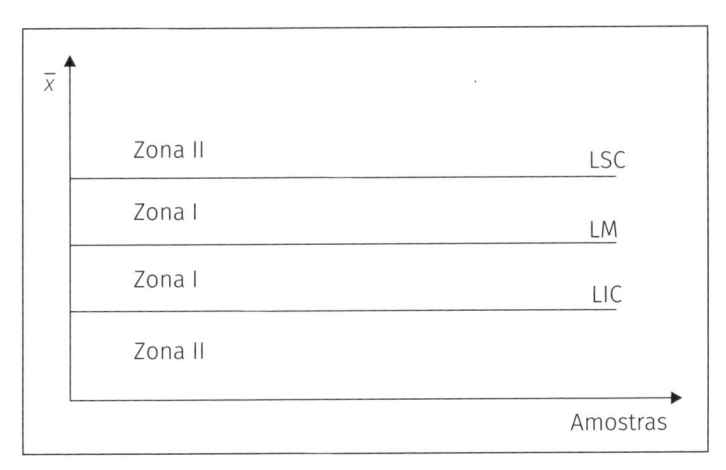

Figura 6.2 ▪ Modelo geral dos gráficos de controle por variáveis.

ATENÇÃO A ESTES PONTOS

- Tendo em vista o modelo teórico da distribuição normal, pode-se facilmente constatar que, quando o processo está sob controle, e se está usando o modelo com 3 desvios, existe a probabilidade de que ocorram apenas 3 pontos em cada 1.000 na Zona II (ou, com maior aproximação, 27 em cada 10.000).
- Essa é a situação de variabilidade devida às causas aleatórias.
- Como 99,7% dos pontos deveriam cair na Zona I, do ponto de vista prático, a ocorrência de, pelo menos, um ponto na Zona II indica a presença de uma causa identificável, que deverá ser analisada e eliminada.

É fundamental observar que a existência de pontos fora da faixa delimitada pelas linhas superior e inferior de controle não é o único sintoma de falta de controle do processo. De fato, além de pontos na Zona II, há outras indicações de falta de controle, como a presença de pontos próximos às linhas. Existem ainda estruturas particulares nas quais, apesar de não haver nenhum ponto na Zona II, nota-se a falta de controle.

ESQUEMA GERAL DOS GRÁFICOS DE CONTROLE POR VARIÁVEIS

O roteiro para construção dos gráficos de controle por variáveis é o seguinte:

- A **linha média** do gráfico é determinada por uma medida de tendência central, como, por exemplo, uma **média aritmética** associada ao conjunto de dados (ou outra medida desse tipo, como uma mediana).
- Os **limites de controle** são obtidos com base em uma função que relaciona a média e alguma medida de dispersão. Em geral, os limites são calculados com base na média e mais (ou menos) três desvios amostrais.
- Os **pontos** do gráfico mostrarão as medidas do característico da qualidade em estudo. Esses pontos são marcados ordenadamente, seguindo um critério cronológico ou obedecendo-se à sequência de extrações.
- O **eixo horizontal** do gráfico (abscissas) mostra o número de ordem das amostras.
- O **eixo vertical** do gráfico (ordenadas) mostra a medida associada ao característico.
- O gráfico permite identificar duas **zonas**: a zona de controle, área interna às linhas (Zona I), e a zona de anormalidade, área externa às linhas (Zona II).

O esquema do gráfico da média pode ser visto na Figura 6.3.

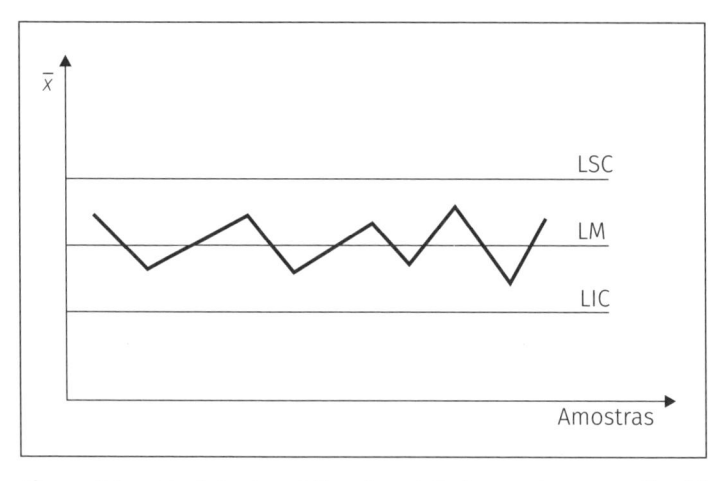

Figura 6.3 ▪ Modelo do gráfico da média (controle por variáveis).

Consideram-se indicações de falta de controle:

- Pontos situados na Zona II.
- Alguns pontos na Zona I – mas próximos às linhas.
- Estruturas específicas de pontos na Zona I (veja o item 6.8: Interpretação dos modelos de PCEP).

A Avaliação da Qualidade feita por variáveis requer dois tipos de análise: a natureza da média do processo e a dispersão em torno dela.

Daí por que o modelo básico de controle por variáveis é estruturado com base em um conjunto de dois gráficos:

1. Um gráfico geral para a tendência central do processo.
2. Um gráfico específico para a dispersão.

O gráfico geral para a tendência central do processo mais utilizado é o Gráfico da Média (OPRIME; MENDES, 2017), identificado por Gráfico $\overline{X}$ (essa identificação é devida aos pontos do gráfico, que vêm a ser as médias de determinadas amostras).

No caso da dispersão, há dois gráficos mais comuns:

- Para amostras grandes (em geral, com mais de 6 itens), usa-se o gráfico do desvio-padrão (identificado por Gráfico S. Essa identificação é devida aos pontos do gráfico, que vêm a ser desvios-padrões de determinadas amostras);
- Para amostras pequenas (em geral, com 6 itens ou menos), usa-se o gráfico da amplitude (identificado por Gráfico R. Essa identificação é devida aos pontos do gráfico, que vêm a ser amplitudes de determinadas amostras).

ESTRUTURA GERAL DOS GRÁFICOS DE CONTROLE POR VARIÁVEIS

A. GRÁFICO $\overline{X}$ – GRÁFICO DA MÉDIA

- Define-se o característico da qualidade a controlar.
- Define-se uma base de análise dos dados. A base de análise envolve a determinação de grupos ou períodos de dados, que se chamará "amostra".
- Os dados serão obtidos (e organizados) em conjuntos de itens (amostras) que refletem o desenvolvimento do processo ao longo do tempo. As amostras devem fornecer imagens precisas do processo (amostras representativas).
- Com os dados do processo agrupados segundo as amostras, podem-se iniciar os cálculos do gráfico.

A seguinte notação é adotada:
- Número de amostras (também conhecidas como "subgrupos racionais") $\rightarrow k$.
- Número de itens (ou tamanho) de cada amostra $\rightarrow n$.
- Medidas individuais do característico das peças que compõem a amostra. Cada amostra tem n peças ($j = 1, 2, ..., n$).
- Média aritmética das medidas de cada amostra i (i varia de 1 até k) $\rightarrow \overline{x}_i$.
- Nesse caso, $\overline{X}_i = (x_1 + x_2 + \cdots + x_n)/n$. Para cada amostra i, i variando de 1 até k. Assim, tem-se uma média para cada amostra i.

Em função do suporte teórico da distribuição normal, o gráfico da média utiliza-se do fato de que a distribuição amostral das médias $\overline{x}$ é normal, com média $\overline{\overline{X}} = (\Sigma \overline{X}_i)/k$, ($i = 1, 2, ..., k$) e desvio $[\Delta/(n)^{1/2}]$ se a população for normal, onde Δ é função de uma medida do desvio (por exemplo, uma amplitude associada a um fator de correção).

O gráfico da média fica estruturado com uma linha média e dois limites de controle, um deles acima e o outro abaixo da linha média. Com essa faixa de variação, considerando-se que está sendo usado o modelo $\pm 3\Delta$ e observando-se a distribuição normal, verifica-se que 99,7% dos pontos do processo estarão dentro dos limites se o processo estiver sob controle.

Com igual raciocínio, observa-se que cerca de 70% dos pontos deverão estar simetricamente distribuídos ao redor da linha média, até cerca de 1/3 da faixa de controle, e cerca de 95% dos pontos estarão em 2/3 da faixa. Isso se deve à formatação da distribuição normal (veja a Figura 6.4).

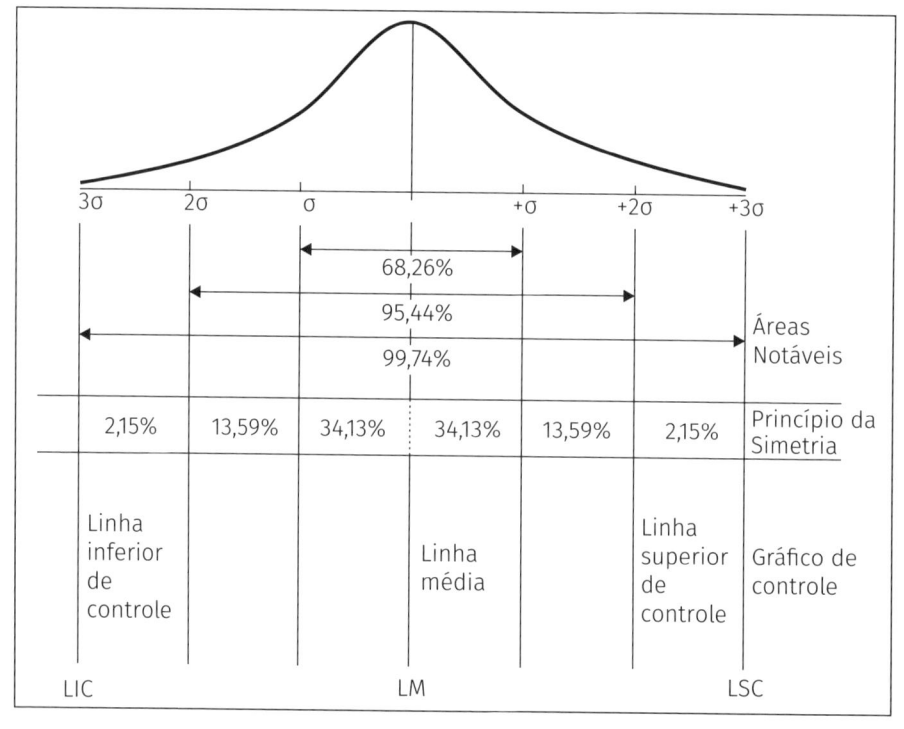

Figura 6.4 ▪ Relação entre o gráfico da média e a distribuição normal.

CAPÍTULO 6 | PLANEJAMENTO E CONTROLE DE PROCESSOS

ATENÇÃO A ESTES PONTOS

- O processo estará sob controle se houver forte concentração de pontos ao redor da média.
- Se isso não ocorrer, estará configurada a ausência de normalidade e, consequentemente, a falta de controle.

ROTEIRO DE CONSTRUÇÃO DO GRÁFICO:

- Definida a base de análise, isto é, o tamanho de cada amostra (n) e o número de amostras (k), determinam-se as medidas x_j ($j = 1, 2, ..., n$).
- Para cada amostra i ($i = 1, 2, ..., k$) calcula-se a média aritmética, ou seja, $\overline{x}_i = (1/n)(x_1 + x_2 + \cdots + x_n)$. Estes serão os pontos do gráfico.
- A seguir, calcula-se $\overline{\overline{X}}$, que vem a ser a média das médias, ou seja, $\overline{\overline{X}} = (1/k)(\overline{x_1} + \overline{x_2} + \cdots + \overline{x_k})$.
- A linha média do gráfico será dada por $\overline{\overline{X}}$.
- Para estimar o valor da dispersão ao redor da média, há dois métodos: método do desvio-padrão S e método da amplitude R.

Método do Desvio-Padrão S

A. Para cada amostra i, calcula-se $s_i = [\Sigma_j(x_j - \overline{X})^2/(n - 1)]^{1/2}$. O somatório, nessa expressão, opera de $j = 1$ até $j = n$.

B. A seguir, calcula-se o desvio médio: $\overline{S} = (1/k)(s_1 + s_2 + \cdots + s_k)$.

C. Utiliza-se, para a estimativa do desvio, um fator de correção, anotado por c_2, que, por ser função de n, pode ser tabelado (veja a Tabela 6.1). Se n for maior que 25, então c_2 se aproxima de 1, isto é, não há mais correção a fazer.

D. O desvio amostral será, então, $\Delta' = \overline{S}/(c_2)$.

E. Pode-se definir $A_3 = 3/[c_2 \cdot (n)^{1/2}]$. Estes valores estão tabelados (veja a Tabela 6.1).

F. Pode-se utilizar este método para amostras de quaisquer tamanhos, recomendando-se o uso do método para amostras com n maior que 6.

Método da Amplitude R

A. Para cada amostra i, calcula-se $R_i = (x_{máx} - x_{mín})$.

B. A seguir, calcula-se a amplitude média $\overline{R} = (1/k)(r_1 + r_2 + \cdots + r_k)$.

C. Utiliza-se, para a estimativa do desvio, um fator de correção, anotado por d_2, que, por ser função de n, é tabelado (Tabela 6.1). Observa-se que, quanto maior o valor de n, maior será a correção.

D. Uma estimativa para o desvio Δ pode ser computada como $\overline{R}/d_2$, ou seja, $\Delta' = \overline{R}/(d_2)$.

E. Pode-se definir $A_2 = 3/[d_2 \cdot (n)^{1/2}]$. Esses valores estão tabelados (veja a Tabela 6.1).

F. Recomenda-se utilizar esse método para amostras pequenas, com n menor ou igual a 6.

O gráfico terá, então, os seguintes pontos notáveis no eixo das ordenadas:

$$LM = \overline{X}$$

Se $n \leq 6$:
$$LSC = \overline{X} + 3\overline{R}/[d_2(n)^{1/2}]$$
$$LIC = \overline{X} - 3\overline{R}/[d_2(n)^{1/2}]$$

Se $n > 6$:
$$LSC = \overline{X} + 3\overline{S}/[c_2(n)^{1/2}]$$
$$LIC = \overline{X} - 3\overline{S}/[c_2(n)^{1/2}]$$

B. O GRÁFICO S – GRÁFICO DO DESVIO AMOSTRAL

O Gráfico S é o primeiro modelo de análise da dispersão das amostras que representam o processo. Aqui, utiliza-se a mesma notação utilizada para o gráfico da média. O Gráfico S é estruturado como segue:

A. Definidos k (número de amostras) e n (tamanho das amostras), obtêm-se as medidas x_j ($j = 1, 2, 3, ..., n$).
B. Para cada amostra i ($i = 1, 2, ..., k$) calcula-se s_i como $s_i = [\Sigma_j(x_j - \overline{X})^2/(n - 1)]^{1/2}$. Aqui, o somatório opera de $j = 1$ até n. Esses são os pontos do gráfico.
C. A seguir, calcula-se $\overline{S}$, isto é, $\overline{S} = (1/k)(s_1 + s_2 + \cdots + s_k)$.
D. A linha média do gráfico será dada por $\overline{S}$.
E. Para calcular os limites de controle, utilizam-se os valores tabelados (em função de n – veja a Tabela 6.1) C_3 e C_4: $LIC = \overline{S}(C_3)$ e $LSC = \overline{S}(C_4)$.

O gráfico terá, então, os seguintes pontos notáveis no eixo das ordenadas:

$$LM = \overline{S}$$
$$LIC = \overline{S}(C_3)$$
$$LSC = \overline{S}(C_4)$$

Recomenda-se o uso deste gráfico para amostras grandes, com mais de seis itens, embora possa ser usado para amostras de quaisquer tamanhos.

C. GRÁFICO R – GRÁFICO DA AMPLITUDE

O Gráfico R é o segundo modelo para analisar a dispersão do processo. É um modelo mais simples, mais utilizado e próprio para amostras menores.

Aqui, a mesma notação utilizada para os gráficos anteriores é empregada. O gráfico é estruturado como segue:

A. Definidos k e n, obtêm-se as medidas x_i.

B. Para cada amostra i, calcula-se r_i, como $r_i = (x_{máx} - x_{mín})$. Estes serão os pontos do gráfico.
C. A seguir, calcula-se $\bar{R} = (1/k)(r_1 + r_2 + \cdots + r_k)$.
D. A linha média do gráfico será dada por $\bar{R}$.
E. Para calcular os limites de controle, utiliza-se uma simplificação semelhante àquela feita para o gráfico S. Duas constantes, D_3 e D_4, ambas tabeladas em função de n (veja a Tabela 6.1), são empregadas. Tem-se assim: $LIC = \bar{R}(D_3)$ e $LSC = \bar{R}(D_4)$.

O gráfico terá, então, os seguintes pontos notáveis no eixo das ordenadas:

$$LM = \bar{R}$$

$$LIC = \bar{R}(D_3)$$

$$LSC = \bar{R}(D_4)$$

Como se percebe, a Tabela 6.1 simplifica consideravelmente os cálculos dos Gráficos S e R.

TABELA 6.1
Valores para o cálculo de linhas médias e limites dos gráficos de controle por variáveis

N	Desvios-padrões			Média		Amplitudes		
	c_2	c_3	c_4	A_2	A_3	d_2	D_3	D_4
2	0,7979	0	3,267	1,880	2,659	1,128	0	3,267
3	0,8862	0	2,568	1,023	1,954	1,693	0	2,575
4	0,9213	0	2,266	0,729	1,628	2,059	0	2,282
5	0,9400	0	2,089	0,577	1,427	2,326	0	2,115
6	0,9515	0,030	1,970	0,483	1,287	2,534	0	2,004
7	0,9594	0,118	1,882	0,419	1,182	2,704	0,076	1,924
8	0,9650	0,185	1,815	0,373	1,099	2,847	0,136	1,864
9	0,9693	0,239	1,761	0,337	1,032	2,970	0,184	1,816
10	0,9727	0,284	1,716	0,308	0,975	3,078	0,223	1,777
11	0,9754	0,321	1,679	0,285	0,927	3,173	0,256	1,744
12	0,9776	0,354	1,646	0,266	0,886	3,258	0,284	1,716
13	0,9794	0,382	1,618	0,249	0,850	3,336	0,308	1,692
14	0,9810	0,406	1,594	0,235	0,817	3,407	0,329	1,671
15	0,9823	0,428	1,572	0,223	0,789	3,472	0,348	1,652
16	0,9835	0,448	1,552	0,212	0,763	3,532	0,364	1,636

(continua)

(continuação)

N	Desvios-padrões			Média		Amplitudes		
	c_2	c_3	c_4	A_2	A_3	d_2	D_3	D_4
17	0,9845	0,466	1,534	0,203	0,739	3,588	0,379	1,621
18	0,9854	0,482	1,518	0,194	0,718	3,640	0,392	1,608
19	0,9862	0,497	1,503	0,187	0,698	3,689	0,404	1,596
20	0,9869	0,510	1,490	0,180	0,680	3,735	0,414	1,586
21	0,9876	0,523	1,477	0,173	0,663	3,778	0,425	1,575
22	0,9882	0,534	1,466	0,167	0,647	3,819	0,434	1,566
23	0,9887	0,545	1,455	0,162	0,633	3,858	0,443	1,557
24	0,9892	0,555	1,445	0,157	0,619	3,895	0,452	1,548
25	0,9896	0,565	1,435	0,153	0,606	3,931	0,459	1,541

6.6 O MODELO BÁSICO DO PCEP PARA A AVALIAÇÃO POR ATRIBUTOS

O Modelo de Avaliação por Atributos é utilizado para situações onde os característicos da qualidade não são medidos, mas apenas rotulados. É o caso da análise da presença de quebras, de manchas ou de trincas em peças, do uso de calibradores do tipo passa ou não passa, de testes simples (como em lâmpadas, onde se analisa se a peça acende ou não) etc. Trata-se de uma análise qualitativa de possíveis desvios que determinados componentes de um produto (ou característicos desses componentes) apresentam (até para verificar se esses desvios são, na verdade, defeitos).

ATENÇÃO A ESTES PONTOS

- A avaliação por atributos utiliza um único gráfico para cada tipo de análise, já que cada modelo apresenta, no mesmo esquema gráfico, a tendência central do processo e a dispersão em torno dela.
- Assim, ao contrário do modelo de controle por variáveis, para a avaliação por atributos é suficiente um único gráfico para desenvolver os dois tipos de análise: tendência central e dispersão.
- É oportuno lembrar, aqui, que o tamanho da amostra é geralmente grande, já que é fácil detectar defeitos. Note que não há medições: apenas constata-se dada situação, que gera uma classificação binária (como funciona ou não funciona, defeituosa ou perfeita etc.).

Existem cinco situações clássicas para a Avaliação da Qualidade por atributos:
1. Avaliação da *fração defeituosa*.
2. Avaliação da *quantidade de peças defeituosas*.

3. Quantidade de *defeitos por unidade*.
4. *Quantidade média* de *defeitos por unidade*.
5. Quantidade de *defeitos por amostra*.

▶ *A Variável p*

- A variável p é a variável crítica da Avaliação da Qualidade por Atributos.
- Trata-se da *fração defeituosa* (anotada como *p*), que é o quociente da quantidade de peças defeituosas (*d*) pela quantidade de peças na amostra (*n*).

Uma rápida análise das cinco situações clássicas para a Avaliação da Qualidade por atributos:

- As duas primeiras situações são muito similares. O que diferencia uma da outra é apenas o tipo de escala adotado: no primeiro caso, são utilizados valores percentuais; no segundo, usam-se valores absolutos.
- O mesmo se pode dizer do terceiro e do quarto tipos de avaliação: no terceiro tipo, utilizam-se valores absolutos e, no quarto, valores médios.
- Os dois primeiros casos são considerados de tipo "geral", isto é, podem ser usados na grande maioria dos processos e produtos. Basta que se defina uma população, ou uma amostra, em relação à qual poderão ser determinados: (1) o percentual de peças defeituosas ou (2) a quantidade de peças defeituosas aí detectadas.
- Já a terceira e a quarta situações são empregadas em situações onde existem unidades naturais do produto.
- A terceira situação tende a fixar-se em produtos de maior porte (como veículos ou eletrodomésticos), enquanto a quarta enfatiza produtos de pequeno porte, para os quais nem sempre se pode obter um defeito por unidade (caso de saquinhos de pregos, de parafusos ou de componentes de equipamentos, como rolamentos ou pequenas chaves).
- Por sua vez, a quinta situação envolve casos onde não existe uma unidade natural do produto, mas analisam-se amostras de determinados tamanhos – como rolos de arame, peças de tecido, folhas de papel e papelão etc.
- Há, assim, respectivamente, cinco gráficos básicos:

1	Gráfico p	*Gráfico da Fração Defeituosa*	Onde são registradas as frações defeituosas ou percentuais de peças com defeitos em amostras de tamanho *n*.
2	Gráfico np	*Gráfico do Número de Peças Defeituosas*	Onde são registradas as quantidades de peças defeituosas em amostras de tamanho *n*.
3	Gráfico u	*Gráfico de Defeitos por Unidade*	Onde são registradas as quantidades de defeitos por unidade do produto.

4	Gráfico $\bar{u}$	Gráfico do Número Médio de Defeitos por Unidade	Onde são registradas as quantidades médias de defeitos por unidade do produto.
5	Gráfico c	Gráfico de Defeitos por Amostra.	Onde é registrado o número de defeitos da amostra.

A maioria dos casos analisados por atributos adapta-se à primeira situação. Assim, por sua abrangência, o Gráfico *p* é o mais utilizado. Ele pode ser estruturado como segue:

1. Inicialmente, determina-se o número de peças defeituosas em uma amostra de tamanho *n*. Anota-se *d* como esse valor.
2. Determina-se a fração defeituosa *p* como $p = (d/n)$.
3. Considera-se *p* como a variável amostral do processo.
4. A avaliação por atributos utiliza a distribuição binomial, até por força da natureza da análise feita aqui.
5. Sabe-se que a distribuição binomial possui uma média *p* e desvio-padrão $[pq/n]^{1/2}$. Aqui, $q = 1 - p$. A variável *p* permite a aproximação pela distribuição binomial com iguais médias e desvios-padrões.
6. Os limites de controle são dados pela média *p*, à qual se somam (limite superior) e subtraem (limite inferior) três desvios-padrões.
7. Usualmente não se conhece *p*, e a fração defeituosa média deverá ser estimada.
8. Essa estimativa pode ser feita pela fração defeituosa média das amostras e pelo cálculo dos limites com base nessa média.

Assim, tem-se que a linha média do gráfico será dada pela fração defeituosa média das várias amostras, ou seja,

$$\bar{p} = (1/k)(p_1 + p_2 + \cdots + p_k).$$

Limites (linhas de controle):

$$LSC = \bar{p} + 3[\bar{p} \cdot \bar{q}/n]^{1/2}.$$

$$LIC = \bar{p} - 3[\bar{p} \cdot \bar{q}/n]^{1/2}.$$

Lembrando: $\bar{q} = 1 - \bar{p}$.

Note que os diversos valores $p_1, p_2, ..., p_k$ são os pontos do gráfico.

Os demais gráficos da avaliação por atributos têm estrutura muito similar. Assim, tem-se a Tabela 6.2. Nos três últimos gráficos, adota-se a distribuição de Poisson como aproximação da distribuição binomial.

TABELA 6.2
Cálculo de linhas médias e limites para gráficos de controle por atributos

Gráfico	Pontos do gráfico	Linha média	Limite superior de controle	Limite inferior de controle
Np	$np_1, np_2, ..., np_k$	$n.p$	$n\bar{p} + 3[n\bar{p}(1-\bar{p})]^{1/2}$	$n\bar{p} - 3[n\bar{p}(1-\bar{p})]^{1/2}$
u	$u_1, u_2, ..., u_k$	$\bar{u} = c/n$	$\bar{u} + 3(\bar{u}/n)^{1/2}$	$u + 3(\bar{u}/n)^{1/2}$
$\bar{u}$	$\bar{u}_1, \bar{u}_2, ..., \bar{u}_k$	$u'' = \sum \bar{u}/k$	$u'' + 3(u'')^{1/2}$	$u'' - 3(u'')^{1/2}$
c	$c_1, c_2, ... c_k$	$\bar{c}$	$\bar{c} + 3(\bar{c})^{1/2}$	$\bar{c} - 3(\bar{c})^{1/2}$

Cabe observar que existe a possibilidade de trabalhar com valores diferentes de *n*, ou seja, amostras de tamanhos diferentes.

Nesse caso, há duas alternativas: ou trabalha-se com limites individuais para cada tamanho de amostra ou, para amostras de tamanhos próximos, pode-se utilizar a média aritmética dos valores de *n* (ou seja, *n*).

Uma observação relevante: a segunda alternativa não é considerada correta do ponto de vista estatístico e não deve ser utilizada.

6.7 APLICAÇÃO PRÁTICA DOS MODELOS DO PCEP

A utilização prática dos gráficos de controle já determinou características próprias para cada um deles. As principais estão descritas aqui.

UTILIZAÇÃO PRÁTICA DOS GRÁFICOS DE CONTROLE POR VARIÁVEIS

Em linhas gerais, pode-se resumir o modelo de PCEP para a avaliação por variáveis como segue:

	MODELO BÁSICO DO GRÁFICO DE CONTROLE POR VARIÁVEIS
Uso	▪ Situações onde é necessário medir a intensidade da ocorrência do problema, identificando-o, assim, por medições feitas na peça (análise quantitativa do defeito).
Base teórica	▪ Distribuição normal.
Esquema geral	▪ *Abscissas*: o número de ordem das amostras, numa escala uniforme em relação ao tempo. ▪ *Ordenadas*: valor medido (característico da qualidade). ▪ Nas ordenadas são marcados a média, que determina a linha média do gráfico, e os limites de controle (superior e inferior).
Áreas do gráfico	▪ *Zona I*: interior aos limites de controle (corresponde à faixa de avaliação da normalidade ou de controle). ▪ *Zona II*: exterior aos limites de controle (corresponde à faixa de anormalidade ou falta de controle).

Critério de controle	▪ *Processo sob controle*: no gráfico da média, existe a probabilidade de que ocorram apenas três pontos em cada 1.000 na Zona II (27 em 10.000). Isso ocorre devido às causas aleatórias. Na prática, assim, todos os pontos devem ficar na Zona I. O acúmulo de pontos no sentido horizontal irá gerar um histograma cuja curva ajustada deverá ser uma curva normal, isto é, em forma de sino. O ponto mais alto da curva deverá corresponder à linha média do gráfico. ▪ *Processo fora de controle*: em geral, a ocorrência de um ponto ou mais na Zona II indica a presença de uma causa identificável, que deverá ser analisada e eliminada. Além de pontos na Zona II, há outras indicações de falta de controle, como a presença de pontos próximos às linhas. Existem ainda estruturas particulares nas quais, apesar de não haver nenhum ponto na Zona II, nota-se a falta de controle. Isso ocorre quando há uma tendência bem caracterizada para sair de controle.
Gráficos mais comuns	▪ $\overline{X}$ (Média) e R (amplitude); ▪ $\overline{X}$ (média) e S (desvio-padrão).

EXEMPLO DE GRÁFICO DE CONTROLE POR VARIÁVEIS

Foram retiradas quatro amostras, de três peças cada, em dada etapa de um processo que produz discos de metal. A medida feita refere-se ao diâmetro desses discos.

- Número de amostras considerado: 4.
- Tamanho das amostras: 3.

Foram obtidos os seguintes dados:

Amostra	Valores medidos		
01	54,88	54,39	54,39
02	55,01	52,00	56,09
03	50,09	52,00	54,03
04	55,00	55,30	54,30

Como as amostras têm menos de seis peças, utiliza-se a aproximação via amplitude. Tem-se:

Amostras	01	02	03	04
Médias	54,55	54,37	52,04	54,87
Amplitudes	0,49	4,09	3,94	1,00

Assim:

- $\bar{x}$ = (1/4)(54,55 + 54,37 + 52,04 + 54,87) = 53,96.
- $\bar{R}$ = (1/4)(0,49 + 4,09 + 3,94 + 1,00) = 2,38.
- LSC = 53,96 + 3·2,38/[1,693/(3)$^{1/2}$] = 56,39.
- LIC = 53,96 − 3·2,38/[1,693/(3)$^{1/2}$] = 51,52.

A Norma de Controle para o **Gráfico da Média** é, então:

- Média Estimada: 53,96
- Limite Superior: 56,39
- Limite Inferior: 51,52

Interpretação: Não há pontos fora dos limites de controle da média.

Esse gráfico é mostrado na Figura 6.5, como exemplo de um típico gráfico de controle por variáveis.

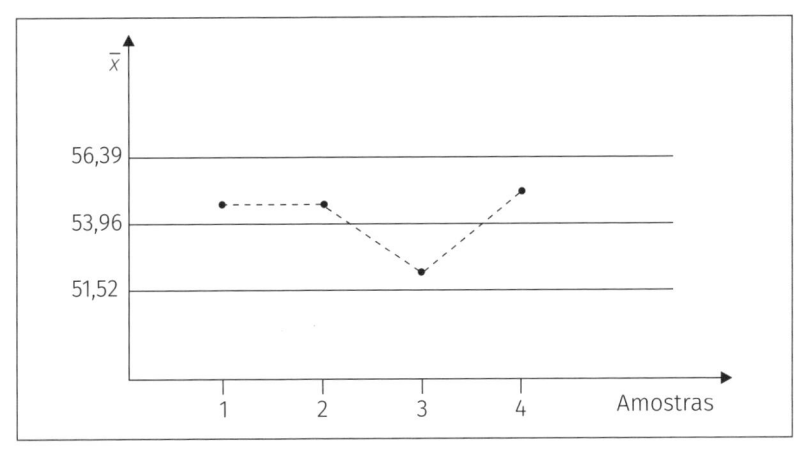

Figura 6.5 ▪ Exemplo de gráfico de controle por variáveis.

A Norma de Controle para o **Gráfico da Amplitude** é calculada como segue:

- Média Estimada: 2,38
- Limite Superior: (2,575).(2,38) = 6,13
- Limite Inferior: (0,00).(2,38) = 0,00

Interpretação: Não há pontos fora dos limites de controle da amplitude.

DIAGNÓSTICO

- Supondo que o número de pontos seja suficiente para oferecer uma interpretação confiável para a situação, observa-se que o processo está sob controle e revela que está sujeito apenas a causas aleatórias.
- Deve ser mantido assim.
- Os valores da média estimada (53,96), do limite superior (56,39) e do limite inferior (51,52) representam os *limites naturais do processo*.

UTILIZAÇÃO PRÁTICA DOS GRÁFICOS DE CONTROLE POR ATRIBUTOS

Em linhas gerais, pode-se resumir o modelo de PCEP para a avaliação por atributos como segue:

	Modelo básico do gráfico de controle por atributos
Uso	▪ Situações nas quais não é necessário medir a intensidade da ocorrência do problema, mas apenas identificar se existem, ou não, defeitos em uma peça (análise qualitativa).
Base teórica	▪ Distribuições Binomial e de Poisson.
Esquema geral	▪ *Abscissas*: o número de ordem das amostras, numa escala uniforme em relação ao tempo. ▪ *Ordenadas*: percentual de defeitos ou número de defeitos (característico da qualidade). Nas ordenadas são marcados: a média, que determina a linha central do gráfico, e os limites de controle.
Áreas do gráfico	▪ *Zona I*: interior aos limites de controle (corresponde à faixa de avaliação da normalidade ou de controle). ▪ *Zona II*: exterior aos limites de controle (corresponde à faixa de anormalidade ou falta de controle).
Critério de controle	▪ *Processo sob controle*: todos os pontos estão dentro das linhas de controle. Nota-se que, em muitos casos, o limite inferior pode ser zero. Nesses casos, a área abaixo da linha média pode ser menor que a área acima dessa mesma linha média. ▪ *Processo fora de controle*: em geral, a ocorrência de um ponto, ou mais, na Zona II indica a presença de uma causa identificável, que deverá ser analisada e eliminada. Além de pontos na Zona II, há outras indicações de falta de controle, como a presença de pontos próximos às linhas. Existem ainda estruturas particulares nas quais, apesar de não haver nenhum ponto na Zona II, nota-se a falta de controle. Isso ocorre quando há uma tendência bem caracterizada para sair de controle.
Gráficos mais comuns	▪ p (fração defeituosa) ▪ np (número de peças defeituosas) ▪ u (número de defeitos por unidade do produto) ▪ $\bar{u}$ (número médio de defeitos por unidade) ▪ c (defeitos por amostra)

Exemplo de gráfico de controle por atributos

Foram retiradas de um processo 10 amostras, cada uma com 250 peças. A análise envolvia a presença de manchas, riscos ou defeitos de superfície nas peças.

Estes são os dados obtidos:
- Número de amostras: 10
- Tamanho das amostras: 250

O número de peças defeituosas encontradas em cada amostra e as respectivas frações defeituosas em relação ao tamanho da amostra (250 peças) são mostrados na tabela a seguir.

Amostra	Peças defeituosas encontradas	Fração defeituosa
01	13	0,052
02	12	0,048
03	15	0,060
04	16	0,064
05	17	0,068
06	18	0,072
07	09	0,036
08	10	0,040
09	06	0,024
10	05	0,020

- Total de peças defeituosas: 121

Norma de controle:
- $\bar{p} = 121/(250 \cdot 10) = 121/2.500 = 0{,}0484$.
- $LSC - 0{,}0484 + 3[(0{,}0484 \cdot 0{,}9516)/250]^{1/2} = 0{,}0891$.
- $LIC = 0{,}0484 - 3[(0{,}0484 \cdot 0{,}9516)/250]^{1/2} = 0{,}0077$.
- Média Estimada: 0,0484
- Limite Superior de Controle: 0,0891
- Limite Inferior de Controle: 0,0077

Interpretação: Não há pontos fora de controle.

Esse gráfico é mostrado na Figura 6.6, como exemplo de um típico gráfico de controle por atributos.

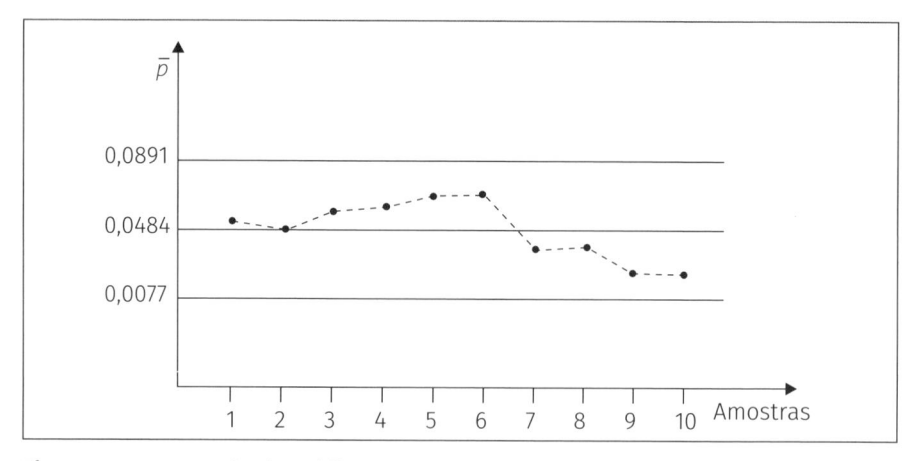

Figura 6.6 ▪ Exemplo de gráfico de controle por atributos.

DIAGNÓSTICO

- Supondo que o número de pontos seja suficiente para oferecer uma interpretação confiável para a situação, observa-se que o processo está sob controle e sujeito apenas a causas aleatórias.
- Deve ser mantido assim.
- Os valores da Média (4,84%), do Limite Superior de Controle (8,91%) e do Limite Inferior de Controle (0,77%) representam os *limites naturais do processo*.

6.8 INTERPRETAÇÃO DOS MODELOS DE PCEP

Uma fase crítica dos experimentos que envolvem as técnicas do PCEP é a interpretação dos modelos gráficos. Por sua própria natureza, pode-se facilmente observar que a interpretação dos gráficos de controle associados à avaliação por variáveis é completamente diversa da interpretação dos gráficos associados à avaliação por atributos. Por isso, cada tipo de avaliação deve ser analisado separadamente.

Interpretação dos modelos para a avaliação por variáveis

Construídos os pontos e as linhas, o gráfico é estruturado, mostrando a realidade do processo. Passa-se, então, à interpretação do modelo. Ressalta-se, uma vez mais, que cada modelo apresenta interpretação própria. Para o caso da avaliação por variáveis, pode-se fazer o seguinte esquema:

	Gráfico $\bar{x}$	**Gráficos S e R**
Mostra a	tendência central do processo.	dispersão do processo.
Verifica se o processo	está centrado.	é consistente ou é uniforme.
Se o processo está muito concentrado em torno da média,	a distribuição é normal.	uma causa muito intensa atua sobre o processo de modo uniforme.
Verifica	se o projeto do produto pode ou não ser viabilizado nas linhas de produção.	se ocorrem desvios, como inconsistência ou despreparo da mão de obra.
É particularmente útil	para produtos que apresentam tipos e estilos (análise de particularidades de cada um deles).	para analisar mistura de efeitos, interações e formas de instabilidade, ou para analisar processos que variam de forma intensa e rápida.
Situação natural:	centro não muda.	gráfico estreito, perto de zero.
Situação ideal:	fechado sobre a medida básica (especificação).	fechado sobre zero.
Se o gráfico está fora de controle,	o processo tem grande variação entre as amostras, ou seja, as variações ocorrem em intervalos maiores.	as variações são intensas, em pequenos intervalos de tempo.
A falta de controle pode ser detectada	por causas que atuam no processo durante longo tempo.	por causas que, alternadamente, atuam ou não atuam no processo ou por alguma causa que impacta sobre o processo de modo não uniforme (aparece/desaparece, funciona/não funciona).

A análise do processo mais adequada, contudo, é aquela que analisa *ambos os gráficos* conjuntamente. Nesse caso, os seguintes aspectos devem ser considerados:

- A análise deve considerar ambas as *linhas médias* dos gráficos, com suas respectivas distribuições.
- Se as amostras são aleatórias, *não há correlação* entre os valores das médias $\bar{x}$ e das medidas da dispersão (principalmente R). Se $\bar{x}$ cresce, a medida da dispersão não tende a crescer também. Se a população é normal, os gráficos da média e da dispersão tendem a seguir *modelos diferentes*, com tendências diversas.
- Se a distribuição é *assimétrica*, isto é, existe maior concentração de pontos em um dos lados do gráfico, existirá uma correlação entre média e dispersão. Quanto maior for a assimetria, maior a tendência de que os pontos de um gráfico sigam o modelo do outro gráfico.
- Em caso de *falta de controle*, começa-se com a análise do gráfico da dispersão.

- *Nenhum dos dois gráficos poderá ser corretamente interpretado se o outro mostrar um processo fora de controle.* Por isso, antes de começar qualquer análise, é fundamental que *ambos os gráficos* reflitam um processo sob controle – tanto em termos de média quanto de dispersão.

ATENÇÃO A ESTES PONTOS

- Sem dúvida, a regra mais importante a observar aqui é a seguinte: *os gráficos, sozinhos, não fornecem uma ideia completa do processo.*
- Daí a necessidade de analisar os dois gráficos em conjunto e, mais do que isso, de garantir que ambos os modelos mostrem um processo sob controle.

É fundamental observar que a verdadeira utilidade do PCEP não está em analisar a realidade atual ou o passado recente do processo. Ou seja: os gráficos são realmente úteis para analisar a tendência do processo, ou seja, para onde o processo direciona-se.

Nisso reside 80% da eficácia dos gráficos de controle. Por isso, é fundamental observar a tendência da própria curva. Se ela, por exemplo, aproxima-se de um dos limites, pode indicar a iminência da ausência de controle.

Se, ao contrário, a curva dos pontos plotados tende a concentrar-se ao redor da linha média, o gráfico pode indicar um processo consistente. Nota-se, contudo, que, nesse caso, o afastamento dos limites deve ser aceitável. Isso porque a ocorrência de dados próximos da linha central com grande afastamento dos limites indica que há grande variabilidade dentro de cada amostra.

Essa variabilidade deve ser, com certeza, reduzida rapidamente. É relevante, aliás, lembrar que, no caso do gráfico da média, espera-se que cerca de 70% dos pontos estejam na primeira faixa de normalidade (o que corresponde a 1/3 da faixa).

INTERPRETAÇÃO DOS MODELOS PARA A AVALIAÇÃO POR ATRIBUTOS

Os gráficos para a avaliação por atributos tanto possuem um esquema próprio de construção (bastante diverso dos modelos de avaliação por variáveis), como também requerem um método específico de interpretação.

A primeira grande diferença entre os dois conjuntos de gráficos diz respeito à *abrangência* da análise. O controle por atributos faz uma avaliação ampla do processo, não se restringindo a característicos da qualidade em particular. Dessa forma, se a média de um gráfico que reflete uma avaliação por variáveis muda, isso significa, em geral, que determinado característico medido foi afetado. Já se a média de um gráfico associado à avaliação por atributos se altera, isso indica que todo o processo foi afetado por determinada causa e que, sem dúvida, trata-se de uma causa muito significativa. Na avaliação por variáveis, assim, os procedimentos corretivos tendem a ser mais simples, mais diretos e de reflexo mais imediato do que na avaliação por atributos.

Os seguintes aspectos gerais podem ser observados na avaliação por atributos:

Gráficos associados à avaliação por atributos	
Mostram a	tendência central do processo.
Verificam se o processo	está centrado.
Se o processo está muito concentrado em torno da média,	a distribuição aproxima-se adequadamente do modelo binomial.
Verificam	se o projeto do produto pode, ou não, ser viabilizado nas linhas de produção, embora não especifique que característicos são mais facilmente obtidos ou mais dificilmente conseguidos.
São particularmente úteis	para produtos que apresentam defeitos que inviabilizam seu uso (a queima de uma lâmpada, por exemplo).
Situação natural:	centro não muda.
Situação ideal:	fechado sobre zero.
Se os gráficos estão fora de controle,	o processo é afetado por causas intensas, que atuam de forma permanente, gerando defeitos que continuamente comprometem a qualidade dos produtos.
A falta de controle pode ser detectada	por causas que atuam no processo por longo tempo, de forma ampla, intensa e afetando, em geral, vários característicos do produto ou os característicos muito importantes.

Um tipo interessante e bastante comum de gráficos de controle por atributos é aquele cuja curva *não possui um sentido definido*, ora subindo por vários períodos, ora descendo, ou ainda permanecendo constante.

Esse modelo de curva revela um processo no qual determinada causa está atuando de forma muito intensa em determinados momentos, afetando uma característica importante do processo. A prática mostrou (e continuamente tem confirmado) que essas causas envolvem características próprias, como se vê a seguir.

O QUE A PRÁTICA TEM ENSINADO SOBRE AS CAUSAS MAIS INTENSAS

- O uso de equipamentos inadequados para determinados tipos de produtos (embora para outros produtos, da mesma linha ou de modelos similares, essa inadequação não exista).
- Mão de obra sem treinamento ou com treinamento insuficiente ou, ainda, sujeita a métodos incorretos de treinamento.
- Falta de planejamento da produção, que determina trocas constantes de modelos em produção (como a troca de referências de certo tipo de azulejo).
- A substituição contínua de fornecedores.
- A falta de esquemas de manutenção ajustados aos equipamentos em uso, que determina paralisações, quebra ou desgaste acentuado dos equipamentos.

- O atendimento a determinadas solicitações de clientes, que implicam mudanças contínuas nas linhas de produção.
- A utilização de produtos cujos característicos da qualidade variam muito rapidamente, devido a mudanças da temperatura, da umidade relativa do ar ou até da forma como são embalados. Minerais que servem de matéria-prima para a indústria cerâmica são um bom exemplo desse caso.

Como se observa, um gráfico de controle pode revelar aspectos cruciais para o gerenciamento da qualidade no processo produtivo.

6.9 SELEÇÃO DO MODELO GRÁFICO A UTILIZAR

Com base no que foi descrito para cada um dos diversos gráficos mostrados aqui, pode-se fazer um esquema simples e rápido para auxiliar a decisão relativa ao gráfico a utilizar em cada caso. Esse esquema é mostrado na tabela a seguir, separando-se a avaliação por variáveis da avaliação por atributos.

A primeira questão, óbvia, a enfrentar é: deve-se utilizar um gráfico que reflita a Avaliação da Qualidade por variáveis ou por atributos? Cada modelo de avaliação tem suas próprias características. O esquema a seguir mostra elementos que são críticos para essa decisão inicial.

O quadro seguinte reúne as mais importantes especificidades de cada tipo de avaliação.

GRÁFICOS DE CONTROLE POR ATRIBUTOS
×
GRÁFICOS DE CONTROLE POR VARIÁVEIS

Gráficos associados à avaliação por atributos	Gráficos associados à avaliação por variáveis
Produzem uma avaliação global do processo.	Centram-se em características específicas do processo.
A avaliação produz informações gerais sobre o produto ou o processo.	Fornecem informações mais completas e mais detalhadas, o que gera pistas seguras e rápidas para a correção de defeitos.
Os característicos que representam a qualidade não são medidos.	Usam-se mecanismos e dispositivos para medir o valor exato do característico (técnicas quantitativas associadas à avaliação feita).
Não avaliam a intensidade do defeito.	Avaliam a intensidade do defeito.
Não há como medir o característico.	A avaliação só faz sentido se for medida.
Utilizam uma base subjetiva para a tomada de decisão (existência ou não de defeito).	Utilizam uma base mensurável para a tomada de decisão (mede a ocorrência observada).
Avaliação de defeitos baseada nos sentidos do operador.	Avaliação de defeitos baseada em resultados de testes desenvolvidos por equipamentos.

CAPÍTULO 6 | PLANEJAMENTO E CONTROLE DE PROCESSOS

Gráficos associados à avaliação por atributos	Gráficos associados à avaliação por variáveis
A avaliação feita pelos sentidos é suficiente.	Exige-se mais do que uma avaliação qualitativa.
Utilizam-se escalas discretas, quase sempre binomiais, próprias dos processos de classificação.	Utilizam-se escalas contínuas, próprias dos sistemas de numeração.
Trabalham com distribuições estatísticas discretas.	Trabalham com distribuições estatísticas contínuas.
O característico recebe um rótulo, em geral um adjetivo, para identificar seu nível da qualidade.	O característico recebe um número que identifica o valor exato de seu nível da qualidade.
É um modelo tipicamente utilizado para associar produtos a classes ou a grupos.	É um modelo tipicamente utilizado para individualizar produtos e alguns de seus principais característicos.
Termos como *defeituosa* ou *perfeita* são típicos desse tipo de controle.	A expressão que caracteriza a qualidade é sempre um valor exato, acompanhado da unidade respectiva.
Os padrões de qualidade não são claramente definidos.	Os padrões de qualidade são valores numéricos, intervalos ou valores de uma escala. São perfeitamente definidos.
Requerem poucos cálculos.	Exigem cálculos mais demorados e um pouco mais complexos.
Podem-se usar instrumentos (como calibradores, por exemplo) perfeitamente aferidos. Todavia, o resultado da inspeção não cria uma medida para os característicos, apenas uma classificação (passa/não passa, por exemplo).	Sempre são usados instrumentos (como medidores de pressão, por exemplo) perfeitamente aferidos. O resultado da inspeção cria uma medida exata para cada característico (diâmetro de 6,56 cm, por exemplo).
Mais usados, pela facilidade de uso.	Reservados para itens específicos do processo.
Execução mais simples e direta.	Avaliação muitas vezes sofisticada, dependendo de materiais e equipamentos.
Tendem a utilizar muito mais amostras para oferecer um certo padrão de confiabilidade em seus resultados.	Menor número de amostras define uma tendência para a população sob análise e pode possibilitar sua completa avaliação.
Testes por atributos costumam fornecer conclusões mais rápidas.	A demora da avaliação por variáveis pode decorrer do uso de instrumentos de medida, ou testes e ensaios de laboratório, que podem durar várias horas.
Usados quando ocorre grande número de característicos a controlar.	Usados quando há pequeno número de característicos a controlar.
Pelo porte e importância relativa do produto, não se justifica medir os característicos.	O característico influi criticamente no produto. Deve ser medido e avaliado isoladamente.

Gráficos associados à avaliação por atributos	Gráficos associados à avaliação por variáveis
Ritmo elevado de produção, o que exige testes mais simples e rápidos.	Ritmo de produção permite testes quantitativos.
Investimento em pessoal diluído ao longo dos anos.	Investimento em equipamentos feito de uma só vez (impacto maior na empresa).
Em termos de avaliação das amostras, exigem maiores investimentos na formação de recursos humanos.	Em termos de avaliação das amostras, exigem maior investimento em termos de equipamentos e materiais de avaliação.
Exigem treinamento que pode durar muitos anos.	Exigem treinamento técnico que pode ser razoavelmente rápido.
Principal dificuldade prática do modelo de avaliação: determinação de padrões objetivos.	Principal dificuldade prática do modelo de avaliação: necessidade de investir em equipamentos e mantê-los.
Perfil do avaliador: conhecimento do processo, do produto e da empresa. Requisito básico: experiência.	Perfil do avaliador: conhecimento técnico. Requisito básico: treinamento específico.
Principal dificuldade prática da estruturação dos gráficos: os pontos da curva são difíceis de interpretar porque envolvem muitos elementos.	Principal dificuldade prática da estruturação dos gráficos: maior dificuldade de execução dos cálculos, com necessidade de maior precisão.

Como se nota, existem diferenças notáveis quando se confrontam os vários tipos de avaliação. Isso exige que se analise, com cuidado, qual modelo deve ser adotado em cada situação.

Essa análise requer atenção:

1. ao característico da qualidade em si;
2. aos produtos e aos processos envolvidos;
3. às peculiaridades de cada um dos métodos de avaliação.

Já a decisão a respeito do modelo gráfico a utilizar é um pouco mais simples, como se verá a seguir.

Utilização dos Modelos para a Avaliação por Variáveis

A tabela seguinte mostra as situações onde se recomenda usar o gráfico citado no título da coluna. Quando há uma única célula para os três gráficos, isso indica que a recomendação é válida para os três.

Gráfico $\bar{X}$	Gráfico R	Gráfico S
Trata-se de um característico mensurável.		
A Avaliação da Qualidade requer a análise do defeito e da intensidade de ocorrência.		

(continua)

(continuação)

	O custo de medição do característico é compatível com a peça.	
A Avaliação da Qualidade centra-se em um dado característico.	A Avaliação da Qualidade enfatiza um dado característico.	
O característico sob avaliação é muito importante para o produto.	O característico sob avaliação tem importância para o produto.	O característico sob avaliação é muito importante para o produto.
As amostras têm tamanho adequado em termos de representatividade.	As amostras têm no máximo seis itens.	As amostras têm mais de seis itens.
Os cálculos tendem a ser simples.	Deseja-se simplificar os cálculos.	Existem recursos para cálculos mais trabalhosos.

Utilização dos Modelos para a Avaliação por Atributos

Aqui, considera-se, separadamente, a análise de peças defeituosas e do número de defeitos. As tabelas a seguir mostram as situações onde se recomenda usar os diversos gráficos citados no título da coluna. Quando há uma única célula para os vários gráficos listados em cada tabela, isso indica que a recomendação é válida para todos eles.

Avaliação de Peças Defeituosas

Gráfico p	Gráfico np
Avalia apenas a existência ou não de defeitos.	
Não identifica a natureza dos defeitos presentes nas peças.	
Envolve característicos relevantes do produto.	
O custo de identificação do defeito é compatível com as peças.	
Utiliza uma escala relativa (percentuais).	Utiliza uma escala absoluta (números inteiros).
Em geral, avalia defeitos cuja ocorrência afeta funções essenciais do produto.	Em geral, avalia todos os possíveis defeitos que afetam os produtos.
As amostras têm tamanhos variáveis.	As amostras costumam ter tamanho fixo, para facilitar a determinação e o entendimento do tamanho das amostras e do número de peças defeituosas.
É possível identificar, com clareza, as amostras que representam adequadamente lotes e processos.	Nem sempre é possível identificar com clareza as amostras que representam adequadamente os lotes e os processos.
A escala de representação das peças defeituosas é fixa.	A escala de representação das peças defeituosas é variável e depende do tamanho dos lotes que representam os processos.

Avaliação do Número de Defeitos

Gráfico u	Gráfico ū	Gráfico c
Avalia apenas a existência ou não de defeitos.		
Não identifica a natureza dos defeitos presentes nas peças.		
Envolve característicos relevantes do produto.		
O custo de identificação do defeito é compatível com as peças.		
Utiliza uma escala absoluta, com valores reais.	Utiliza uma escala absoluta, com valores médios.	Utiliza uma escala absoluta, com valores reais.
As amostras têm tamanhos variáveis.	As amostras têm tamanhos variáveis.	As amostras tendem a ter tamanhos fixos.
As unidades do produto são facilmente identificáveis.	As unidades do produto são facilmente identificáveis, mas são apresentadas em embalagens com várias delas.	As unidades do produto não são facilmente identificáveis.
As peças apresentam-se em unidades individuais.	As peças apresentam-se em grupos ou em conjuntos com pequenas quantidades.	As peças apresentam-se em rolos, folhas, fitas etc.
É possível identificar, com clareza, as amostras que representam adequadamente os lotes e os processos.	Não é possível identificar, com clareza, as amostras que representam adequadamente os lotes e os processos. Por isso, são fixadas com certa aleatoriedade.	
A escala de representação dos defeitos é fixa.	A escala de representação dos defeitos costuma ser variável.	
Existem unidades naturais do produto e são grandes.	Existem unidades naturais do produto e são pequenas.	Não existem unidades naturais do produto.
Avalia produtos de grande porte.	Avalia produtos de pequeno porte.	Avalia amostras de tamanho variável, já que não existem unidades naturais do produto.
As amostras guardam uma relação compreensível com o lote.	As amostras tendem a ter uma relação variável com o lote.	As amostras são de tamanho aleatório e não guardam relação evidente com o lote.

6.10 OS LIMITES NATURAIS DO PROCESSO E OS INDICADORES C_P E C_{PK}

Os limites naturais do processo são obtidos quando o processo está sob controle. No caso da avaliação por variáveis, isso ocorre se, e somente se, ambos os gráficos representam um processo sob controle – isto é, tanto a média quanto a dispersão estão sob controle.

Os gráficos que medem dispersão tendem, idealmente, a ter média zero e limites fechados em torno de zero, o que significa dispersão com média zero e nenhuma variação em torno disso. Dessa forma, os limites naturais do processo devem, para os gráficos S e R, assumir valores mais próximos de zero.

O mesmo, obviamente, ocorre com todos os gráficos associados com a Avaliação da Qualidade feita por atributos. Desejam-se percentuais de peças defeituosas iguais a zero (ou a valores muito próximos a isso). Igual postura se adota com o número de peças defeituosas em amostras ou em lotes, o número de defeitos em uma dada peça ou o número médio de defeitos em conjuntos de peças e, ainda, para o caso de defeitos observados em determinadas amostras.

Por isso, para esses casos – dispersão, no caso da avaliação por variáveis, e todos os modelos de avaliação por atributos –, os limites naturais devem ser confrontados com zero ou valores próximos a zero.

PONTOS A DESTACAR

- Situação diversa ocorre com o gráfico da média. Elemento fundamental da Avaliação da Qualidade por variáveis, a média mostra a tendência central do processo. Essa tendência central está diretamente associada à especificação básica de projeto. Já os limites em torno da média estarão, obviamente, associados às variações em torno da especificação básica permitidas pelo projeto.
- O gráfico da média, assim, fornece um excelente modelo de avaliação das tolerâncias fixadas em projeto – em outras palavras, um modelo que verifica se existe viabilidade de que o produto seja fabricado conforme foi projetado.

Dessa forma, se o gráfico mostra um processo sob controle (no caso de variáveis, não custa lembrar, ambos os gráficos – média e dispersão – devem estar sob controle), pode-se fazer uma avaliação que confronte as especificações de projeto com o que se tem obtido na prática.

Existem aqui várias situações possíveis. Pode haver (ou não) coincidência de médias entre o projeto e o processo. Além disso, pode haver (ou não) relação entre os intervalos que determinam os limites e as faixas de aceitação de medidas em torno da especificação básica fixada pelo projeto.

Cabe analisar caso a caso. Essa análise torna-se mais clara se for empregado um exemplo prático simples.

Medidas de projeto:

- O projeto especifica que o diâmetro de uma peça deve ter 250,0 cm em média.
- Permite-se uma variação de 5,0 cm em torno desse valor.
- Os valores aceitáveis, assim, vão de 245,0 cm a 255,0 cm.
- Obviamente, a meta é manter o valor dos diâmetros o mais perto possível de 250,0 cm.

Processo:

- Utilizando-se os gráficos $\bar{x}$ (para a média) e, digamos, R (para a dispersão), verifica-se, inicialmente, que o processo está sob controle em relação a ***ambos*** os gráficos.

- Nesse caso, haverá uma linha média para o gráfico $\bar{x}$ (com valor, digamos, 248,5 cm). Haverá também um conjunto de limites em torno dessa média – digamos, 250,5 cm e 246,5 cm –, o que mostra uma faixa de variação de 2,0 cm em torno da média.
- Esses valores podem ser comparados com as especificações de projeto – porque, como se viu, ambos os gráficos mostram que a situação se encontra sob controle.

Podem ser identificadas, aqui, quatro situações possíveis:

CASO 1

A especificação média coincide com a linha média do processo (mostrada no gráfico).

- Em geral, esta coincidência pode ser fixada com base em um limite, isto é, a diferença entre a especificação básica do projeto e a linha média do gráfico é igual ou menor que dado valor. Pode-se fixar, por exemplo, em 10% da faixa fixada pelo projeto.
- No caso do exemplo anterior, considera-se que há coincidência entre a linha média do gráfico e a especificação básica do projeto (250,0 cm) se essa diferença for menor que 0,5 cm. Valores aceitáveis para a média do gráfico, assim, podem variar de 249,5 cm a 250,5 cm.
- Além disso, observa-se que o *intervalo entre os limites é menor ou igual ao intervalo em torno da especificação básica do projeto*, de forma que os valores dos limites ficam em uma faixa *interna* à faixa de variação do projeto.
- No caso do exemplo, isso quer dizer que, independentemente do valor da média (que, como se viu, varia de 249,5 cm a 250,5 cm), o limite superior é igual ou menor que 255,0 cm e o limite inferior é igual ou maior que 245,0 cm.

Análise do processo:
- O processo está centrado e a dispersão está em níveis aceitáveis.

Ações propostas para esse caso:
- Mantenha o processo dentro desses padrões.
- Trata-se do caso ideal. Evite alterar o processo, a menos que as especificações do projeto estejam incorretas.
- Há quem observe que, nesse caso, o custo do processo pode ser maior do que o desejado, já que o processo apresenta desempenho até melhor do que isso. A experiência mostra que o processo jamais deve ser "piorado", isto é, ter seu desempenho alterado para pior por conta da substituição de matérias-primas, por exemplo. Pode-se sempre compensar esse custo mais alto que o normal pela redução de avaliações ou de controles feitos.

CASO 2

Repete-se o caso 1 em termos da média: a especificação média coincide com a linha média do processo (mostrada no gráfico).

- Como se viu, essa coincidência pode ser fixada com base em dado limite. Digamos que, aqui, obtém-se a mesma diferença – menor que 0,5 cm. Valores aceitáveis para a média do gráfico, assim, podem variar de 249,5 cm a 250,5 cm.
- Além disso, observa-se que o *intervalo entre os limites é maior do que o intervalo em torno da especificação básica do projeto*, de forma que os valores dos limites ficam em uma faixa *externa* à faixa de variação do projeto. No caso do exemplo, isso quer dizer:
  - O limite superior supera 255,0 cm.
  - O limite inferior é menor do que 245,0 cm.
  - O intervalo entre os limites supera a faixa permitida – digamos, o intervalo vai de 240,0 cm (limite inferior) a 260,0 cm (limite superior).

Análise do processo:
- O processo está centrado, mas sua dispersão real é maior do que as especificações, ou seja, facilmente os limites das especificações são rompidos.

Ações propostas para esse caso:
- Admitindo-se que as especificações de projeto estejam corretas (o que nem sempre é verdade), o problema deve ser resolvido nas áreas de produção.
- Como a média do processo é aceitável, o problema envolve a determinação das causas que fazem com que o processo oscile muito em torno dela. A experiência mostra que, nesse caso, ocorrem dois conjuntos de causas bem definidas: algumas elevam o limite superior; outras reduzem o limite inferior.
- Essa compensação entre tais conjuntos de causas mantém a média. Isso ocorre, provavelmente, porque há um desvio neutralizado por outro. Um caso típico: em empresas que operam com fornos, às vezes observam-se elevações de temperaturas internas de forma muito rápida e acentuada. Para compensar, os operadores abrem as comportas de resfriamento ou injetam vapores frios. A temperatura desce bruscamente.
- Ambos os casos geram defeitos nos produtos que estão no interior do forno – mas a média mantém-se mais ou menos igual. Daí a necessidade de identificar as causas de defeitos que atuam de forma simétrica e agir rapidamente sobre elas.
- Por isso, a realização de experimentos com situações extremas de processo é recomendada aqui.
- Pelo fato de as medidas estarem em torno da média, não costuma ser difícil determinar as causas que afetam o processo.
- Pode ser necessário introduzir a inspeção 100% retificadora.

CASO 3

A especificação média não coincide com a linha média do processo (mostrada no gráfico).

- Aqui, a média do gráfico mostra valores que excedem o intervalo proposto no Caso 1: por exemplo, a média assume valores próximos a 253,0 cm.
- Apesar disso, observa-se que *o intervalo entre os limites é menor ou igual ao intervalo em torno da especificação básica do projeto*, de forma que os valores dos limites ficam em uma faixa *interna* à faixa de variação do projeto.
- No caso do exemplo, isso quer dizer que, independentemente do valor da média (que, aqui, está em torno de 253,0 cm), o limite superior é igual ou menor que 255,0 cm e o limite inferior é igual ou maior a 245,0 cm.
- Nesse caso, é evidente que o gráfico é extremamente fechado em torno da média: o valor da faixa de variação em torno da média, no gráfico, é menor que 2,0 cm (o limite superior fica em torno de 255,0 cm e o limite inferior fica em torno de 251,0 cm).

Análise do processo:
- O processo não está centrado; a dispersão é baixa.

Ações propostas para esse caso:
- A prática tem mostrado que essa é a situação mais fácil de ser resolvida. Já que a dispersão é baixa, isto é, ocorre pequena variação ao redor da média, o processo tende a responder bem às ações que forem desenvolvidas para alterar sua média.
- Em geral, trata-se de erros de calibração de equipamentos, falta de maior precisão no planejamento de produção, maior cuidado da mão de obra em desenvolver determinadas atividades ou pequenas modificações na matéria-prima.
- Às vezes, essa situação não chega a ser considerada problemática, já que os limites das especificações não chegam a ser rompidos.
- Mas, como a média é alta (ou baixa), o risco de romper as especificações (superior ou inferior) é elevado. Por isso, recomenda-se investir na melhoria da média.

CASO 4

A especificação média não coincide com a linha média do processo (mostrada no gráfico).

- Aqui, a média do gráfico mostra valores que excedem o intervalo proposto no Caso 1: por exemplo, a média assume valores próximos a 253,0 cm.
- Além disso, observa-se que *o intervalo entre os limites é maior do que o intervalo em torno da especificação básica do projeto*, de forma que os valores dos limites ficam em uma faixa *externa* à faixa de variação do projeto.

- No caso do exemplo, isso quer dizer: (1) o limite superior supera 255,0 cm; (2) o limite inferior é menor do que 245,0 cm; (3) ambos os limites superam a faixa permitida – digamos, o intervalo vai de 240,0 cm (limite inferior) a 260,0 cm (limite superior).
- É claro que, se a média é 253,0 cm, a situação (1), ou seja, quando o limite superior supera 255,0 cm, é o caso mais provável. Aliás, sempre que a média do processo se afasta da média do projeto, facilmente um dos dois limites ultrapassa a faixa de aceitação do projeto.

Análise do processo:
- O processo não está centrado e a dispersão não é aceitável.

Ações propostas para esse caso:
- É sem dúvida a pior situação.
- Há duas ações simultâneas a desenvolver: é necessário acertar a média do processo e, também, reduzir sua dispersão. É a ação que envolve vários fatores simultaneamente.
- Recomenda-se, aqui, primeiro tentar reduzir a dispersão, buscando desenvolver experimentos que facilitem a uniformização do desempenho do processo. É claro que a primeira proposta é intensificar os modelos de avaliação em uso, de forma a identificar todas as causas que afetam o processo.
- Em geral, as causas de maior porte tendem a afetar a dispersão e devem ser as primeiras a ser eliminadas. Se o processo em sua totalidade não reage às alterações feitas, deve-se investir na avaliação de itens específicos e das características em particular.

Cabe aqui, ainda, mais uma observação de caráter amplo.

As especificações de projeto podem ser obtidas com base nos limites de controle (claro, se o processo está sob controle, já há um período de tempo bastante razoável). Assim, se o desvio-padrão do processo for Δ (no caso, igual a três desvios), pode-se utilizar um parâmetro, como 1,5 Δ ou até mesmo 2 Δ, para fixar as especificações para a média. No caso dos gráficos de dispersão ou da avaliação por atributos, ao adotar esse procedimento, o limite inferior tende a ser zero. Assim definida, a faixa entre Δ e 1,5 Δ (ou 2 Δ, se desejado) passa a ser uma área de segurança.

A análise da relação entre os limites naturais de um processo e as especificações de projeto do produto podem ser feitas, ainda, com o uso dos indicadores C_p e C_{pk}.

O uso desses indicadores requer as mesmas exigências das análises precedentes.

Assim, por exemplo, o processo precisa estar sob controle estatístico.

As fórmulas básicas dos indicadores são as seguintes:

$$C_p = (LSE - LIE)/6\,\delta'$$

$$C_{pk} = \min\,(S1/3\delta',\, S2/3\delta')$$

Legenda:
- *LSE*: Limite Superior de Especificação do projeto
- *LIE*: Limite Inferior de Especificação do projeto
- δ': desvio-padrão estimado por um dos métodos propostos
- $S1 = LSE - \overline{\overline{X}}$
- $S2 = \overline{\overline{X}} - LIE$

Em geral, adota-se a seguinte avaliação do cálculo do indicador *Cp*:
1. Processo incapaz: $C_p < 1$.
2. Processo aceitável: $1 \leq C_p \leq 1,33$.
3. Processo capaz: $C_p > 1,33$.

Para C_{pk}, tem-se:
1. Processo incapaz: $C_{pk} < 1$.
2. Processo aceitável: $1 \leq C_{pk} \leq 1,33$.
3. Processo capaz: $C_{pk} > 1,33$.

O QUE A PRÁTICA TEM ENSINADO

- C_p é um índice mais simples e pode ser visto como taxa de tolerância concedida à variação do processo.
- C_p desconsidera a centralização do processo e não apresenta sensibilidade a desvios dos dados (decorrência, por exemplo, de causas especiais).
- Observa-se que valores mais elevados de C_p indicam que é menos provável que o processo esteja fora das especificações.
- C_p não considera a média do processo, revelando, apenas, sua variação. Dessa forma, é possível que uma distribuição representada por uma curva mais estreita (C_p com valor elevado) não signifique, necessariamente, atendimento aos requisitos de qualidade do consumidor (porque a distribuição pode não estar centrada no intervalo das especificações).
- C_{pk} considera a centralização do processo, levando em conta a média do processo.
- C_{pk} "ajusta" o indicador C_p para o caso de uma distribuição não centrada entre os limites de especificação do projeto.
- C_{pk} é sensível aos desvios dos dados (pela ação, por exemplo, de causas assinaláveis).

Em resumo, quanto mais estreita a curva que representa a distribuição, menor será a variação e maiores serão os valores dos índices C_p e C_{pk}; quanto maiores forem os valores de C_p e C_{pk}, melhor será o *status* do processo.

6.11 PROJETOS DE EXPERIMENTOS COM O USO DAS FERRAMENTAS DO PCEP

Usualmente, define-se *projeto de experimentos* como um método sistemático de pesquisa e de análise. *Sistemático*, aqui, significa organizado, contínuo e com um objetivo bem definido. Em geral, os projetos de experimentos envolvem três etapas básicas:

1. Inicialmente, procura-se determinar um conjunto de variáveis que impactam sobre determinado fenômeno.
2. A seguir, procuram-se comparar as variáveis para determinar seu grau de importância.
3. Por fim, classificam-se as variáveis em causas e consequências, de forma a descrever completamente o fenômeno.

Os projetos de experimentos têm ampla utilização em problemas de pesquisa e de desenvolvimento de produtos e de métodos. São empregados, com frequência, para determinar o comportamento de um processo em relação a variáveis específicas, analisar as reações do processo ante determinados estímulos ou, ao contrário, com base em determinados efeitos, estabelecer as causas que os geram.

Os projetos de experimentos que envolvem o Planejamento e o Controle de Processos (PCEP) são bastante comuns. Como um dos aspectos básicos do PCEP é conhecer o processo, o projeto de experimentos, como estratégica de análise, adapta-se perfeitamente tanto ao projeto metodológico quanto aos objetivos que, em geral, são fixados para o PCEP.

O projeto de experimentos que inclui PCEP, contudo, requer que alguns elementos sejam previamente considerados, conforme tem se observado.

▶ *Pré-Requisitos para o Projeto de Experimentos (Visão Prática):*

- Como o processo nem sempre é bem conhecido, até porque é para esse fim que o projeto de experimentos foi estruturado, é importante delimitar o problema a estudar, isto é, definir com cuidado as condições de contorno da análise.
- Devem ser fixados, desde o início, os padrões da qualidade utilizados como referenciais para o processo sob análise.
- Parece evidente que reunir o maior número de informações prévias sobre o processo é exigência básica. Uma forma de fazer isso de maneira simples é envolver, no projeto de experimentos, as pessoas para quem o processo é particularmente familiar (por conhecimento técnico, por ação profissional ou por experiência na área). Assim, o pleno conhecimento do processo, sobretudo no que diz respeito à análise e à interpretação de causas que, atuando no processo, provocam variações significativas em seus resultados, é um pré-requisito fundamental aqui.

- Como o projeto de experimentos requer conhecimento de conceitos e de técnicas do PCEP, é fundamental que o pessoal envolvido tenha familiaridade com tais noções e ferramentas, incluindo o esquema geral dos gráficos de controle, seu desenvolvimento, implantação e interpretação. Requer-se, ainda, do pessoal que irá atuar no projeto de experimentos, consistente conhecimento estatístico.
- Considera-se importante o conhecimento da natureza e a importância das variáveis mostradas nos dados coletados e registrados.
- Como o projeto de experimentos envolve vários pontos de vista, costuma-se exigir dos participantes boa formação em trabalho em grupo e adequado conhecimento de técnicas usuais que podem ser úteis em atividades interativas, como o *brainstorming*.
- Em termos da agilidade e objetividade na análise de dados, nota-se que o projeto de experimentos deve conduzir a conclusões efetivas, com base, muitas vezes, em um grande número de informações.

Definir corretamente o objetivo dos projetos de experimentos é uma fase fundamental do processo. Em geral, definir objetivos sob forma de "conhecer o processo" revela uma meta muito vaga. Afinal, qualquer projeto de experimentos que envolva PCEP tem essa finalidade. Por isso, é relevante definir exatamente o objetivo que se quer buscar. Por outro lado, não se podem fixar objetivos que esse modelo de análise não possa alcançar. Nesse caso, o estudo seria inviabilizado, o que pode levar ao descrédito todo o PCEP.

A experiência prática mostra que existem metas comuns para projetos de experimentos envolvendo PCEP (e também as que têm gerado melhores resultados).

▶ *Metas para o Projeto de Experimentos (Visão Prática):*

- Determinação dos limites naturais de um processo.
- Confrontação dos limites naturais do processo com as especificações de projeto. Podem-se, aqui, utilizar outros mecanismos bem conhecidos, além dos mostrados neste capítulo – caso, por exemplo, do uso dos parâmetros c_p e c_{pk}.
- Avaliação de especificações de projeto em relação aos índices de desempenho do processo (viabilidade de produção).
- Avaliação de alterações desenvolvidas no processo produtivo. É o caso, por exemplo, da substituição de determinados equipamentos ou de grupos de operadores.
- Avaliação técnica de fornecedores.
- Avaliação da necessidade de substituir determinados equipamentos pela análise de seu desempenho em situações específicas (processamento de novos produtos, por exemplo).
- Avaliação de áreas da empresa (setores da linha de produção, grupos de operadores, conjuntos de operações etc.).

- Avaliação do produto acabado pela reação de segmentos do mercado a determinadas inovações, por exemplo.
- Determinação de níveis de defeitos na operação normal de certas partes ou de determinadas áreas do processo produtivo.
- Determinação de níveis de defeitos em determinadas referências (ou linhas) de um produto.
- Determinação de níveis de desperdício em determinadas operações.
- Determinação de níveis de defeitos associados a um característico específico da peça (por exemplo, aparecimento de trincas em determinadas operações que envolvam certas prensas para determinados produtos).
- Análise de causas de defeitos por cruzamento de informações.

Até por ser o método mais simples, é muito comum que os projetos de experimentos envolvendo o PCEP comecem com ações do tipo "ensaio e erro". Nessa fase do método, buscam-se as primeiras informações consistentes sobre o processo, a fim de determinar um direcionamento no processo de análise. Se bem conduzido, é uma prática que costuma dar certo, embora, às vezes, seja criticada por causa de seu custo – afinal geram-se desperdícios, embora com a finalidade específica de evitá-los.

Outra versão do método (usualmente, esse é o passo seguinte ao método de ensaio e erro) é a estruturação de lotes experimentais, desenvolvidos em condições altamente controladas. Nesse caso, como se conhecem bem as características de produção, torna-se mais fácil identificar causas que afetem o processo.

Nessa fase do estudo, a ocorrência de anormalidades no processo produtivo é deliberadamente provocada. Podem-se, então, determinar os reflexos dessas anormalidades no processo. Por analogia, podem-se determinar as causas de outros efeitos conhecidos.

Nota-se que os métodos de simulação mais conhecidos podem substituir, muitas vezes, os processos de produção de lotes experimentais. A prática mostra, contudo, que esses métodos são mais difíceis de ser desenvolvidos do ponto de vista teórico, mas, por envolverem menores custos, parecem atraentes.

O desenvolvimento do projeto de experimentos tende a conduzir à produção de provas industriais, em que os defeitos que aparecerem são cuidadosamente estudados. É o caso da produção de produtos com novos componentes, ou com novas tonalidades ou equipados de novos dispositivos.

Geram bons resultados os projetos de experimentos que levam à produção de determinadas peças em várias situações distintas. É o caso da fabricação de uma peça com dois ou três tipos diferentes de matérias-primas, o processamento de uma peça por dois ou três grupos diferentes de operadores ou a utilização de equipamentos diferentes para a execução de uma mesma operação. Nesse caso, como se percebe, o que se deseja é a comparação de condições gerais de produção.

A prática tem consagrado um conjunto de passos que devem ser seguidos para que o projeto de experimentos seja adequadamente conduzido. Tais passos costumam ser aqueles mostrados a seguir.

▶ *O que a Prática tem Ensinado: Roteiro de Ações para o Projeto de Experimentos*

- Deve ser definido, exatamente, o objetivo a atingir com o estudo. Objetivos muito abrangentes costumam levar a erros de direcionamento do estudo.
- O objetivo deve sempre estar associado a um problema (que motivou o estudo). Se o problema parece muito amplo, recomenda-se dividi-lo em problemas menores, desde que, em cada caso, fiquem identificadas situações consideradas "completas", que não dependam de fatores não considerados antes.
- Devem ser definidas, também, as características da qualidade de processos, os característicos da qualidade de produtos ou as especificidades de métodos que serão objeto de estudo. Também aqui um pequeno número de elementos parece ser a seleção mais adequada, sobretudo se envolvem aspectos críticos para a operação do produto.
- Durante todas as fases do projeto de experimentos, deve-se garantir a representatividade das informações que forem sendo obtidas ou agregadas ao estudo. Em número suficiente, de forma clara e inequivocamente registradas, as informações que suportam os projetos de experimentos devem mostrar o real desempenho dos elementos relevantes do problema, sendo, portanto, confiáveis e ilustrativas da realidade. Em qualquer caso, objetivas ou não, as informações devem apresentar aceitável grau de precisão.
- O passo seguinte inclui a determinação de fatores relevantes ao problema. Devem ser, então, listados os elementos que influenciam a situação, sem que haja, agora, preocupação com o grau de influência desses elementos.
- A seguir, passa-se a observar como esses elementos variam ao longo de dado período. Pode-se, assim, ter uma ideia da temporalidade do fenômeno.
- A seleção dos elementos é fundamental para o correto direcionamento do projeto de experimentos. Inicialmente, tais fatores são listados, considerando-se os que forem julgados relevantes; após essa listagem, pode-se partir para a classificação de importância.
- A avaliação do grau de importância associado aos diversos elementos costuma ser determinada pelos níveis de defeitos ou pelos percentuais de ocorrência de falhas.
- Já deixam de ser considerados elementos de menor impacto sobre o processo.
- No início de um experimento, as variáveis devem ser bastante detalhadas; não se podem misturar, por exemplo, peças produzidas por diferentes equipamentos ou por diferentes turnos de trabalho. Após as fases descritas há pouco, contudo, as variáveis começam a ser reunidas pela identificação de fatores similares entre si. Para garantir que não estejam sendo misturadas variáveis diversas, deve-se ter certeza de que elas compõem um processo já sob controle.
- Garantida a correta execução de todas as fases do projeto de experimentos, sobretudo na obtenção e na análise das amostras e dos pontos de controle, desenvolve-se o processo de obtenção de conclusões. Como o projeto tem base técnica, a elaboração de conclusões não pode ser intuitiva. Observações fora do esperado, percentuais absurdos, número muito alto de defeitos e outros sinais de anormalidade devem ser cuidadosamente estudados e, sempre que possível, excluídos. A obtenção de

conclusões é um processo que pode conduzir à perda total do experimento, se não se basear em um número suficiente de dados e de informações gerais.

Encerrados os experimentos, principalmente aqueles que conduziram a resultados pouco esperados, deve-se programar a revisão periódica do estudo, até mesmo para que as conclusões geradas adquiram maior consistência.

Depois de o experimento acabar, essas revisões periódicas costumam ser efetivadas em intervalos pequenos, que vão aumentando à medida que o processo responde de forma satisfatória aos estímulos oferecidos.

O QUE SE ESPERA NO FUTURO

- Que todo o modelo de PCEP seja composto apenas de revisões periódicas, planejadas apenas para garantir os bons resultados obtidos.

6.12 ROTEIRO DE ESTRUTURAÇÃO DO PCEP

Toda a estruturação do PCEP deve estar presente no Planejamento de Produção. A prática ensinou, além disso, que essa estruturação deve seguir um roteiro bem definido, no qual estejam definidas as áreas que são objeto de estudo, os recursos necessários à implantação dos modelos de controle, a definição de responsabilidades e o conjunto de providências pertinentes à introdução de novas rotinas de trabalho da empresa.

A implantação pode seguir um roteiro bem definido, que envolva as atividades vistas a seguir.

▸ *Roteiro de Ações para Viabilizar o PCEP*

1. **Projeto do modelo de Planejamento e Controle Estatístico de Processos**: essa fase envolve a definição dos objetivos a serem atingidos, o contexto em que o PCEP será utilizado e a identidade das áreas de aplicação do controle. Inclui também a determinação dos períodos de análise, do tamanho das amostras e de lotes, das frequências de retiradas e a definição do processo de avaliação a ser utilizado. A determinação das formas de coleta e registro de dados e a identificação de critérios de aceitação considerando-se as especificações são também elementos típicos dessa fase.

2. **Determinação dos referenciais do PCEP**: aqui é feita a determinação dos padrões da qualidade que serão usados como referenciais do PCEP. São listadas tanto as situações não desejadas (defeitos mais comuns, por exemplo) como os objetivos e as metas a serem alcançados.

3. **Construção dos modelos gráficos do PCEP**: essa fase envolve a organização dos dados e a construção dos diversos modelos de gráficos, conforme cada tipo de avaliação considerada. As curvas que representam os processos são cuidadosamente construídas.

4. **Análise do processo**: nessa etapa, inicialmente, classificam-se os processos em relação à questão do controle (sob controle ou fora dele). A seguir, para as situações sob controle, inicia-se a análise dos limites naturais do processo em face das especificações do projeto. Para os casos de ausência de controle, iniciam-se os projetos de experimentos que visam viabilizar as condições que permitam ao processo atingir a condição de controle. A análise de tendências é também aqui desenvolvida como forma, até, de garantir que processos sob controle permaneçam assim. Nessa fase, ainda, são analisados os casos críticos, para os quais serão programados experimentos a serem feitos e a correspondente análise dos resultados. Define-se ainda a necessidade (ou não) de novos experimentos e faz-se a análise da consistência do processo.

5. **Envolvimento do PCEP no Projeto de Melhoria Contínua**: encerradas as fases operacionais do PCEP, é relevante garantir que todas as suas atividades subsequentes façam parte de um projeto de melhoria contínua. Isso envolve a realização periódica de experimentos que visem garantir a consistência dos processos. Compõem essa fase, assim, a análise permanente da qualidade de processos e produtos, bem como a definição dos períodos para a atualização dos gráficos, além do planejamento de ações permanentes, determinadas pelos experimentos que forem sendo desenvolvidos.

Esta última fase é particularmente importante. O PCEP é um conjunto de ferramentas que se insere no modelo geral de Gestão da Qualidade. É, por isso, fundamental que fique bem caracterizada a noção de continuidade de suas ações, como, aliás, seu compromisso com a evolução (ou a melhoria contínua).

O QUE SE ESPERA NO FUTURO

- Que o PCEP evidencie que a organização está obtendo, a cada dia, resultados continuamente melhores.

6.13 OS ERROS MAIS COMUNS QUANDO SE UTILIZA O PCEP

O PCEP já tem uma longa história de prática e, por consequência, de erros e acertos. Os acertos são evidentes e se referem à melhoria dos processos e dos produtos. Os erros cometidos ao longo de sua utilização prática, contudo, às vezes parecem esquecidos. E, por isso, são continuamente repetidos, embora acabem por gerar compreensível frustração em quem espera ter no PCEP um modelo que, garantidamente, conduza à melhoria do processo, sobretudo pela determinação de causas de defeitos, falhas e desperdícios. Listar alguns erros cometidos em projetos práticos que envolveram PCEP é uma forma de garantir que os bons resultados previstos (com o correto uso dessa ferramenta) sejam obtidos. Esse é o objetivo com a listagem descrita aqui, fruto de cerca de 35 anos de trabalho em empresas brasileiras, tanto industriais quanto as que atuam na área de serviços.

Uma "classificação" dos erros mais comuns é aqui proposta, separando-se os erros estratégicos, táticos e operacionais. Inicialmente, listam-se os erros considerados estratégicos.

1. ERROS ESTRATÉGICOS

1.1. Compreensão inadequada do que seja o PCEP

- Uso do PCEP apenas para se ter um demonstrativo do histórico do processo e não um processo de análise de tendências. Como consequência, o PCEP torna-se um procedimento apenas de correção, ou seja, reage-se com base em situações já ocorridas.
- Utilização do PCEP em contextos nos quais não pode ser útil, como no caso de processos dos quais se tem pouca informação ou que operem em condições extremas em termos de equipamentos (submetidos a altas taxas de produção) ou de pessoas (sem nenhum preparo para a função).
- Associação do PCEP a controles meramente corretivos, sem agregar suas técnicas à sua função básica: avaliação preventiva da qualidade.
- Analisar elementos de desempenho que os gráficos do PCEP não podem avaliar – como no caso de avaliações em termos de motivação do pessoal, por exemplo.
- Análise das linhas do gráfico como se fossem tolerâncias do processo sem que os gráficos mostrem processos sob controle.

1.2. Equívocos na utilização dos conceitos do PCEP

- Uso frequente da ideia de que a capabilidade pode ser obtida de forma intuitiva. Como se viu, determinar a capabilidade de um processo é uma atividade que requer técnicas dotadas de embasamento científico.
- Falta de garantia de resultados obtidos decorrente de alterações da estrutura original do modelo em uso. Casos típicos: redução de amostras, reutilização de resultados como forma de aumentar os dados disponíveis, inspeções simuladas para baratear o processo e a prévia determinação do que vai ocorrer com a amostra quando se analisarem apenas 40% ou 50% das peças que a compõem.
- Falta de procedimentos sistemáticos, bem estruturados e planejados como base da determinação da capabilidade do processo.
- Falta de periodicidade específica para o desenvolvimento de estudos envolvendo PCEP.
- Excesso de análises com base em dados que pouco representam a realidade do processo.
- Duração ilimitada dos estudos envolvendo PCEP.

> **UMA ANÁLISE CONCLUSIVA**
>
> - O estudo da capabilidade de processos é um processo finito. Se o processo estiver sob controle, não haverá mais o que fazer. Pode-se, aqui, substituir o modelo de controle por um sistema de auditoria.
> - Se o processo não consegue ser controlado, igualmente o estudo cessa, por incapacidade de alterar o processo, como também por não conseguir direcionar a correção, já que seus resultados começam a ser mascarados pela dispersão do processo.

2. ERROS TÁTICOS

2.1. Projetos de experimentos inadequadamente conduzidos

- Erros na execução do experimento. É o caso da avaliação sobre processos com base em amostras não representativas, estruturadas segundo técnicas incorretas.
- Obtenção de conclusões antes que o experimento esteja concluído. É o caso de determinar conclusões com base na metade das peças analisadas, quando uma tendência parece consolidar-se.
- Falta de planejamento para o experimento que produz situações nas quais se torna necessário improvisar. É o caso de falta de materiais em testes e da substituição por outro, que, embora não seja o que pede o projeto, é o que está disponível.
- Desvios de execução que conduzem a resultados que entram em conflito com outros resultados já obtidos. Isso costuma ocorrer porque se mudou o contexto da análise (por exemplo, trocaram-se os equipamentos mais precisos por equipamentos de menor precisão).
- Falta de dados. Em virtude do custo de obtenção de certos dados, ou mesmo de dificuldades momentâneas, improvisam-se valores que, imagina-se, devem ser os possíveis resultados do processo.
- Excesso de dados. Disponibiliza-se um grande número de informações sem que se classifique a importância de cada uma.
- Excesso de relevância atribuída a causas que não são as mais relevantes para o problema. É o caso da presença, na equipe de análise, de operadores com opinião formada e solidamente estruturada a respeito de dado comportamento do processo, embora sem qualquer base técnica.
- Excessiva informalidade no experimento. Em geral, isso ocorre porque os operadores parecem conhecer demais o processo.
- Falta de conhecimento estatístico para os envolvidos na análise. Isso gera interpretações equivocadas ou incompletas.

2.2. Equívocos na atribuição de responsabilidades

- A determinação das linhas de controle é um procedimento fácil de executar, além de programável. É um equívoco, contudo, atribuir essa atividade aos operadores. Ela cabe ao setor técnico que coordena a implantação do PCEP. Aos operadores será confiada a tarefa de plotar os pontos do gráfico e obter interpretações preliminares dos resultados. Ir além disso pode comprometer o estudo.
- Em muitos casos, a simples detecção de pontos fora da curva é motivo para que os operadores façam alterações críticas no processo. Isso deve ser evitado. Deve ficar claro a quem compete alterar o processo, até porque alterações não previstas podem comprometer todo o estudo feito.
- O PCEP exige gerenciamento próprio. É um erro transferi-lo para os operadores.

UMA ANÁLISE CONCLUSIVA

- Como técnica de avaliação, o PCEP pode determinar resultados que não agradem a determinadas pessoas envolvidas no processo. Daí a tentação de fraudá-los.
- Por isso, um sistema de auditoria associado ao PCEP parece recomendável.

3. ERROS OPERACIONAIS

3.1. Equívocos na construção dos modelos gráficos

- Estruturação da curva do gráfico na forma prescrita, mas substituição das linhas de controle pelas linhas das especificações contidas em projeto. O equívoco, aqui, está em confundir "o que se quer" com "o que se tem". Os limites de controle são função direta dos pontos calculados, ou seja, dos percentuais efetivamente obtidos no processo produtivo. Por isso, eles representam a realidade do processo (o que se tem). Já as especificações representam a meta do processo produtivo, ou seja, o objetivo que se pretende atingir (o que se quer). Quando os dois são associados em um único gráfico, a comparação soa sem sentido, já que mistura coisas que, em sua origem, são distintas.
- Uso frequente de adaptações, simplificações, reduções, compactações e outras formas de improvisações, que visam adequar o estudo às conveniências da empresa ou facilitar o emprego dos gráficos.
- No início do estudo, espera-se a contínua correção das linhas de controle e a permanente atualização dos dados. Posteriormente, esta atualização pode seguir um dado calendário. O que se pretende é evitar a utilização de informações antigas ou que não sejam mais válidas.

3.2. Equívocos na estruturação das amostras

- Utilização de amostras que não evidenciam variações surgidas entre si, mas apenas dentro delas. Isso ocorre, às vezes, por força da pressão para reduzir custos com experimentos, utilizando-se populações muito grandes e, consequentemente, amostras também muito grandes. O uso de amostras pequenas deve sempre ser preferido. Por isso, o gráfico R para a avaliação por variáveis acaba sendo mais utilizado – tanto pela facilidade de cálculo quanto pela maior representatividade que as amostras pequenas (e frequentes) costumam ter.
- Falta da determinação de um "contexto básico" do qual as amostras devem ser extraídas. Sem isso, elas parecem não fazer sentido, tal a diferença que guardam entre si. É o caso de obter amostras de peças produzidas por equipamentos muito diferentes.
- As amostras não se referem a um universo bem definido, sobretudo se o característico da qualidade for muito específico, como o desempenho de uma dada máquina ou de um dado operador.
- A frequência da retirada das amostras, seu tamanho, a manipulação e o preparo, enfim, o tratamento a ser dado às amostras está intimamente relacionado com o tipo de controle que se está executando e com o característico da qualidade em estudo. Não atentar para esse fato gera problemas críticos de representatividade das amostras.
- Falta de um procedimento uniforme para a retirada das amostras. Sugere-se sempre, adotar um "manual de obtenção de amostras", reunindo normas escritas que orientarão o trabalho do pessoal envolvido.

UMA ANÁLISE CONCLUSIVA

- O que se observa, assim, é que o PCEP se parece com um conjunto de ferramentas simples que só pode gerar os resultados esperados se as bases técnicas e as especificidades dos diversos modelos que o compõem forem respeitadas.

QUESTÕES PRÁTICAS

1. Qual a causa mais comum dos erros na implantação do CEP?
2. Por que são necessários dois gráficos na avaliação por variáveis?
3. O que se exige de um inspetor que avalia a qualidade por atributos? E por variáveis?
4. O que difere a capabilidade do processo de sua capacidade?
5. A que se pode atribuir o sucesso do uso do PCEP?
6. Qual a maior utilidade prática dos resultados do PCEP?
7. Por que se insere o termo *planejamento* no modelo de Controle de Processos?
8. Por que o PCEP centra atenção nas causas dos processos? Por que não analisar apenas seus efeitos?
9. Qual a abordagem que o PCEP utiliza para analisar as variações de um processo?
10. O que são, exatamente, as causas aleatórias? E por que não se pode eliminá-las?
11. Como a capabilidade determina os limites naturais de um processo? Em que situação (única, aliás) esses limites naturais podem ser obtidos?
12. Qual a informação básica que um gráfico de controle fornece?
13. Analisados em conjunto, os gráficos da Média e da Amplitude relacionam-se entre si ou não? (Em caso afirmativo, como seria esta relação?)
14. Qual é a causa mais comum que, atuando sobre o processo, determina a falta de controle dos gráficos que analisam a dispersão no controle por variáveis?
15. Por que se diz que gráficos de controle exercem ação passiva sobre o processo?
16. Em termos de utilização prática, o que difere um gráfico *p* de um gráfico *np*?
17. Em termos de utilização prática, o que difere um gráfico *R* de um gráfico *S*?
18. Como evitar os erros causados pela compreensão inadequada do que seja o PCEP?
19. Como evitar os erros gerados por equívocos na construção dos modelos gráficos?
20. Como evitar os erros que a utilização incorreta dos conceitos do PCEP gera?
21. Como se identifica um projeto de experimentos inadequadamente conduzido?
22. A primeira coluna do quadro a seguir mostra um conjunto de causas; a segunda, um conjunto de consequências. Relacione ambas as colunas.

	Causas	Consequências	Causa
1	Uso da estatística no controle da qualidade.	Viabilidade da Avaliação da Qualidade por variáveis.	
2	Visão técnica, derivada de treinamento.	Conhecimento básico do processo.	
3	Funções táteis muito desenvolvidas, decorrentes de experiência prática.	Método para medir variações de processo.	
4	Objetivo do CEP.	Possibilidade de análise da tendência do processo.	
5	Mecanismo básico do CEP.	Viabilidade da Avaliação da Qualidade por atributos.	
6	Organização cronológica das amostras.	Visão objetiva da Avaliação da Qualidade.	

23. Considere os dados a seguir. Supondo que eles sejam suficientes, verifique se o processo que eles representam oferecem limites naturais adequados ao projeto cujas medidas nominais e tolerâncias são fornecidas. Uma vez sendo possível a comparação, verifique em que situação o processo se situa.

Caso 1

Número de amostras considerado: 05
Tamanho das amostras: 04
Medida nominal: 4,04 cm
Tolerâncias ± 0,20 cm

	AMOSTRA 1				AMOSTRA 2			
Item	1	2	3	4	1	2	3	4
Valor	4,00	4,02	4,03	4,02	4,02	4,03	4,04	4,10
	AMOSTRA 3				AMOSTRA 4			
Item	1	2	3	4	1	2	3	4
Valor	4,10	4,00	3,99	3,98	4,04	4,03	4,02	4,11
	AMOSTRA 5							
Item	1	2	3	4				
Valor	4,11	4,03	4,02	4,03				

Caso 2

Medida nominal: 32,50 cm
Tolerâncias: ± 0,10 cm
Número de amostras considerado: 04
Tamanho das amostras: 06

	AMOSTRA 1						AMOSTRA 2					
Item	1	2	3	4	5	6	1	2	3	4	5	6
Valor	32,45	32,55	32,45	32,46	32,46	32,55	32,55	32,75	32,45	32,35	32,25	32,35
	AMOSTRA 3						AMOSTRA 4					
Item	1	2	3	4	5	6	1	2	3	4	5	6
Valor	32,45	32,46	32,65	32,65	32,65	32,55	32,75	32,50	32,53	32,26	32,16	32,46

24. Um processo deve ter qualidade média em termos de fração defeituosa da ordem de 1,5%, com tolerância de até 50% em torno desse valor. Verifique se o processo a seguir atende a essa especificação, caso seja possível a comparação.

Caso 1

Número de amostras: 12	Tamanho das amostras: 500 peças											
Amostra	1	2	3	4	5	6	7	8	9	10	11	12
Peças defeituosas encontradas	42	40	45	46	72	49	39	44	42	41	22	44

Caso 2

Número de amostras: 10	Tamanho das amostras: 450 peças									
Amostra	1	2	3	4	5	6	7	8	9	10
Peças defeituosas encontradas	27	26	24	24	24	29	37	44	57	57

25. Determine os limites naturais de um processo do qual foram retiradas 12 amostras de 100 itens cada. Por conveniência, o controle é feito por um modelo de número de peças defeituosas por amostra.

Amostra	1	2	3	4	5	6	7	8	9	10	11	12
Peças defeituosas	1	1	2	3	2	3	4	0	0	1	1	2

26. Determine os limites naturais de um processo de produção de chapas, do qual foram retiradas 20 amostras (com 1 chapa-padrão em cada amostra). Selecione o modelo de controle mais adequado a esse caso.

Amostra	1	2	3	4	5	6	7	8	9	10
Número de defeitos de face encontrados	18	19	19	22	23	24	25	19	18	19
Amostra	11	12	13	14	15	16	17	18	19	20
Número de defeitos de face encontrados	19	19	22	23	22	24	25	30	23	24

27. Determine os limites naturais de um processo de produção de carros, do qual se conhece o número médio de defeitos por unidade. Foram retiradas 20 amostras (ou seja, 20 carros). Selecione o modelo de controle mais adequado ao caso.

Amostra	1	2	3	4	5	6	7	8	9	10	11	12	13	14	15	16	17	18	19	20
Número médio de defeitos por unidade do produto	33	33	32	31	29	27	20	20	11	29	34	23	22	21	22	37	23	23	21	12

PARTE 3

A GESTÃO DA QUALIDADE NO SÉCULO XXI

A GESTÃO DA QUALIDADE NOS NOVOS AMBIENTES DE NEGÓCIOS

7

OBJETIVOS DO CAPÍTULO

- Mostrar como a Gestão da Qualidade tornou-se consistente em ambientes de crises sociais, econômicas, geopolíticas e culturais.
- Discutir como a Gestão da Qualidade adaptou-se aos modelos de Economia Compartilhada.
- Evidenciar como os cenários da Indústria 4.0 e da Indústria 5.0 impactaram na Gestão da Qualidade.
- Resumir as prioridades atuais da Gestão da Qualidade e suas tendências para os próximos anos.

Poucas áreas, sobretudo no âmbito da Engenharia de Produção, tiveram tantas alterações conceituais nos últimos tempos, com notáveis reflexos práticos, como a Gestão da Qualidade. Alguns fatores agiram como catalisadores desse processo, como foi o caso das crises pelas quais o Brasil (como, aliás, também o resto do planeta) passou nos primeiros anos do século XXI.

Isso determinou, entre outros fatores, novas prioridades para a Gestão da Qualidade.

7.1 A GESTÃO DA QUALIDADE EM TEMPOS DE CRISE

Nos dias de hoje, muito diferentemente do que ocorria no passado, a Gestão da Qualidade é estruturada a partir de análises amplas.

No passado, a Gestão da Qualidade dependia de características do processo produtivo; dos modelos de suprimento de matéria-prima; das especificidades da mão de obra; da seleção das formas de atuação da empresa no mercado; dos produtos que a empresa fabricava; e até de antigos e arraigados modelos gerenciais. Ou seja: de elementos internos às organizações. Hoje, no entanto, a Gestão da Qualidade depende de referenciais muito mais amplos, quase todos relacionados aos cenários externos às empresas. E não apenas de cenários inerentes ao país onde a organização atua, mas de todo o planeta.

E neste contexto, um conjunto de elementos adquiriu particular importância: os aspectos inerentes às crises sociais, culturais, geopolíticas e, principalmente, econômicas. Foram essas crises que moldaram características absolutamente novas para a Gestão da Qualidade.

Cabe notar, contudo, que crises não são coisas recentes nos cenários com os quais as organizações produtivas lidam diariamente.

Considerem-se dois exemplos:

1. AS CRISES DO PETRÓLEO

- **1956**: Gamal Abdel Nasser, presidente do Egito, nacionaliza o canal de Suez, até então propriedade de uma empresa anglo-francesa. O canal é uma importante passagem para exportação de produtos da região para países ocidentais. Assim, o abastecimento de petróleo foi interrompido, com o bloqueio do canal, levando a um aumento súbito do preço do petróleo.
- **1973**: Revoltados com o apoio dos Estados Unidos a Israel durante a Guerra do Yom Kippur, os países da Opep aumentaram o preço do petróleo em até 400% em menos de 5 meses, chegando a 13 dólares o barril.
- **1979**: A crise política no Irã e a consequente deposição de Xá Reza Pahlevi desorganizaram todo o setor de produção no Irã, onde os preços aumentaram em mais de 1.000%. Falava-se em 200,00 dólares o barril. Na sequência da Revolução iraniana, veio a Guerra Irã-Iraque, na qual foram mortos mais de um milhão de soldados de ambos os países, tendo o preço disparado em face da súbita diminuição da produção de dois dos principais produtores mundiais.
- **1991**: Na Guerra do Golfo, o Iraque governado por Saddam Hussein invadiu o Kuwait, um dos maiores produtores de petróleo do mundo. Forças militares dos EUA e dos países aliados expulsaram os iraquianos do Kuwait, mas muitos poços de petróleo do Emirado foram incendiados, provocando uma crise econômica e ecológica.

2. A CRISE ECONÔMICA DE 2008

A crise econômica de 2008 decorreu de várias causas, mas teve forte efeito catalisador na falência do tradicional banco de investimento norte-americano Lehman Brothers, fundado em 1850. Em efeito dominó, outras grandes instituições financeiras quebraram.

Os primórdios da crise remontam a 2001, quando do estouro da "bolha da Internet", com o índice Nasdaq (que mede a variação de preço das ações de empresas de informática e telecomunicações) tendo despencado de forma quase irreversível.

A revolução econômica que se abateu sobre o planeta a partir de então (setembro de 2008) criou um abalo significativo nas relações entre produção e consumo, gerando comportamentos absolutamente novos. Pode-se mesmo dizer que a crise criou uma nova conjuntura para organizações produtivas e para pessoas.

ATENÇÃO A ESTES PONTOS

- Todas as crises deixam lições importantes. Em algumas áreas, essas lições parecem mais sólidas, como é o caso da Gestão da Qualidade, justamente por ser uma área extremamente sensível a quaisquer oscilações do mercado...
- No fundo, o que se nota é que a qualidade sempre foi importante. Mas parece mais crítica em épocas de crise, o que é compreensível.

- Afinal, nos períodos de turbulência econômica, mudam valores, alteram-se procedimentos, trocam-se políticas, aposta-se em novas estratégias. Parece que tudo o que sempre se fez, tudo em que sempre se acreditou, tudo o que sempre guiou as ações da organização, enfim, tudo começa a ser questionado. Práticas usuais deixam de funcionar. Decisões comuns passam a ser difíceis e complexas.

Por que tanta incerteza? Porque não se sabe quais os próximos passos da crise e, por isso, quais as reações do mercado. E, sem essas informações, não se pode definir qualidade. Nada define melhor essa situação do que o conflito entre demanda e oferta (ambas as crises descritas anteriormente desaguaram nesse processo):

- A retração de demanda é um indicador típico do comportamento de mercado em crise, que sinaliza a reação de faixas expressivas de consumidores à situação econômica vigente naquele instante.

- O excesso de oferta é o indicador mais diretamente associado com a falta de reação imediata das organizações à nova realidade do mercado.

A qualidade, por sua vez, depende do equilíbrio destas duas forças.

Em uma análise do ponto de vista do processo produtivo, por exemplo, esforços para eliminar defeitos ou minimizar desperdícios podem determinar a otimização do processo, criando significativas reduções de custos que podem representar uma estratégia relevante neste cenário, já que podem refletir na definição de preços mais competitivos, um elemento sempre crítico em épocas de crise...

Talvez o elemento mais essencial na Gestão da Qualidade em épocas de crise seja a agilidade com que a organização se adapta ao mercado. Esta agilidade está na raiz do conceito mais conhecido de qualidade: adequação ao uso. Dito de outro modo: todas as crises, principalmente a econômica, afetam mercados.

E, até por tudo o que foi discutido neste livro, pode-se estruturar um novo conceito da qualidade, até como decorrência de todo o impacto que os cenários externos determinam sobre a qualidade.

UM NOVO (E ABRANGENTE) CONCEITO DA QUALIDADE

- Qualidade é o conjunto de opções que organizações produtivas, as instituições governamentais ou mesmo os indivíduos, selecionam para criar uma forma específica de se relacionar com os mercados.

- Portanto, em sua essência, a qualidade é uma relação de consumo, ou seja, uma relação com os mercados.

E é exatamente nos mercados que se observam os efeitos, os indícios, os presságios, as manifestações e as mais visíveis e palpáveis decorrências das crises. Claro que todos os tipos de crise – mas principalmente a crise econômica.

Assim, pode-se também criar uma primeira definição para Gestão da Qualidade.

UM NOVO (E ABRANGENTE) CONCEITO DE GESTÃO DA QUALIDADE

- Gerenciar a qualidade significa atentar para a realidade atual dos mercados consumidores, de forma a conciliar duas dimensões fundamentais do processo produtivo em ambientes capitalistas.
- De um lado, investir nos processos produtivos, que geram bens tangíveis e serviços; de outro, monitorar o mercado que consome esses bens tangíveis e serviços.

Note:

- *INVESTIR* (depende de decisões gerenciais, do modelo de governança corporativa).
- *MONITORAR* (não depende de decisões internas).

Um ato depende do outro, evidentemente. Fica, assim, fácil entender por que atentar para o cenário atual, em contexto mundial, é crucial para quem quer sobreviver.

PENSE NISTO

- Crises (particularmente as econômicas) que afetam mercados são elementos essenciais na estrutura dos modelos de Gestão da Qualidade que as organizações produtivas adotam.

As crises também geram *inovação*. Isto é bem visível na mudança dos modelos de negócios.
Veja o quadro abaixo:

	MODELO DE NEGÓCIO	ALGUNS ANOS ATRÁS	NO FINAL DA SEGUNDA DÉCADA DO SÉCULO XXI
1.	Músicas	Gravadoras	Spotify
2.	Filmes	Locadoras	Netflix
3.	Busca	Listel, Páginas Amarelas, Enciclopédias	Google
4.	Comunicação	Carta, telefone, elegrama, correios	Mídias sociais, WhatsApp
5.	Transporte	Táxi	Uber
6.	Hospedagem	Hotel	Airbnb
7.	Viagens	Agências	Booking
8.	Fotografias	Máquinas e filmadoras	*Smartphones*

9.	Veículos	Locadoras	Zipcar
10.	Produção de carros	Montadoras	Tesla
11.	Localização	GPS	Waze
12.	Arquivos em memórias	HD, *pen drives*	*Cloud*
13.	Vídeos	TV	YouTube
14.	Conteúdo	Portais	Facebook
15.	Bancos	Atendimento personalizado	Atendimento *on-line*

PONTO A DESTACAR

- Os modelos de negócio consolidados no final da segunda década do século XXI estão destruindo os modelos tradicionais de negócio...

Assim, além das crises que assolam periodicamente os países, os modelos inovadores de negócios alteram o perfil do processo de atuação das empresas no mercado. E isto é qualidade. Por isso mesmo, a Gestão da Qualidade tem características estratégicas. Porque lida com duas características fundamentais da Gestão Estratégica: o ambiente externo em que a organização se encontra e o futuro que se prevê para ela (SNEE; HOERL, 2018). Ou seja:

Modelos inovadores de negócios	→	Ambiente externo
Crises (econômicas, sociais, culturais, políticas etc.)	←	Futuro das organizações

Esta análise evidencia outra característica essencial da qualidade: trata-se de um conceito extremamente dinâmico. Entre outras razões, porque a qualidade depende do momento e do contexto atuais.

UMA ANÁLISE CONCLUSIVA

- A qualidade depende criticamente do ambiente e do momento em que as organizações que optaram por produzi-la estão vivenciando.
- Considerar esse contexto (em termos de tempo e espaço) é o elemento essencial para a Gestão da Qualidade.

7.2 A GESTÃO DA QUALIDADE E OS MODELOS DE ECONOMIA COMPARTILHADA

Toda revolução que se preze gera efeitos colaterais. Por exemplo: o Uber não chega a ser uma revolução; é, apenas, a face mais visível (e barulhenta) de uma cadeia de transformações. Nome das transformações: Economia Compartilhada. E como caracterizar a Economia Compartilhada?

Vejamos.

▸ *Economia Compartilhada (ou Colaborativa)*

- **Ideia inicial**: criar uma linha direta entre usuários e prestadores de serviços.
- **Mais em geral**: unir de forma eficiente e eficaz demanda e oferta.
- **Evolução**: processo que se beneficiou de avanços tecnológicos das comunicações e da informática para criar *links* entre consumidores e prestadores do serviço.
- **Fato**: a oferta de serviços em plataformas *on-line*, com acesso rápido, ameaça serviços tradicionais.

CONCEITOS E FORMAS DE ATUAÇÃO DA ECONOMIA COMPARTILHADA

- Neste novo Modelo de Negócio, as empresas passam para prestadoras de serviços, fomentadoras de mercado ou provedoras de plataformas (OZJUL *et al.*, 2019).
- Empresas e projetos decorrem de variações do compartilhamento pessoa a pessoa (consumo colaborativo).
- Carros, alimentos, serviços, motos, moradia, informação, tecnologia, entre outros bens, podem ser compartilhados.
- A Economia Colaborativa decorre de avanços sociais (sustentabilidade e ações mais coletivas e menos individuais, por exemplo); econômicos (monetizar estoques em excesso ou ociosos, flexibilidade financeira, acesso em vez de aquisição e abundância de capital de risco, por exemplo); e tecnológico (redes sociais, dispositivos e plataformas móveis, sistemas globais de pagamento, por exemplo).

IMPACTOS IMEDIATOS

- Novas relações de trabalho.
- Impacto crescente na dimensão econômica dos serviços.
- Novas e muito mais amplas conexões sociais.
- Alteração nos processos usuais de prestação de serviços.

Essa convulsão esparramou repercussões que mudaram hábitos e atividades simples, como passear com um cachorro, ou um pouco mais complexas, como alugar um apartamento em Londres.

IMPACTO MAIS SIGNIFICATIVO

- Há setores econômicos ameaçados de fechar as portas, como livrarias; locadoras de DVD, de imóveis ou de carros; serviços tradicionais de táxis; bancos; restaurantes; lavanderias; lojas; salões de beleza etc.

A UBERIZAÇÃO DA QUALIDADE

Uberização é uma forma de definir a nova revolução no mundo dos negócios, que corresponde à antiga mania de empregar a criatura para representar a criação. Note que o Uber começou em 2009 com uma *startup* que organizava caronas pagas. Depois ampliou-se para a forma como se conhece hoje e passou a identificar uma revolução nos costumes – e, claro, nos negócios.

FATORES QUE PARTICULARIZAM A UBERIZAÇÃO

Fatores permanentes:

- **GESTÃO**: toda processada por algoritmos, o que elimina erros humanos.
- **QUALIDADE**: a qualidade decorre, entre outros fatores, de um processo de avaliação contínua, feita diretamente pelos usuários.
- **PREÇO**: o preço é competitivo até pela estrutura enxuta de custos, via eliminação de intermediários, por exemplo.
- **DEMANDA**: a ideia nasceu de dois sujeitos que não conseguiram um táxi em Paris.
- **SEGURANÇA**: identificação das partes envolvidas no processo de transporte.
- **CLAREZA**: sabe-se exatamente o que está sendo contratado.

Fatores sazonais:

- **CRISE ECONÔMICA**: necessidade de encontrar novas fontes de renda.
- **PRATICIDADE**: facilidade de acessar serviços por meio de práticas comuns, como usar aplicativos em celulares.
- **REGULAMENTAÇÃO:** tentativa de minimizar as dificuldades impostas pela legislação do transporte público e pela burocracia: isso criou 90% dos problemas do Uber no mundo todo.

FATORES CRÍTICOS DE SUCESSO

- Preços baixos praticados pelos fornecedores de serviço. (Pode ser... Mas ninguém come comida ruim só porque ela é barata e não viaja em companhias aéreas que reduzem o preço das tarifas por minimizar custos com manutenção dos aviões ou por fazê-los voar com quantidades mínimas de combustível para aliviar o peso.)

- Questão crucial: serviços de boa qualidade.
- *Serviço bom e barato desconjunta qualquer concorrência.*
- Os motoristas de táxi têm razão ao afirmarem que sua atividade se torna onerosa pelo peso de impostos, da burocracia e das limitações de operação. Mas na própria forma de prestar o serviço há meios de compensar essas restrições.

Agilidade:
- Mal o presidente Barack Obama normalizou as relações com Cuba e o Airbnb entrou no país. Três meses depois, a Airbnb angariou mil residências. Três anos mais tarde, já respondia por 50% da rede de hospedagem no país. Claro que os americanos estavam loucos para conhecer Cuba e aí...
- A Airbnb se tornou, em 2015, fornecedora oficial de hospedagem alternativa nas Olimpíadas RIO 2016.
- Em 2019, um acidente com turistas brasileiros mortos no Chile criou um novo problema para a empresa: a segurança dos imóveis expostos em seu *site*.

Outros fatores:
- *Market share* específico: na França, o serviço começou com carros de luxo que concorriam em uma faixa de mercado fora da faixa dos táxis comuns.
- Impacto social: oferece serviço para o qual há demanda e gera emprego, ainda que sem proteção social e sem benefícios trabalhistas.
- Minimiza a corrupção em processos ilegais de licenciamento de atividades como transporte público, por exemplo.
- Em resumo: Eficiência e Eficácia.
- Principalmente: eficiência econômica e eficácia econômica.

FATORES DE INCERTEZA
- Questões culturais (o Airbnb aluga quartos em residências particulares, um hábito com o qual nem todos conseguem conviver).
- Fala-se em concorrência desleal.
- Precarização do trabalho e do trabalhador (o Uber fica com um percentual do serviço sem contrapartida ao motorista, como benefícios legais).
- Ampliação desmedida do horário de trabalho (a flexibilização pode impor riscos à segurança do serviço por cansaço, por exemplo).
- Paranoia por atingir metas impostas pela plataforma (sem cumpri-las, o prestador de serviço pode ser desligado).
- Formas pouco claras de calcular preços (via algoritmos).

- Tendência ao monopólio.
- Excesso de tecnologia (o Uber incentiva o desenvolvimento de carros sem motoristas e, no futuro, vai deixar seus parceiros na estrada).
- Paga-se pouco ou quase nada de impostos... E aí os governos não gostam.

*Um fato interessante a notar é que estas empresas usam ferramentas de Gestão da Qualidade desenvolvidas 50 anos atrás – isto não é novidade. Mas praticam o exercício do óbvio: **funcionam e atendem bem.***

EXEMPLOS

- A Airbnb aproveitou um descuido dos hotéis e passou a oferecer bons serviços com cordialidade e conforto. O crescimento do setor hoteleiro desconsiderou fatores básicos de qualidade em atendimento. Os hotéis agora precisam se reinventar e descobrir a magia do bom serviço (hospitalidade, cordialidade etc.).
- Essa uberização da qualidade pode ser ampliada para qualquer outro serviço.
- E esta é a lição mais consistente do processo.
- As alternativas digitais não acabaram com os filmes fotográficos?
- E as lojas que vendiam discos de vinil? E as lojas que vendiam CDs?

- **Por isso, gostando ou não, pode-se afirmar com segurança: esta revolução veio para ficar.**

▶ *Uma Importante Lição da Prática: O Iphone 7 e a Gestão da Qualidade*

Apesar de já terem sido comercializados novos modelos, o lançamento do iPhone 7 trouxe lições que ficarão por longo tempo.

A HISTÓRIA DOS SEM FIOS

1880	Chamada à distância	Comunicação entre Graham Bell e Charles Tainter por meio de um *Photophone*.
1920	Rádio	Transmissão em Pittsburgh (USA).
1983	Celular	Ligação feita em Chicago (USA).
1991	Wi-fi	Lançado nos Estados Unidos pela AT&T para comunicação dos caixas da loja.
1994	Bluetooth	Lançado pela Ericsson para comunicação sincronizada entre dispositivos.
2016	Fone de ouvido sem fio	Apple – USA.

AS LIÇÕES DO IPHONE 7

1. *MOTIVAÇÃO*
- "A razão de seguir em frente se resume a uma palavra: coragem, para fazer algo novo, que beneficie a todos" (Philip Schiller, vice-presidente de marketing da Apple, ao apresentar o novo iPhone 7. *Veja*, 14 set. 2016).
- Um fato a considerar: em abril de 2016, a Apple anunciou redução nos seus lucros.

2. *A DECISÃO INOVADORA*
- Eliminar a entrada para fones de ouvido do *smartphone*.
- Eliminar os fios...

3. *A PROPOSTA*
- Antecipar-se ao futuro (um amanhã sem fios).
- Se wi-fi e o bluetooth estão na área, por que oferecer fones com fios?
- Fones com fios: parece uma tecnologia defasada.

4. *O PRODUTO*
- Sem o buraquinho na carcaça do aparelho, ganha-se espaço na estrutura de *hardware* para acomodar *chips* maiores, 40% mais rápidos, e um HD de até 256 gigabytes.

5. *O MERCADO*
- Os usuários aceitarão deixar de lado os tradicionais fones de ouvido com fio para adotar uma tecnologia nova em versões *wireless*?

6. *OS PROBLEMAS*
- Versão sem fio bem mais cara.
- Baterias de fones sem fio duram pouco e precisam de recarga.
- Hábitos arraigados dos consumidores.

7. *REAÇÃO DO MERCADO*
- A Apple está antecipando-se a uma realidade meio que inevitável...
- Mas seria a hora certa para isso?
- Sempre existe resistência a inovações e tecnologias emergentes. Tanto cultural quanto burocrática. Como a primeira está enfraquecendo pelo que se vê (inevitável), a segunda tem que se adaptar.

8. A DIRETRIZ (Steve Jobs)

- O segredo do sucesso é saber o que o mercado quer.
- Quando as coisas não correm conforme o previsto, quem tem que mudar de opinião é a empresa produtora – e não o mercado.
- Os desejos do consumidor são concretizados pelas empresas. E não o contrário.
- Mas o consumidor sabe exatamente o que quer?
- Ou há espaço para negociação?

9. O QUE PODE FAZER O MERCADO MUDAR DE OPINIÃO?

- Tendência (meio que irreversível, pelo que se viu).
- Praticidade.
- Preço adequado.
- Produtos concorrentes aderem à tecnologia (exemplo: carros com câmbio automático ou com controle de rádio/som no volante).
- Efeitos multiplicadores (próximo passo: carregadores sem fio e *airpods* sem fio).
- Perfil do consumidor: no Brasil, **inovador**.

10. COMO SE OPERA A ENTRADA DA INOVAÇÃO NO MERCADO?

- Note: o iPhone 7 tem fones com fio.
- Inovação intermediária: os fios dos fones são conectados na saída do carregador.
- Trata-se de uma volta ao passado, visando um meio-termo para a inovação pretendida.
- Mas não uma volta completa ao passado: um estágio de transição...
- *Introdução **gradual** da inovação.*

11. COMO O MERCADO MUDA DE POSTURA?

- O mercado é formado por pessoas. Elas mudam de opinião.
- Marca registrada da Apple: mudanças que começam tímidas e acabam por mudar hábitos e valores de milhões de pessoas.
- Apple 2000: valorização dos fios de fones de ouvido no iPod.
- Fios brancos, com *design* avançado, substituindo fios pretos e vermelhos.
- O marketing (e a publicidade) da empresa tinha foco nos... fios.

> **UMA ANÁLISE CONCLUSIVA**
>
> - Fica cada vez mais evidente que a qualidade é uma relação da empresa com os diferentes mercados. Esta relação investe em multiplicidade e evolução.
> - Nos novos modelos de negócio – e isso a Economia Compartilhada deixou bem claro –, a qualidade deve criar uma nova forma de ver o que seja valor para o consumidor.
> - E, claro, um novo conceito de marketing (não fazer e vender; mas, sim, ver e fazer).

7.3 A GESTÃO DA QUALIDADE E A INDÚSTRIA 4.0

O termo *Indústria 4.0* fez enorme sucesso ao longo da segunda década do século XXI. O termo surgiu na Alemanha, em torno de 2012, e foi associado com quarta evolução industrial.

Em geral, a gênese da Indústria 4.0 não está ligada a novos processos produtivos, sobretudo aqueles ligados a modelos de automação operacional. A verdadeira origem da Indústria 4.0 está em novo modelo de negócios, alicerçado em nova tendência de mercado: a busca contínua dos consumidores por produtos feitos à sua imagem e semelhança, ou seja, produtos personalizados.

Claro que este modelo de negócio exigiu novos processos produtivos. E aí as novas configurações tecnológicas desenvolvidas a partir do ano 2000 consolidaram o novo modelo de negócios.

> **PONTOS A DESTACAR**
>
> - A Indústria 4.0 não surgiu como decorrência de mudanças operacionais no processo produtivo, e sim de mudanças no modelo de negócios das organizações produtivas.
> - A implantação de plataformas tecnológicas nas operações de produção surgiu como meio de atender ao novo modelo de negócios. E não o contrário.

Também cabe observar que a Indústria 4.0 não está centrada em um novo modelo de comunicação com o mercado, mas, sim, em um novo modelo de interação com o mercado.

Esta interação exige comunicação, mas vai bem além dela. Inclui a cooperação entre consumidores e agentes produtivos. Isto é feito com a ajuda dos recursos tecnológicos hoje disponíveis, em tempo real. Determina o que alguns autores chamam de cocriação. Em termos mais simples: a interação preconizada pela Indústria 4.0 determina a perfeita integração entre o cliente a quem o produto se destina e o processo produtivo que o gera. E aí o papel das plataformas digitais é fundamental, já que torna possível que a concepção, o desenvolvimento, o projeto, as operações produtivas e o acabamento final do produto sejam desenvolvidos com participação simultânea do consumidor.

Isso quer dizer que o cliente, antes de ter o produto disponível para seu uso, interfere no processo produtivo, de forma a customizá-lo (TORRICO; FRANK, 2019).

Essa customização vai desde o projeto de um carro cujos acessórios e opcionais estejam sendo definidos pelo consumidor enquanto se desenvolve o processo de produção até a definição de cores, estampas, enfeites, detalhes e capas de celular. Em ambos os casos, a produção é determinada em completo acordo com as referências do consumidor.

Os modelos de comunicação em tempo real permitem que o consumidor acompanhe o desenvolvimento de todas as fases do processo produtivo. E, em muitos momentos, com poder de alterar o que está sendo feito.

▶ *O Que Caracteriza a Indústria 4.0?*

- Em primeiro lugar, um novo modelo de negócio, que determina a perfeita interação do consumidor final com o processo produtivo.
- A exigência de recursos tecnológicos avançados para garantir esta interação em tempo real.
- Os produtos, os processos e os métodos são perfeitamente rastreáveis, isto é, estão sempre disponíveis as informações de todas as fases de projeto, desenvolvimento, fabricação e disponibilização do produto. Com tais informações, pode-se, por exemplo, verificar se todas essas fases foram corretamente realizadas.
- Como as conexões são em tempo real, os processos produtivos podem ser redirecionados sempre que for necessário ou conveniente.
- Mais em geral, é possível acompanhar todos os indicadores do desenvolvimento do processo produtivo em tempo real. Isto permite não apenas gerar correções automáticas, se for o caso, mas também otimizar todas as operações produtivas.
- Em qualquer fase do processo produtivo, ambientes virtuais podem reproduzir situações reais. Isto pode produzir a escolha dos melhores *layouts*, por exemplo.
- Em qualquer fase do processo, é possível monitorar o desenvolvimento de qualquer atividade, seja ela efetivada por recursos humanos ou máquinas.

Ferramentas clássicas como o *poka yoke*, por exemplo, podem ser facilmente automatizadas. Por exemplo, pode-se programar um sistema para permitir que uma máquina seja ligada apenas se todas as operações preliminares foram executadas, como a verificação da voltagem correta da energia de alimentação. Sistemas automatizados podem, também, reproduzir a as fases de um fluxograma, garantindo que todas as ações e decisões do processo foram corretamente tomadas e executadas. *Checklists* são também ferramentas de fácil e comum automação.

E COMO ESTA REVOLUÇÃO IMPACTARÁ A GESTÃO DA QUALIDADE?

- Já há mais de 50 anos se diz que a qualidade é um conceito dinâmico. Neste novo ambiente, a qualidade será superdinâmica, e a validade de um conceito associado à qualidade poderá ser de segundos...

- Por outro lado, mecanismos de coleta e processamento da informação poderão trazer para as empresas, em tempo real, dados sobre mercados, revelando, por exemplo, alterações de demanda e novas oportunidades de negócios.
- O consumidor terá um perfil cada vez mais inovador. O tempo de vida útil dos produtos será consideravelmente reduzido.
- Não haverá espaços para ineficiência produtiva. A Gestão da Qualidade continuará a ser prioridade, menos como meta e mais como pré-requisito.
- A Qualidade de Conformação será fundamental. Afinal, baratear produtos depende de reduzir custos, que, por sua vez, depende da qualidade das operações produtivas.
- Em termos de Qualidade de Projeto, muda o foco da questão. Agora não se trata mais de saber se, no futuro, as pessoas preferirão azulejos lisos ou decorados, mas, sim, se no futuro elas usarão o azulejo como revestimento de paredes.
- Instruções complexas de uso serão obsoletas. O produto deverá ser autoexplicativo durante sua utilização. Isto quer dizer duas coisas: (1) a qualidade exigirá eficiência, praticidade e facilidade de uso; (2) a qualidade do produto ficará ainda mais (muito mais, na verdade) associada ao tipo de consumidor que o utilizará.
- Os sistemas PSS (Sistemas Produto-Serviço) serão ampliados. A tendência observada hoje da compra de serviços inerentes ao bem tangível (e não apenas a compra do bem) será consolidada.
- O uso de tecnologias atuais será exigido das pessoas. Agora, não mais como diferenciação, e sim como requisito básico para o exercício das funções.
- O agente que executa ações operacionais gradualmente deixará de existir. O que se exigirá das pessoas é um conjunto de características táticas em suas ações e, sobretudo, contribuição estratégica para a empresa.
- O uso de ferramentas usuais no dia a dia das pessoas (como WhatsApp, por exemplo) passará a ser uma exigência tão trivial quanto saber ler... A qualidade da ação das pessoas passará a depender dessas "habilidades".
- Empregados serão prestadores de serviços... A qualidade de suas ações será, assim, muito mais direta e rapidamente avaliada.
- Em última análise, o conceito da qualidade será a área de maior alteração. Mas parece que não se criará um conceito novo.
- O conceito da qualidade, como opção na relação da empresa com o mercado e com a sociedade, será cada vez mais ampliado e, portanto, consolidado (CUDNEY; KEIM, 2017).
- Cumpre observar que esse conceito veio da Terceira Revolução Industrial.

UMA ANÁLISE CONCLUSIVA

- Já há tempos os profissionais que atuam em Gestão da Qualidade visualizaram o que seria a qualidade na Quarta Revolução Industrial...

7.4 A GESTÃO DA QUALIDADE E A INDÚSTRIA 5.0

Por tudo que foi aqui considerado, pode-se concluir que erra feio quem considera que o movimento chamado Indústria 4.0 significa automatização das atividades produtivas em larga escala. E, ainda, há um ponto a destacar.

PONTO A DESTACAR

- Comete equívoco mais vigoroso quem associa a Indústria 5.0 com fábricas sem recursos humanos, operadas apenas por máquinas e robôs.

O próprio nome *Indústria 4.0* decorre da ideia de que se trata da Quarta Revolução Industrial. E a automação já era elemento marcante da Terceira Revolução Industrial, consolidada nas últimas décadas do século passado.

A essência da Indústria 4.0 está na concepção de um novo modelo de negócios, seja para empresas do setor industrial ou de serviços. Este modelo de negócios, claro, é fortemente apoiado em recursos tecnológicos, mas não necessariamente direcionado apenas para processos produtivos e, sim, para formas de interação com mercados consumidores. Isto incluiria, por exemplo, a ferramenta WhatsApp? A resposta é simples: hoje, 40% das vendas de uma tradicional loja de sapatos são feitas por meio do WhatsApp.

Tal constatação também descarta outro mito que parece agregado implicitamente à Indústria 4.0: sua viabilização recorreria a mecanismos e estratégias de complexo rigor teórico e sofisticado aparato computacional e apenas a eles. A Indústria 4.0 é, então, um conjunto de técnicas para estruturar um ambiente de interações? Sim.

E a Indústria 5.0?

Também. Mas em outro contexto. Se no primeiro caso trata-se de uma nova relação entre a empresa e seus mercados consumidores, no segundo trata-se de um vínculo homem-máquina, ou seja, o desenvolvimento de atividades nas quais o encadeamento de robôs e recursos humanos fica claramente caracterizado.

Assim, talvez na direção contrária do que o senso comum parece sugerir, as fábricas presentes no âmbito da Indústria 5.0 priorizam a ação integrada entre homens e máquinas. Não se pensa em eliminar recursos humanos, mas, ao contrário, conferir a eles um papel de elevado destaque nas operações produtivas.

Os resultados mais visíveis da Indústria 4.0 são a customização de bens tangíveis e serviços, já que o direcionamento para mercados específicos está sendo o referencial para a governança corporativa. A flexibilização de processos produtivos (e aí a automação tem papel de destaque – não como fim, mas como meio) será um dos requisitos críticos para tanto.

Mas outra exigência se impõe, e, aí, nota-se claramente o ponto comum entre a Indústria 4.0 e a Indústria 5.0: a qualificação dos recursos humanos.

E note a diferença.

INDÚSTRIA 4.0 × INDÚSTRIA 5.0

- Indústria 4.0: a qualificação dos recursos humanos foi mais efetiva, sobretudo, em esferas gerenciais mais elevadas, que precisam exibir perfeito entendimento das características de mercado.
- Indústria 5.0: a qualificação de recursos humanos será exigida em todos os setores da organização, que precisam criar posturas técnicas adaptáveis às novas realidades de produção.

Em ambos os casos, requer-se pleno domínio de todos os métodos e dispositivos para todas as formas de comunicação. Pelo que se conhece da realidade produtiva brasileira, em muitas regiões do país já se observa um parque produtivo altamente apto e motivado para a Indústria 5.0.

Nem por isso, contudo, o esforço de qualificação dos recursos humanos, notável em nosso país nos últimos anos, deve esmorecer...

7.5 QUAL A PRIORIDADE DA QUALIDADE HOJE?

É interessante notar que os conceitos que compõem a estrutura teórica da qualidade não são novos. De fato:

UMA VISÃO HISTÓRICA...

- Muitas das ferramentas que mais bem caracterizam a Gestão e Avaliação da Qualidade foram desenvolvidas há mais de 50 anos.
- Conceitos hoje em uso foram estruturados e consolidados nos anos 1960.
- Muitas das técnicas quantitativas que compõem o repertório da Gestão Estatística da Qualidade vêm dos tempos da Segunda Guerra Mundial.
- As ferramentas do Controle Estatístico de Processos começaram a ganhar vida na década de 1920.

Isto significa dizer que a Gestão da Qualidade seria uma área desatualizada?

Não necessariamente. Há, pelo menos, duas razões para dar sustentação à afirmação de que a Gestão da Qualidade se compõe de um suporte teórico atualizado e de um embasamento prático de uso corrente em nossos dias.

A primeira envolve o esforço de ampliação dos conceitos. Muitos conceitos que antes estavam restritos a um contexto bem definido e delimitado foram ampliados para contemplar novos (e mais atuais) cenários. Exemplo: muitos conceitos da qualidade cuja gênese sempre esteve no ambiente industrial hoje são aplicados, com frequência crescente e perfeito ajuste, à geração de serviços.

A segunda razão é, talvez, a mais relevante. A Gestão da Qualidade precisou adaptar-se aos novos ambientes de negócios. Em tempos de Internet popularizada, redes sociais, comunicação instantânea e globalizada, criaram-se novas modalidades de negócios e, ao mesmo tempo, alteraram-se, de forma significativa e irreversível, os modelos tradicionais de negócios (WATSON *et al.*, 2018).

CAPÍTULO 7 | A GESTÃO DA QUALIDADE NOS NOVOS AMBIENTES DE NEGÓCIOS 239

Na indústria, os modelos de interação *on-line* com o mercado exigem processos produtivos cada vez mais flexíveis e funcionais; na geração de serviços, aplicativos como o WhatsApp talvez sejam o meio mais utilizado hoje para marcar e confirmar consultas em uma clínica.

Por isso, a Gestão da Qualidade passou a ser desenvolvida com duas ênfases bem precisas: a análise dos conceitos atuais da qualidade e os modelos de Gestão da Qualidade adaptados aos novos ambientes de negócios (FOSTER, 2019).

Esta segunda ênfase muda, radicalmente, o modelo de Gestão da Qualidade das organizações. Justamente porque deixa de considerar que o que é realmente relevante para garantir a sobrevivência da empresa não é mais um modelo gerencial voltado para a empresa, em si, mas um modelo de gestão voltado para o negócio.

Assim, os referenciais da gestão deixam de estar na empresa com seus pontos fortes, com suas características, com seus recursos operacionais, com suas potencialidades táticas (como a qualificação dos recursos humanos, por exemplo), e passam para a administração do negócio, com a perfeita compreensão dos cenários externos nos quais a organização atua.

UMA ANÁLISE CONCLUSIVA

- A Gestão da Empresa é substituída pela Gestão dos Negócios.
- Gestão da Qualidade em novos ambientes de negócios: esta é a prioridade da Gestão e Avaliação da Qualidade hoje.

QUESTÕES PRÁTICAS

1. Por que as crises desempenham um papel relevante na consolidação das estratégias da Gestão da Qualidade?
2. Por que aspectos tão amplos como as características econômicas, sociais, culturais ou geopolíticas são tão relevantes para definir qualidade?
3. Qual o conceito da qualidade mais aceito hoje?
4. E qual o conceito de Gestão da Qualidade mais considerado como válido atualmente?
5. Como o conflito entre demanda e oferta afeta a qualidade?
6. Como os modelos de Economia Compartilhada alteraram o conceito da qualidade?
7. Como o atual modelo de Gestão da Qualidade pode minimizar os fatores de incerteza da Economia Compartilhada?
8. Como o atual modelo de Gestão da Qualidade pode potencializar os fatores de sucesso da Economia Compartilhada?
9. Qual a lição para a Gestão da Qualidade que o processo de lançamento do iPhone 7 deixou para a Gestão da Qualidade? Esta lição ainda é válida hoje?
10. O que mais bem caracteriza a Indústria 4.0? Como esta caracterização impacta no conceito de Gestão da Qualidade?
11. O que mais bem caracteriza a Indústria 5.0? Como esta caracterização impacta no conceito de Gestão da Qualidade?
12. Afinal, qual a prioridade da qualidade hoje?

BIBLIOGRAFIA

ABBOTT, L. *Quality and competition*. New York: Columbia University Press, 1955.

ABU-JAROUR, Sahar F. Quality management practices and their impact on organization performance. *International Journal of Management Sciences and Business Research*, v. 2, n. 6, 2016.

ADRIAN, Nicole. Don't just talk the talk. *Quality Progress*, July 2009.

ANDERSON-COOK, Christina M. Optimizing in a complex world: a statistician's role in decision making. *Quality Engineering*, v. 29, n. 1, 2017.

ANIL, Anu P.; SATISH, K. P. An empirical investigation of the relationship between TQM practices, quality performance, and customer satisfaction level. *International Journal of Productivity and Quality Management*, v. 26, n. 1, 2019.

AQUILANI, Barbara; SILVESTRI, Cecilia; RUGGIERI, Alessandro; GATTI, Corrado. A systematic literature review on total quality management critical success factors and the identification of new avenues of research. *The TQM Journal*, v. 29, n. 1, 2017.

BAERNHOLDT, Marianne; FELDMAN, Moshe; DAVIS-AJAMI, Mary Lynn. An interprofessional quality improvement training program that improves educational and quality outcomes. *American Journal of Quality Medical*, v. 34, n. 1, Feb. 2019.

BECKFORD, John. *Quality*: a critical introduction. 3. ed. New York: Routledge, 2010.

BERTALANFFY, Ludwig von. *Teoria geral dos sistemas*. Petrópolis: Vozes, 1975.

BESTERFIELD, Dale. *Total quality management*. Sacre: Prentice Hall, 2009.

BISGAARD, Soren. Must a process be in statistical control before conducting designed experiments? *Quality Engineering*, v. 20, n. 2, 2008.

BLANK, Tali Hadasa; NAVEH, Eitan. Quality and innovation. *Journal for Quality and Participation*. 38, n. 1, 2015.

BOHAN, G. P.; BECKER, H. H. H. *TQM*: strategy and results. *Quality Report*, Independence, OH: Northeast Ohio Council, 1994.

BOX, George; NARASIMHAN, Surendar. Rethinking statistics for quality control. *Quality Engineering*, v. 22, n. 2, 2010.

BROCKA, B.; BROCKA, S. M. *Gerenciamento da qualidade*. São Paulo: Makron Books, 2004.

BROH, R. A. *Managing quality for higher profits*. New York: McGraw-Hill, 1974.

BROWNE, Ryan P. Assessment of a measurement system using repeat measurements of failing units. *Quality Engineering*, v. 22, n. 1, 2010.

CAMARGO, Wellington. *Controle de Qualidade Total*. Curitiba. IFPr, 2013.

CAMPBELL, C.; ROZSNYAI, C. Quality assurance and the development of course programs. *Papers on Higher Education Regional University Network on Governance and Management of Higher Education in South East Europe*. Bucharest, UNESCO, 2002.

CAPIZZI, Giovanna; MASAROTTO, Guido. Self-starting CUSCORE control charts for individual multivariate observations. *Journal of Quality Technology*, v. 42, n. 2, 2010.

CASTKA, Pavel; CORBETT, Charles J. No joking matter: a recent study centered on management systems standards raises questions on the overall average effect of standards on organization performance. *Quality Progress*, Milwaukee, WI: ASQ Press, 2018.

CROSBY, P. B. *Quality is free*. New York: McGraw-Hill, 1979.

CROSBY, P. B. *Princípios absolutos de liderança*. São Paulo: Makron Books, 1999.

CUDNEY, Elizabeth A.: KEIM, Elizabeth, M. The changing role of quality in the future: required competencies for quality. Professionals to succeed. *Journal for Quality and Participation*. v. 39, n. 4, 2017.

DEMING, W. Edwards. *Qualidade*: a revolução da administração. Rio de Janeiro: Marques Saraiva, 1990.

DRUCKER, Peter. *Desafios gerenciais para o século XXI*. São Paulo: Pioneira, 1999.

EOQC – European Organization for Quality Control. *Glossary of terms used in quality control*. Rotterdam, 1972.

EVANS. J. R.; LINDSAY, W. M. *Management for quality and performance excellence*. 7. ed. Sidney Thomson South-Western, 2008.

FEIGENBAUM, A. V. *Total quality control*. New York: McGraw-Hill, 1961.

FEIGENBAUM, A. V. *Controle da qualidade total*. São Paulo: Makron Books, 1994.

FLEURY, A. C. C.; FLEURY, M. T. *Aprendizagem e inovação organizacional*. São Paulo: Atlas, 1995.

FOSTER, Thomas. Revisiting the future of quality management research. *Quality Management Journal*, v. 26, n. 1, 2019.

GILMORE, H. L. Product conformance cost. *Quality Progress*, p. 16-19, June 1974.

GOETSCH, David L.; DAVIS, Stanley. *Quality management for organizational excellence*: introduction to total quality. 8. ed. Englewood Cliffs: Prentice Hall, 2018.

GUPTA, M. P. Management of quality standards. *Total Quality Management (TQM)*, v. 1, n. 1, 2018.

GUTIERREZ-GUTIERREZ, Leopoldo J.; MOLINA, Vanesa B.; KAYNAK, Hale. The role of human resource-related quality management practices in new product development: a dynamic capabilit perspective. *International Journal of Operations & Production Management*, v. 38, n. 1, 2018.

HAYES, Bob E.; GOODDEN, Randall; ATKINSON, Ron; MURDOCK, Frank; SMITH, Don. Where t start. *Quality Progress*, Apr. 2010.

HARVEY, L.; GREEN, D. Defining quality. *Assessment and Evaluation in Higher Education*, v. 18, n. 1993.

HUTCHINS, D. *Sucesso através da qualidade total*. São Paulo: Imagem, 1992.

IMAI, Masaaki. *Gemba Kaizen: a commonsense approach to a continuous improvement strategy*. 3. ed McGraw-Hill, 2018.

ITAY, Negrin; YISRAEL, Parmet; SCHECHTMAN, Edna. Developing a sampling plan based on C_p *Quality Engineering*, v. 21, n. 3, 2009.

JENKINS, G. Quality *control*. Lancaster. UK: University of Lancaster, 1971.

JOHNSON, Stu. Quality 4.0: a trend within a trend. *Quality Magazine*, Feb. 2019.

JURAN, J.; GRYNA, F. *Controle da qualidade handbook*: conceitos, políticas e filosofia da qualidad São Paulo: Makron Books: McGraw Hill, 1991. v. 1.

JOSEPH, V. Roshan; MELKOTE, Shreyes N. Statistical adjustments to engineering models. *Journal Quality Technology*, v. 41, n. 4, 2009.

KARUNA, Pande. Quality management: today and tomorrow. *Quality Management Consultants*, v. 3, n. 7, 2018.

KHALIL, Omar E. M.; KHALIL, Nadia. Business research productivity and barriers. *International Journal of Productivity and Quality Management*, v. 26, n. 1, 2019.

KOLESAR, Peter. A quality perspective on the crisis: more questions than answers. *Quality Management Journal*, v. 16, n. 3, July 2009.

KUKOR, Kreg. Quality 3.0. Two industry leaders discuss their views on quality's future and how the profession must adapt. *Quality Management*, ASQ, Feb. 2010.

LAMAN, S. A. Testing the limits of team development. *Quality Progress*, Jan. 2008.

LEE, Patrick; PHAM, Linchi; OAKLEY, Stephen; ENG, Kimberly. Using lean thinking to improve hypertension in a community health centre: a quality improvement report. *BMJ Open Quality*. v. 8, n. 1, 2019.

LEFFLER, K. Ambiguous changes in product quality. *American Economic Review*, 1982.

LOBOS, J. *Qualidade através das pessoas*. São Paulo: Lobos, 1991.

LURIA, Gil. Controlling for quality: climate, leadership and behavior. *Quality Management Journal*, v. 15, n. 1, 2008.

MARQUES, Joan. Understanding and achieving social responsibility. *Journal for Quality and Participation*, v. 38, n. 4, 2016.

MARTINS, Petrônio G.; LAUGENI, Fernando Piero. *Administração da produção*. 2. ed. São Paulo: Saraiva, 2005.

MELÈSE, J. *Gestion par les systèmes*. Puteaux: Hommes et Techniques, 1993.

MOLLER, Claus. *O lado humano da qualidade*: maximizando a qualidade de produtos e serviços através do desenvolvimento das pessoas. São Paulo: Pioneira Thomson Learning, 2001.

MONTGOMERY, Douglas C.; JENNINGS, Cheryl L.; PFUND, Michele E. Managing, controlling, and improving quality. 3. ed. New Jersey: Wiley, 2018.

MORENO, M. A. E.; CANET-GINER, M. T.; LUZON, M. M. TQM and teamwork effectiveness: the intermediate role of organizational design. *Quality Management Journal*, v. 15, n. 3, 2008.

NATARAJ, Sukrut; ISMAIL, Mohammed. Quality enhancement through first pass yield using statistical process control. *International Journal of Productivity and Quality Management*, v. 20, n. 2, 2017.

NOFAL, A. A.; OMAIM, N. Al; ZAIRI, P. M. Critical factors of TQM: an update on the literature. *International Journal of Applied Quality Management*, v. 2, n. 2, 2016.

NORTON JR., William I.; SUSSMAN, Lyle. Team charters: theoretical foundations and practical implications for quality and performance. *Quality Management Journal*, v. 16, n. 1, 2009.

OAKLAND, J. S. *Gerenciamento da qualidade total*: TQM. São Paulo: Nobel, 2007.

OLAFSDOTTIR, Anna Hulda; SVERDRUP, Gunnar; INGASON, Helgi Thor. Using system dynamics to better understand quality management in the construction industry. *International Journal of Productivity and Quality Management*, v. 26, n. 2, 2019.

OPRIME, Pedro Carlos; MENDES, Glauco H. S. *The X-bar control chart with restriction of the capability indices. International Journal of Quality & Reliability Management*, v. 34, n. 1, 2017.

OZJUL, Ahmet Semih; DAMALI, Uzay; NANDIALATH, Anup Meno; STAPLETON, Andrew. Customer and employee perceptual congruence in service co-production. *Quality Management Journal*, v. 26, n. 1, 2019.

PALADINI, E. P. *Gestão da Qualidade*: teoria e prática. São Paulo: Atlas, 2004.

PALADINI, E. P. *Gestão estratégica da qualidade*: princípios, métodos e processos. 2. ed. São Paulo: Atlas, 2009.

PALADINI, E. P. *Gestão da qualidade no processo.* São Paulo: Atlas, 1995.

PALMER, C. *Controle total da qualidade.* Rio de Janeiro: Edgard Blücher, 1974.

PERŠIČ, Anton; MARKIČ, Mirko; PERŠIČ, Marko. The impact of socially responsible management standards on the business success of an organization. *Total Quality Management & Business Excellence*, v. 29, Feb. 2018.

PIRSIG, R. *Zen and the art of motorcycle maintenance.* New York: Bantham Books, 1974.

QUALITY PROGRESS. The quality glossary. *Quality Progress*, Feb. 1992.

RAVINDRAN, A. R.; GRIFFIN, P. M.; PRAHDU, V. V. *Service systems engineering and management*: a quality approach. Boca Raton, FL: CRC Press/Taylor & Francis, 2019.

ROTH, Cláudio W. *Qualidade e produtividade.* Santa Maria: IFRGS, 2011.

ROTHERY, Brian. *ISO 9000.* São Paulo: Makron Books, 1993.

RYAN, B. Naval station mayport jump starts quality. *Quality Progress*, July 1995.

SAMANI, M. A.; ISMAIL, N.; LEMAN, Z.; ZULKIFLI, N. Development of a conceptual model for risk-based quality management system. *Total Quality Management & Business Excellence*, v. 30, n. 5-6, 2019.

SANIGA, Erwin M.; DAVIS, Darwin J.; LUCAS, James. Using Shewhart and CUSUM charts for diagnosis with count data in a vendor certification study. *Journal of Quality Technology*, v. 41, n. 3, 2009.

SELAND, Darryl. Finding the best quality approach. *Quality Magazine*, v. 15, n. 1, 2018.

SHERMAN, Peter J.; VONO, James G. Translate quality into a language that resonates with management. *Quality Progress*, July 2009.

SHIBA, Shoji; GRAHAN, Alan; WALDEN, David. *TQM*: quatro revoluções na gestão da qualidade Porto Alegre: Bookman, 1997.

SNEE, Ronald D.; HOERL, Roger, W. The future of quality. *Journal for Quality and Participation*, v. 40, n. 4, 2018.

STARR, Martin Kenneth. *Administração da produção*: sistemas e sínteses. São Paulo: Edgard Blücher, 1971.

TAGUCHI, G.; ELSAYED, E. A.; HSIANG, T. *Quality engineering in production systems.* New York McGraw-Hill, 1990.

TEBOUL, J. *Gerenciando a dinâmica da qualidade.* Rio de Janeiro: Qualitymark, 1991.

TORRICO, Boris Herbas; FRANK, Bjorn. Consumer desire for personalization of products and services: cultural antecedents and consequences for customer evaluations. *Total Quality Management & Business Excellence*, v. 30, n. 3-4, 2019.

TOWNSEND, P. L.; GEBHARDT, J. E. *Qualidade em ação.* Rio de Janeiro: Makron Books, 1993.

TUCHMAN, B. The decline of quality. *New York Times Magazine*, New York, p. 38, 2 Nov. 1980.

VINNING, Geoff. Phase I and Phase II control charts. *Quality Engineering*, v. 21, n. 4, 2009.

VLĂSCEANU, L.; GRÜNBERG, L.; PÂRLEA, D. *Quality assurance and accreditation*: a glossary o basic terms. Bucharest: UNESCO-CEPES. Papers on Higher Education. Disponível em: http://www cepes.ro/publications/Default.htm. Acesso em: 2019.

WATSON, Gregory H.; SÖRQVIST, Lars; KEIM, Elizabeth M.; RAMANATHAN, Narayanan. Quality confronts global challenges of the coming century. *Journal for Quality and Participation*, v. 40, n. 4 2018.

WEESE, Maria; MARTINEZ, Waldyn; MEGAHED, Fadel M.; JONES-FARMER, L. Allison. Statistical learning methods applied to process monitoring: an overview and perspective. *Journal of Quality Technology*, v. 48, n. 1, 2016.

WOODALL, William H. Bridging the gap between theory and practice in basic statistical process monitoring. *Quality Engineering*, v. 29, n. 1, 2017.

YAYA, Luc Honore Petnji; MARIOMON, Frederic; BERNARDO, Josep Llach; CASADEUS, Martii. *Analysis of training programs related to quality management system: the Spanish case. International Journal of Quality & Reliability Management*, v. 34, n. 2, 2017.

ZHANG, Hang; ALBIN, Susan L.; WAGNER, Steven R.; NOLET, Daniel A.; GUPTA, Suhail. Determining statistical process control baseline periods in long historical data streams. *Journal of Quality Technology*, v. 42, n. 1, 2010.

ROTAPLAN
GRÁFICA E EDITORA LTDA
Rua Álvaro Seixas, 165
Engenho Novo - Rio de Janeiro
Tels.: (21) 2201-2089 / 8898
E-mail: rotaplanrio@gmail.com

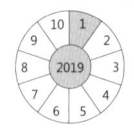